관광의 이해

최복수 저

Understanding of Tourism

기문사
www.kimoonsa.co.kr

머리말

지난 30년 동안 '관광학개론' 및 '관광학원론'을 강의하여 왔고, 학기마다 종강을 한 후에는 학생들에게 전달하고자 했던 내용 모두를 전달하지 못한 아쉬움이 남아 왔다. 물론 이것은 원로 교수님 혹은 선배 교수님의 집필하신 훌륭한 내용을 다 이해하지 못한 필자의 소치이기도 하지만, 때에 따라서는 개론서에서 언급되어야 할 부분이 빠져 있기도 하여, 이 부분에 대한 설명을 하기에는 한 학기의 시간이 짧다는 이유도 있었다. 이에 따라 필자는 관광학에 관한 개론서는 향후 관광에 관한 공부를 지속하는 데 필요한 전반적인 기초지식을 제공하는 데 목적이 있다는 인식하에, 관광의 어느 한 부문에 편중되기보다는 관련 분야를 골고루 다루어야 하며, 새롭게 필요성이 인정되는 관광 관련 부분은 정리되어야 한다는 생각에 이르게 된 것이다. 이러한 이유로 미천한 글재주로나마 후학에게 도움이 되었으면 하는 바람에서 이 책을 집필하기로 결정했다.

본서는 다섯 가지 주요 부분으로 구성되어있다. 첫째는 관광과 사회와의 관계를 조명하기 위한 부분으로 관광의 개념과 역사, 관광의 효과, 관광의 구조와 접근방법 등과 관련된 기초개념으로 구성하였다. 둘째는 현대사회가 마케팅 중심적인 시대인 만큼 그 중요성이 인정되는 바, 관광마케팅의 미래를 도모하기 위하여 마케팅과 관련한 기초적인 내용으로 구성하였다. 이 부분에서는 마케팅 믹스의 요소인 4P와 함께 시장세분화와 표적시장에 대한 마케팅 방법 등에 대해 고찰하였다. 그리고 관광객 행동분석에 관하여 구성 · 정리하였는데, 이는 소비자 중심의 시장구조 및 치열한 경쟁상황 하에서 관광객의 소비 및 구매행동을 이해하는 데 목적이 있다. 셋째는 관광자원 및 개발과 관련한 기초지식을 습득하기 위한 구성으로 정리하였다. 관광자원의 개념 및 종류 그리고 특성을 정리하였고, 관광자원개발의 의의와 우리나라 관광자원의 개발현황을 정리하여 관광자원과 개발의 실태와 방향 등에 초점을 맞추어 정리하였다. 넷째는 관광사업의 세계를 조명하는 부분으로 호텔, 여행사 및 기타 관광사업에 대한 설명으로 구성되어 있다. 다섯째는 관광사업의 타당성 분석과 관련된 것을 정리하였다. 타당성 분석은 현대에 와서 그 필요성이 특히 강조되는 분야로 급변하는 환경 속에서 관광사업투자에 대한 위험을 최소화하고, 사업성공의 확률을 높이기 위한 사업성 검토를 말하는 것이다. 타당성 분석은 특히 필자가 심혈을 기울여 정리한 분야로 호텔산업을 중심으로 마케팅 분석과 재무분석을 통합하여 분석체계 및 분석기법을 정리한 것이다.

본서가 학자, 교수님, 학생, 독자 여러분의 연구와 학문에 도움이 되길 바라며, 언제든지 내용이나 구성에 고견을 주시면 지속적인 보완에 적극적으로 힘쓸 것을 약속한다.

끝으로 본서의 출판에 물심양면으로 도움을 주신 기문사 사장님께 감사의 말씀을 전한다.

저자 씀

차 례

제1장

관광의 기초

제1장

관광의 기초

제1절 관광의 개념

1. 관광의 개념

관광은 인류가 이 세상에 존재한 후부터 오랜 시간 동안 계속되어 온 인류의 기본적인 욕망과 관계되는 행위이다. 그리고 그러한 관광행위는 당시의 시대상과 사회상 그리고 그 시대를 살아가고 있는 사람들의 삶의 가치를 어느 정도 표현하고 있는 행위이기도 하다. 그렇기 때문에 관광을 이해하고 개념을 정의한다는 것은 매우 어려운 일이며, 몇 줄의 문장으로서 관광이 가지고 있는 의미를 포괄하기는 쉽지 않다. 더욱이 관광활동은 시간적 변화뿐만 아니라 인간의 생활환경 및 가치관의 변화에 의해 지속적으로 변화하는 동태적인 특성을 가지고 있어, 관광은 그것이 가지고 있는 본질적인 특성과 시간적 · 사회적 · 경제적 환경의 영향을 고려한 개념정의는 쉬운 일이 아니기 때문에 관광의 개념을 정의한 학자들간에도 개념의 정의에 많은 차이를 보이고 있다. 각 학자들의 개념정의를 살펴보면 다음과 같다.

슐레른은 '관광이란 일정한 지역, 주 또는 타국을 방문하여 체재하고 돌아가는 외래객의 유입, 체재 및 유출의 형태를 취하는 모든 현상과 그 현상에 직접 결부되는 모든 사상'이라고 규정하였다. 이 정의는 관광객의 이동과 그에 따른 경제적인 측면에서의 현상을 강조하였기 때문에 '귀환소비설'에 입각한 개념의 정의라고 할 수 있다.

보만은 관광이란 '기분 전환, 오락, 휴양, 유람, 상용 등의 목적을 위하여 정주지에서 일시적으로 떠나는 여행, 즉 정착하고 있지 않은 지역에 일시적으로 체재할 목적으로 그곳까지의 거리를 이동하는 일체의 행위'라고 규정하였다. 이 정의에서는 '일시적 체재'와 '이동'을 관광의 특성으로 강조하였다.

그뤽스만은 1935년에 관광이란 '관광지에 일시적으로 체재하고 있는 사람과 그 지역 주민들과의 사이에서 발생하는 제 관계의 총체'라고 규정하였다. 그러므로 관광은 인간의 이동에 의하여 필연적으로 나타날 수 있는 현상을 경제적인 측면뿐만이 아니라 사회·문화적인 측면에서도 검토되어야 한다는 것을 강조하고 있다고 할 수 있다.

훈지커와 크라프는 1942년에 관광이란 '외래 관광객이 한 지역에 일시적이든 혹은 계속적이든 영리를 목적으로 정주하지 않고, 그 지역에 체재함으로써 발생하는 제 현상의 총체'라고 규정하였다. 이 정의는 관광이란 비영리적 활동으로 정주지역에서 얻은 소득을 체재지역에서 소비하는 소비활동이라는 측면을 강조한 것이다.

베르네커는 '상업 혹은 직업상의 이유들에 관계없이 일시적인 자유의사에 따른 지역적 이동이라는 사실과 결부된 모든 관계 또는 결과'라고 규정하였다. 이 정의는 인간의 지리적 이동에 따라 발생될 수 있는 현상을 복합적으로 이해하려는 의도를 가지고 있다.

메드상은 관광이란 '인간이 기분을 전환하고, 휴식을 취하며, 또한 인간활동의 새로운 측면이나 미지의 자연을 접하여 경험과 교양을 넓히기 위해 여행을 한다거나 정주지를 떠나 일시적인 체재로 나타나는 여가활동의 일종'이라고 규정하였다. 이 정의는 관광의 경제적인 측면보다는 인간의 문화적인 측면을 강조한 개념이라 할 수 있다.

WTO(World Tourism Organization, 1982)는 관광이란 '즐거움, 위락, 스포츠, 사업, 친구, 친지방문, 업무, 회합, 회의, 건강, 연구, 종교 등을 목적으로 방문국가를 24시간 이상 1년 이내를 체류하는 행위'라고 정의하였다. 이 정의는 사업과 업무 등 영리

활동과 관련된 이동 전체를 관광의 범주에 포함하여 다른 정의와는 차이를 보이고 있으며, 이동의 목적을 구체적으로 정리하였다는 특징을 가지고 있다. 그러나 이동의 기간을 1일 이상에서 1년 이내로 한정하고 있어, 현대적 의미에서 관광현상을 모두 포괄하고 있다고는 보기 어려우나, WTO의 기능적인 특성, 즉 관광의 통계제공 및 방향제시 등의 역할을 볼 때, 기간의 설정은 의미있는 것이라 하겠다.

한국의 김병문(최신관광학)은 '사람들이 휴식, 교양, 위락, 스포츠 등을 목적으로 일상생활권을 벗어나서 일시적으로 이동하는 것이며, 광의의 레크리에이션 활동의 한 형태'라고 규정하였다. 이 정의에서 관광은 일시적 장소이동의 범위를 일상생활권으로 하여 이동의 거리에 대한 논란을 어느 정도는 해소하였고, 이동의 목적을 명확히 하고 있어, 광의의 여행의 개념과 구분하였으며, 또한 활동이라는 측면을 강조하여 여가의 시간적 정의에서 나타나는 수동적 개념을 능동적인 활동의 측면에서 조명하였다는데 그 의의를 찾을 수 있다.

관광의 개념은 이와 같이 시간의 경과에 따라 약간의 차이를 보이고 있다. 1960년 이전에는 관광의 개념을 정의하는 데 있어서 경제적인 현상에 보다 많은 비중을 두었으나, 현대에는 관광의 개념을 경제적인 현상뿐만이 아니라, 사회적 현상과 문화적 현상 등도 포함하여 그 범위를 확대해가고 있다.

2. 관광의 전제조건

관광은 그 본질적인 특성으로 인하여 몇 가지의 전제조건을 가지고 있는데, 이를 살펴보면 다음과 같다.

전제조건의 첫째는 거주지를 벗어난 이동이 전제되어야 한다는 점이다. 앞의 관광의 개념을 정의하는 과정에서 설명한 바와 같이 관광은 거주지를 떠나 야외의 어떠한 장소에서 이루어지는 활동의 특성을 가지고 있다. 그러면 여기에서 도대체 사람이 자신의 거주지에서 어느 정도를 벗어나야 관광이라고 할 수 있는가? 하는 의문이 생기게 된다. 이 문제는 과거부터 지속적으로 검토되어 왔고, 또한 학자마다 이동의 거리에 약간의 차이를 보이고 있었던 것도 사실이다. 일부이기는 하지만 통계상의 문제, 지리적인 문제, 문화적인 문제 등 여러 이유로 아직도 이 논란은 계속되고 있다.

그러나 관광학이라는 학문을 배우고 익히고 있는 우리의 입장에서는 기본적으로 관광이 성립하기 위해서는 일상생활권을 벗어난 정도의 거리만큼은 이동하여야 한다고 보는 것이 옳을 것이다. 왜냐하면 일상생활권이라는 것은 '자신이 평소 생활하는 활동공간의 범위'라고 할 수 있기 때문에, '이동'을 전제로 하는 관광활동의 특성과 '비일상적인 활동' 이라는 특성 모두를 충족할 수 있다는 면에서 현재를 살고 있는 우리에게 매우 유용한 표현이라고 생각된다. 또한 일상생활권은 각 개인에 따라 활동공간의 범위에 있어서 정도의 차이가 있을 수 있다는 것에 동의한다면, 관광을 위한 이동의 거리를 몇 마일(mile) 혹은 몇 킬로메타(km) 이상 이여야 한다는 것에 동의하기는 어렵다. 따라서 이러한 한계를 극복할 수 있는 것이 일상생활권이라고 볼 수 있으며, 많은 학자들이 이에 동의하고 있다. 단, 여러 학자들이 이동의 거리를 구체적으로 규정한 것은 관광통계를 집계하기 위한 수단적인 의미를 크게 내포하고 있다는 면을 간과해서는 안될 것이다.

둘째, 관광은 비영리적 소비활동이 전제되어야 한다는 것이다. 관광은 옥외에서 이루어지는 위락활동으로 소비행동에 의하여 그 욕구가 충족된다는 면에서 이론(異論)의 여지는 없다고 할 수 있다. 과거와 현재로 이어지는 시간적 변화에도 불구하고 관광활동의 특성상 이러한 인식에는 변화가 없다.

그러나 여기에도 현상적인 측면에서 곤란한 문제가 발생한다. 예를 들어, 한 관광객이 타국에 입국하여 관광하는 도중 여비가 부족하여 일정 기간 동안에 또 다른 지역으로의 관광이동을 위해 일시적으로 '아르바이트'를 하는 실례(實例) 등은 흔히 볼 수 있는 현상이다. 아르바이트 행위는 경제활동임에는 틀림이 없으나, 위의 사례와 같은 경우 '관광이 아니다'라고 할 수는 없으므로 절대적인 조건이라고는 할 수 없다. 그러나 관광활동이 비영리적 소비활동이라는 것에 대하여 전체를 부정할 수 있는 사람은 없을 것이다.

셋째, 관광은 일상생활권을 벗어났다가 다시 정주지로 되돌아와야 하는 회귀성을 전제로 하고 있다. 관광은 이주(Migration)와 이민(Immigrant)과는 구별된다. 이주 혹은 이민은 거주 또는 생업을 위한 이동으로 위락활동을 위한 관광과는 구분되며,

'Immigrant(이민)'의 반대어인 'Non-immigrant'는 여행자란 뜻을 가지고 있다. 즉 관광은 생업을 목적으로 한 반영구적인 이동이 아니며, 관광 욕구를 충족시키려는 일시적인 이동으로 이민과 이주와는 구별하고 있다.

넷째, 관광의 가장 근본적인 조건은 사람의 이동을 전제하고 있다는 점이다. 사람은 관광행위의 주체로서 사람의 이동을 전제하지 않는 관광은 존재하지 않는다는 점에서 관광의 중요한 전제조건이 되고 있다.

한편 인간의 이동은 단지 육체의 이동만을 의미하지 않고, 그 사람의 준거 체계까지 동시에 이동된다는 점에 관심을 기울여야 할 것이다. 그렇기 때문에 요구하는 관광 서비스에서도 차이를 보이게 되는 것이다.

다섯째, 관광은 이동의 목적이 전제되어야 한다는 것이다. 이것은 여행의 개념과 구별하기 위한 개념으로 보인다. 즉 여행은 넓은 의미에서 이동의 행위 자체에 의미를 부여하고 있기 때문에 여행과 구분하기 위하여, 관광은 이동의 목적에 초점을 맞추고 있다고 볼 수 있다.

이와 같은 관광의 조건은 학자마다 5가지 조건에 대해 중요성의 정도에 대한 차이는 있을 수 있으나, 일반적으로 위 조건들에 대하여 전체적으로 부정하기는 쉽지 않을 것이다.

3. 현대적 의미의 관광 개념

현대사회에서 생활하고 있는 인간은 환경으로부터 자극을 받아 일상생활로부터 탈출하고 싶은 욕구를 갖게 되며, 이러한 탈출욕구가 활성화되면, 관광욕구를 충족시키기 위해 관광행동을 하게 된다. 이러한 관광행동은 반복적으로 일어나는 데, 인간의 반복적인 관광행동은 목적지향적인 행동습성 때문이라 할 수 한다. 즉, 인간은 관광욕구의 충족을 위해 관광행동을 하고, 관광행동을 통하여 육체적·심리적 안정을 찾는 반복행동이 계속되는 것이다.

이러한 의미에서 현대사회에서 관광은 인간에게 매우 중요한 의미를 갖는다. 실제로 우리 인간은 관광활동에 많은 관심을 가지고 있고, 국민 누구나 시간과 경제력이 허락하는 한 자유의사에 의해 관광활동에 참여하고 있다. 인간은 관광활동을 통해 육체적인 건강을 유지할 수 있으며, 일상생활을 벗어난 자유로운 관광 활동으로 심리적 안정을 추구하여 궁극적으로 생활의 질을 향상시킬 수 있다.

한편, 인간의 다양한 관광 욕구의 생성은 여러 측면에서 그 원인을 찾을 수 있다.

우선 외부환경요인들로 도시화의 진전, 생활환경의 오염, 자연의 훼손 등의 환경적 요인과 여가 시간의 증대, 교육기회의 증대, 노동시간의 감소, 유급 휴가제도, 복지정책 등의 제도적 요인과 기반시설의 확충, 편의시설의 확대 등을 가능하게 한 기술적 요인을 들 수 있다. 그리고 내부적인 요인으로 개인의 학습・지각과정 및 성격・태도 형성 과정의 개인적 요인과 1차적 준거집단과 2차적 준거집단 등의 집단적 요인에서 그 원인을 찾을 수도 있다.

관광행동의 원인은 위에서 제시한 바와 같이 매우 다양한데, 이것은 관광을 여러 각도에서 조명해 볼 수 있다는 것을 의미하기도 한다. 그러나 관광의 개념을 정의함에 있어 우선 고려하여야 할 점은 관광의 본질적인 속성을 포괄하여야 한다는 것이며, 다음으로 사회・문화・경제・환경적 요인 등과의 관계를 충분히 고려하여야 한다는 점이다. 이러한 점에서 관광이란 '인간이 일상생활권을 떠나 귀환할 예정으로 그들의 욕구충족을 위하여 이동하는 일련의 목적 지향적인 활동 및 그 활동과 관련된 제 현상의 총체'라고 정의할 수 있다.

제2절 관광시스템

1. 관광의 단계별 개념적 틀

관광의 단계별 개념적인 틀은 '관광이 무엇으로 구성되어 있는지?' 또는 '관광이 성립되기 위한 조건은 무엇인지?'(박호표)에 대한 견해를 설명한 것이다. 이것은 또 다른 의미에서 관광의 연구대상과 범위가 어디까지인지에 대한 해답을 제공하는 것이라고 할 수 있다.

월과 메디슨은 관광의 개념적인 틀을 제시하였는데, 그는 관광은 동태적 요소(Dynamic Element), 정태적 요소(Static Element), 결과적 요소(Consequential Element)가 복합적으로 단계적으로 구성되어 있다고 하면서 각각의 요소에 대하여 다음과 같이 설명하였다.

동태적 요소는 관광객 자신에 관한 것으로 관광수요, 즉 관광동기와 욕구를 말하는 것이다.

정태적 요소는 목적지에 체재하는 관광객의 특성 및 목적지의 특성이 상호 작용하는 것을 말하는 것이다.

결과적 요소는 관광객과 관광목적지의 상호작용에 의하여 발생하는 영향관계와 그러한 영향관계에서 나타나는 현상에 대한 관리를 의미하는 결과적인 측면을 설명한 것이다.

2. 시스템(System)의 의미

시스템 이론은 우리들의 전체 세계를 대상으로 이를 구성하고 있는 모든 부분들간의 상호 관계를 연구하고, 이를 이해하는 데 도움이 되는 종합적인 틀의 제공을 기본 목적으로 하고 있다.

보울딩은 일반 시스템 이론에서 '시스템이란 서로 연관된 부분들이 모여서 이루어

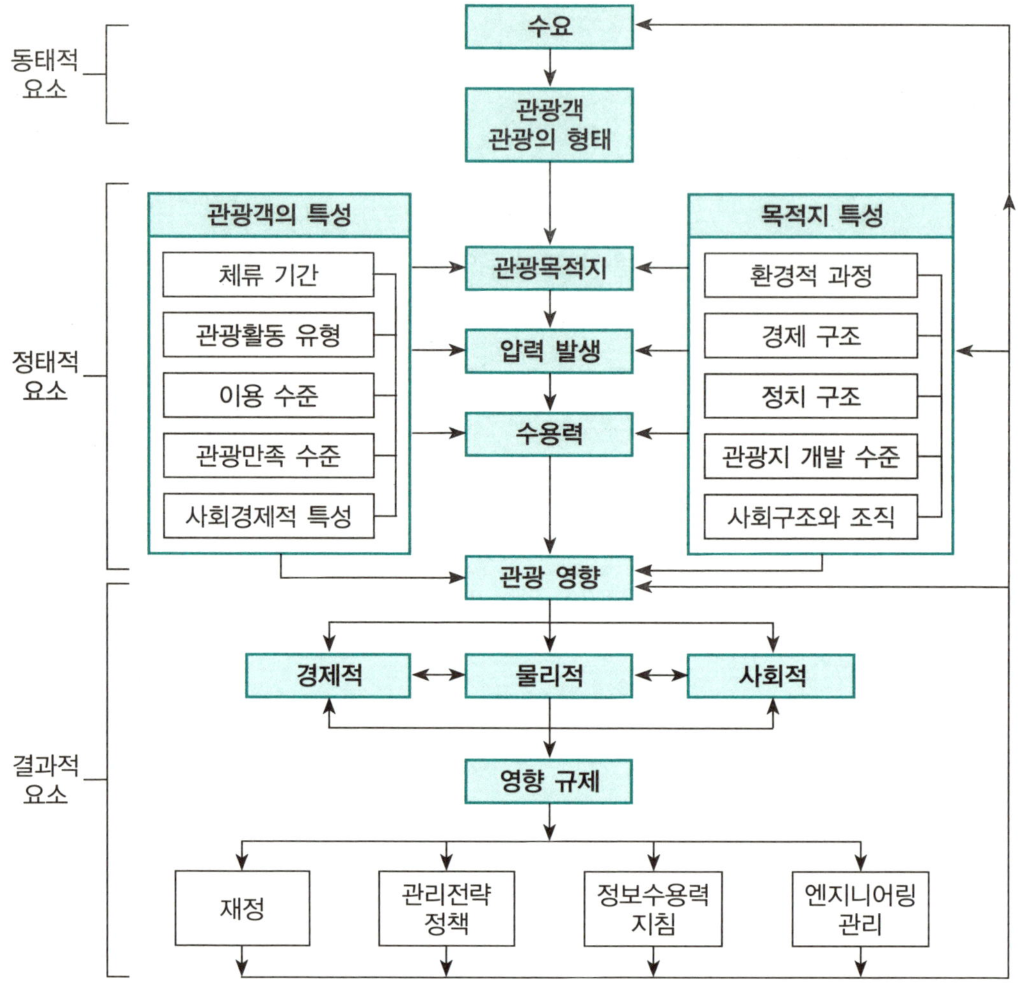

그림 1-1 관광의 단계별 개념적 틀

자료 : Mathieson Alister and Wall Geoffrey, *Conceptualization of Tourism, Tourism : Economic, Physical and Social Impact,* London : Longman. 1982.

진 개체'라고 정의하였다. 즉 하나의 시스템은 몇 개의 하위시스템(Sub-System)으로 구성되어 있고, 이들 하위시스템은 또 몇 개의 하위시스템으로 구성되어 전체로서의 개체가 형성된다는 것이다. 이러한 시스템 개념을 적용해 볼 때, 우리는 일상생활에서 의료시스템, 민원행정시스템, 경제시스템, 교통시스템, 통신시스템 등과 같은 많은 시스템과 접하고 있다.

일반적으로 시스템은 개체, 개체를 구성하고 있는 부분, 부분들 사이 및 개체와 부분들 간의 상호 연관성 등 3가지 요소를 중요한 구성요소로 인식하고 있으며, 일반 시스템 이론은 다음과 같은 속성을 가지고 있다(이학종, 1994).

1) 부분의 상호 관련성과 상호 의존성을 지니고 있다는 것이다. 이것은 시스템의 가장 기본적인 속성으로 상위시스템과 하위시스템이 계층적으로 구성되어 여러 관련 부분들이 한 시스템 속에서 그리고 다른 시스템과 상호 연관성과 의존성을 가지고 상호 작용한다는 것이다.
2) 시스템은 상·하위 시스템이 계층적으로 연결되어 상호의존성과 상호관련성을 갖기 때문에, 단순한 부분의 집합체가 아니라 전체성(Holism)을 띤 개체이다. 따라서 부분의 상호 관계를 중심으로 전체적인 분석을 통하여 시스템을 이해하여야 한다.
3) 전체성을 띤 개체로서의 시스템은 어떠한 목적을 달성하기 위하여 하위시스템 또는 다른 시스템과 상호작용을 하는 목적 지향적인 속성을 가지고 있다.
4) 시스템이 목적을 달성하기 위해서는 필요한 입력이 투입되어야 하고, 투입된 입력은 전환과정을 통하여 출력으로 나타난다.
5) 시스템은 자체의 목적을 달성하기 위하여 상호작용이 효율적으로 이루어질 수 있도록 어떠한 통제가 필요하다.
6) 시스템의 수준이 높아지고 복잡해질수록 시스템을 구성하고 있는 기능이 더욱 분화되고 기능 간의 차이가 커진다. 따라서 분화된 기능을 통합시키는 상호작용이 시스템의 목적을 달성하는 데 매우 중요하다.
7) 시스템의 목적을 달성하는 데는 여러 가지 방법과 수단이 있을 수 있다. 즉 같은 결과를 산출하는 데 입력되는 요소가 다를 수 있다는 것이다. 그러므로 일반 시스템 이론의 이인동과성(異因同果性)은 목적달성을 위한 의사결정 대안이 많을수록 효율적인 입력 투입과 전환작용을 위한 최선의 대안이 중요하다는 것을 제시해 준다.

이상의 일반 시스템의 기본속성은 모든 시스템이 공통으로 가지고 있지만, 시스템의 개방성과 복잡성에 따라서 시스템이 지니는 속성의 정도가 다르고, 독특한 성격이 나타나게 된다.

일반 시스템 이론에 따른 시스템의 특성을 정리하면 〈표 1-1〉과 같다.

표 1-1 시스템의 일반적인 특성

부분의 상호 관련성과 상호 의존성, 전체성(Holism)을 띤 개체, 투입-전환과정-산출의 과정, 목적지향적인 속성, 통제, 기능의 분화, 이인동과성(異因同果性) 등

3. 관광시스템

위에서 일반 시스템의 개념과 기본적인 속성을 검토해 보았다. 관광시스템도 우리가 일상생활에서 흔히 접할 수 있는 시스템 중의 하나로서 일반 시스템의 속성을 가지고 있다고 할 수 있다.

관광은 한 지역에서 다른 지역 또는 다른 국가로의 이동과 그에 수반되는 제 현상이다. 따라서 관광이 성립하기 위해서는 사람, 숙박, 교통, 식사, 관광자원, 정보, 안내 등과 같은 많은 관련된 요소들을 필요로 한다. 즉 관광 시스템은 관광객과 관광객이 다른 지역으로 이동하고 체재한 후 유출하는 데 필요한 하부구조(Infrastructure)와 상부구조(Superstructure) 그리고 관광객이 이동의 목적을 달성할 수 있는 관광대상물을 필요로 한다. 따라서 관광이라고 하는 시스템은 관광객을 비롯하여 기반시설, 편의시설, 관광대상물 등의 하부요소(하위시스템)로서 구성된다.

관광은 이러한 하위요소에 대한 연구와 이들 하위요소들의 상호관련성 및 상호의존성 그리고 시스템을 전체적이고 포괄적으로 분석을 해야만 시스템의 속성을 가지고 있는 관광을 명확히 이해할 수 있을 것이다.

관광시스템에 관해서 많은 학자들이 자신의 견해를 제시하였다. 그 중 대표적인 학자의 관광시스템을 살펴보면 다음과 같다.

1) 前田勇의 관광시스템

前田勇의 관광시스템은 베르네커(Bernecker)의 '관광학원론'에서 관광주체 및 관광객체를 구분하여 관광학의 체계화를 시도했던 노력을 구체화하여 관광의 구조에 대하여 정리하였다.

그는 관광시스템은 기본적으로 관광을 행하는 주체로서의 관광객과 이들 관광객이 관광활동을 통해 관광 욕구를 충족시킬 수 있는 관광객체로서의 관광대상물 그리고 관광주체와 관광객체를 연결시켜 주는 관광 관련시설과 정보 등의 관광 매체로 구성되어 있다고 하였다. 이것을 구체적으로 살펴보면 다음과 같다.

첫째, 관광주체는 관광을 행하는 관광객을 의미하는 것이다. 관광객은 관광이 성립할 수 있는 가장 기본적인 요소이며, 관광활동에 주체적으로 참여하는 관광 소비자이다. 이들 관광객은 관광욕구 혹은 관광동기를 가지고 있고, 이들의 관광욕구나 동기는 관광 활동으로 이어지면서 관광과 관련한 모든 것에 영향을 미친다.

오늘날 관광주체에 의한 관광활동은 관광의사결정, 관광목적지 선정, 관광소비행동, 관광상품의 구매의사결정, 관광목적지 혹은 상품의 선호도와 만족도 등 매우 다양하고, 복잡하게 나타나고 있다. 이러한 관광 주체의 변화는 숙박, 식음료, 정보, 교통수단, 위락시설 등의 관광 관련시설에 변화를 가져오게 함은 물론, 관광자원의 변화와 그 자원에 부여하는 가치, 관광자원의 이용방법과 절차 그리고 빈도, 관광자원의 보호 등에 차이를 보이게 되기 때문에, 결국 관광객이 이용하는 모든 시설과 자원 등에 변화를 유도하게 되는 것이다.

둘째, 관광매체는 관광주체와 관광대상물을 유기적으로 연결시켜주는 기능을 담당한다. 관광매체는 관광관련시설(Principal)로 구성되어 관광객(관광주체)과 관광대상물(관광객체)을 중개해 주는 역할을 한다. 예를 들면, 관광매체인 교통수단은 거주지에서 관광목적지로의 공간적인 이동의 편의를 제공하여 주고, 정보매체는 관광목적지 혹은 관광객에 관한 정보를 제공해 주며, 예약대행과 같은 서비스를 제공하기도 하여 관광객과 관광목적지 양쪽 모두에게 관광활동상의 편의를 제공해 준다. 이러한 의미에서 현대사회의 관광대중화 현상은 필연적으로 관광매체의 발달 및 역할에 긍정적인 영향을 미치고 있으며, 실제로 관광매체의 기능과 범위도 계속 확대되어 가는 실정이다.

셋째, 관광객체를 들 수 있다. 관광객체는 관광객의 관광 욕구를 불러일으키고, 관광욕구를 충족시킬 수 있는 관광대상물 전체를 의미한다. 관광객체는 그 종류가 매우 다양하며, 각 관광객체의 매력성과 유인성도 다르게 나타난다.

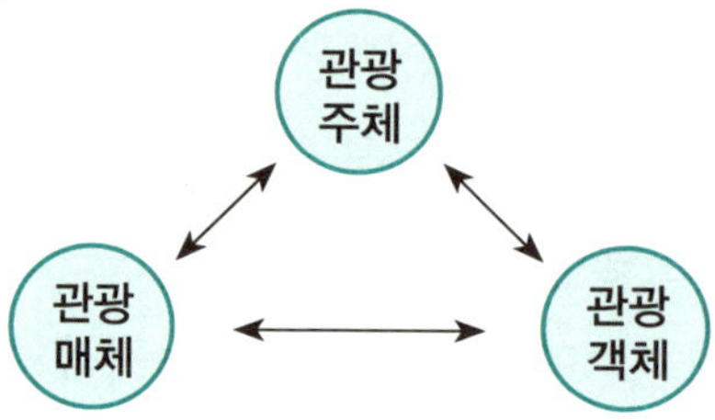

그림 1-2 前田勇의 관광시스템 구조

관광객체로서의 관광자원은 자연적으로 생성된 자연적 관광자원과 인간이 생성한 인위적 관광자원 등 2가지로 크게 분류할 수 있겠다.

이와 같이 관광의 주체, 매체, 객체는 상호 보완성과 관련성을 가지면서 관광이라고 하는 한 시스템 내에서 상호작용에 의한 영향을 주고받고 있다.

前田勇의 관광 시스템은 관광의 구조로 널리 알려져 있으며, 관광의 현상을 이해하는 데 중요하게 활용되고 있다. 본서에서 일반적으로 알려진 관광의 구조라는 명칭을 시스템이라 칭한 것은 앞에서 이미 시스템의 개념을 설명한 바 있고, 관광의 구조 역시 하나의 시스템임에는 틀림이 없기 때문에 현대적인 관점에서 이렇게 부르기로 한다.

2) 레이퍼(Leiper)의 개방적 관광시스템

레이퍼는 관광시스템을 기본적으로 관광객, 관광배출지, 관광경유지, 관광목적지, 관광사업 등의 5가지 요소로 나누고, 이들 5가지 요소가 개방적인 시스템을 구성하고 있다고 하였다. 즉 이들 5가지 요소는 물리적 환경, 문화적 환경, 사회적 환경, 경제적 환경, 정치적 환경, 기술적 환경 등의 광역환경 속에서 상호 작용한다는 것이다.

예를 들면, 관광배출지 주민의 평균소득의 변화는 관광활동의 변화를 수반하여, 관광경유지에서의 관광객의 활동과 관광목적지에서의 관광활동에 변화를 가져오게 된다. 따라서 관광사업체는 관광객의 소득의 변화를 인식하여 그들의 욕구에 맞는 관광상품의 개발 혹은 기존 관광상품에 변화를 모색하여야 한다. 이와 같이 관광시스템의 구성요소는 외부환경의 변화에 의해 지속적으로 영향을 받으므로 그 변화에 순응 또는 적응하여야 하는 구조를 가지고 있다.

자동화 생산라인과 화학공정 라인과 같은 폐쇄적 시스템은 컴퓨터로 제어된 그대로 원재료가 투입되고, 생산공정에 따른 전환과정을 거쳐 제품으로 산출되는 과정에서 외부환경의 영향을 전혀 받지 않는다. 이러한 형태의 폐쇄적 시스템과 레이퍼의 개방적 관광 시스템을 비교하면 이해하기 쉬울 것이다.

개방적 관광 시스템은 물리적 환경, 문화적 환경, 사회적 환경, 경제적 환경, 정치적 환경, 기술적 환경 등과 상호작용에 의한 영향관계를 설명한 것이라 할 수 있다. 이것은 관광에 영향을 미치는 내부적·외부적 요소에 대한 면밀한 검토에 의해 관광이라는 하나의 현상과 그 기능을 이해할 수 있다는 것을 나타내는 것으로 중요한 의미를 갖는다. 〈그림 1-3〉은 레이퍼의 개방적 관광 시스템을 도식화한 것이다.

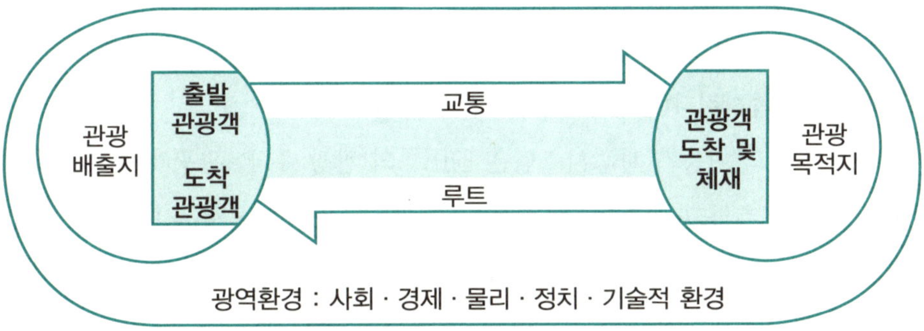

그림 1-3 레이퍼의 개방적 관광 시스템

자료 : N. Leiper, The framework of Tourism, Annals of Tourism Research, Vol. 6, No. 4, 1979.

3) 건(Gunn)의 기능적 관광시스템

현대사회에서 관광은 더욱 다양하고, 복잡해지면서 건은 관광 시스템을 기능적으로 성격이 다른 5가지 요소로 구분하여 설명하려고 하였다. 건이 주장한 5가지의 구성요소는 관광객, 교통기관, 관광대상, 서비스 · 시설, 정보 · 지도 등이며, 이들 구성요소들이 관광시스템 내에서 담당하고 있는 기능을 간략히 설명하면 다음과 같다.

관광객은 다양한 욕구와 관광동기를 가지며, 관광현상에 있어 가장 중요한 기능을 담당하는 요소이다(관광주체).

관광대상은 관광시스템 속에서 관광객을 관광시장으로 유인하여 관광욕구를 충족시키는 목적물의 성격을 갖는다(관광객체).

서비스/시설은 관광객에게 숙식 · 오락 · 쇼핑 등을 제공하는 기능을 담당하는 것으로 관광사업이라 총칭할 수 있다(관광매체).

교통기관은 관광객을 거주지에서 관광 목적지로 연결시켜주는 공간적인 접근성의 기능을 담당한다. 이러한 교통수단의 다양성과 편리성 등은 관광객의 이동의 편의뿐만 아니라, 관광목적지의 발전에도 중요한 영향을 미친다(관광매체).

정보/지도는 관광객과 관광자원 간의 시간적인 접근성을 제공하는 기능을 담당하는 것으로 관광목적지에 관해 정확하고, 유익한 정보를 빠르게 제공하여 관광객들의 정보욕구를 충족시킨다(관광매체).

이와같이 건의 기능적 관광시스템은 前田勇의 관광 주체, 관광객체, 관광 매체의 기본적인 틀을 취하고 있으나, 관광시스템 내에 존재하는 하위 시스템의 중요성이 증대되고 있는 시점에서 관광매체를 기능적으로 세분화하여 이해하려고 한 것이다.

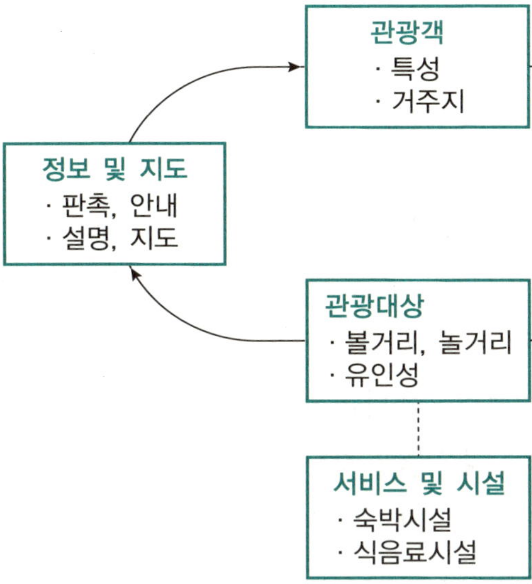

그림 1-4 건의 기능적 관광시스템 구조

자료 : Clare A. Gunn, Tourism Planning, NY : Crame Russak, 1979.

위에서 우리는 관광의 시스템에 대하여 몇 명의 학자들의 견해를 살펴보았다. 이들 학자들이 주장한 관광시스템에서 발견할 수 있었던 특성은 크게 3가지로 그 내용은 다음과 같다.

첫째, 관광주체와 관광매체, 관광객체는 상호의존성을 갖는다는 것이다. 따라서 어느 한 요소의 변화는 필연적으로 다른 요소의 변화를 야기할 수 있다.

둘째, 관광은 많은 외부환경과 영향을 주고받기 때문에, 이들 영향요인에 대한 검토는 관광을 이해하는 데 중요한 요소가 된다.

셋째, 사회가 발달할수록 관광 매체의 기능과 역할 면에서 그 중요성이 증대되고 있고, 관광매체의 종류도 다양해지고 있다.

이미 언급한 바와 같이 관광시스템은 일반 시스템 이론상의 특성을 모두 포함하고 있다. 그러므로 위의 학자들이 설명한 내용과 일반시스템이 가지고 있는 특성을 함께 생각하면 보다 정확하게 관광의 시스템을 이해할 수 있을 것이다.

제3절 관광학의 학문적 접근방법

관광학은 관광 현상을 연구의 대상으로 하는 학문이다. 그러므로 관광학은 지금까지의 관광 현상에 관한 연구의 체계적 지식의 총체라고 말할 수 있다.

관광학은 어떤 내용을 가지며, 어떤 역할을 담당하는 것인가? 하는 성격론에 관해서는 관광학이 성립된 때부터 논의되어왔다. 그와 같은 논의를 통해서 명백해진 것은 관광학이 언제나 실천적 의식과 결부되어 있다는 것이다

관광학은 사회 실천적인 복합학문의 성격을 갖는다. 그것은 앞에서도 전술한 바와 같이 관광은 사람의 장소적 이동과 이동에 따른 관광목적지와 관광객 그리고 관광배출지, 관광경유지의 사회, 경제, 문화, 환경 등과의 상호 관계에 관한 규명 등 많은 부분이 관광과 관련을 가지고 있기 때문에 다학문적인 성격을 가지고 있다.

그렇기 때문에 관광학에 대한 연구 및 인식대상을 논리적으로 명확히 파악하기는 쉽지 않으며, 결과적으로 학문적인 접근방법 또한 통일적인 기준이 불명확한 것이 사실이다. 이러한 어려움에도 불구하고 관광학에 관한 연구는 1900년대 초반부터 현재에 이르기까지 계속되어 오늘과 같은 발전을 이룩하게 된 것이다.

오늘날 관광학의 주요한 접근방법의 틀은 크게 3가지로 설명할 수 있는 데, 그 하나는 단일학문체계로서 관광학을 연구하는 시각(개별과학으로서의 관광학)과 다른 하나는 종합학문체계로서 관광학을 연구하는 시각(종합과학으로서의 관광학)이다. 나머지 하나는 근래에 새롭게 인식이 되고 있는 것으로 다학제적인 연구방법이 그것이다.

1. 개별과학으로서의 관광학 연구(단일학문체계)

개별과학으로서의 관광학 연구는 기존의 학문분야에서 가지고 있는 고유의 연구방법이나 지식, 기술 혹은 체계로 관광을 조명하는 것을 말한다. 예를 들면 관광기업경영에 관한 연구는 경영학이 가지고 있는 경영학 고유의 연구방법, 분석체계와 기술

을 활용하여 연구하고, 관광이 사회에 미치는 영향에 관한 연구는 사회학 고유의 학문적인 분석방법과 체계로 그 영향 관계를 규명하는 등의 연구방법이 개별과학으로서의 관광학이라고 한다.

따라서 이러한 연구방법은 관광과 관련된 각각의 개별과학들이 오랫동안 축적한 연구방법과 분석체계를 활용하기 때문에, 이미 상당한 수준에 도달하여 전문화되고, 연구분석방법도 매우 세련되어 있다고 할 수 있다. 그러므로 관광학 연구에 있어서 어느 정도 발전에 기여했다고 볼 수 있다.

그러나 개별과학으로서의 관광학 연구는 개별학문 분야가 연구의 주체가 되기 때문에, 자칫 관광의 본질적인 속성을 이해하지 못하는 과오를 범하기 쉬운 단점을 가지고 있기도 하다.

2. 종합과학으로서의 관광학 연구(종합학문체계)

종합과학으로서의 관광학 연구는 인접인문분야를 관광학의 범주에 포함하여 종합적인 측면에서 관광을 조명하려는 시각이다. 그렇기 때문에 종합과학으로서의 관광학 연구는 연구의 주체가 관광이 될 수 있는 장점은 가지고 있다.

그러나 종합과학으로서의 관광은 개별과학 전체를 묶어서 관광을 조명하려는 시각이기 때문에, 참다운 의미에서 학문이라고 하기는 어렵다. 또한 모든 개별학문분야의 법칙을 동일한 차원에서 취급한다는 모순에 빠지게 된다. 즉 개별과학의 모든 여러 가지 법칙을 동일한 차원에서 취급하여 일정한 법칙을 정립하여야 한다는 모순을 가지고 있다는 것이다.

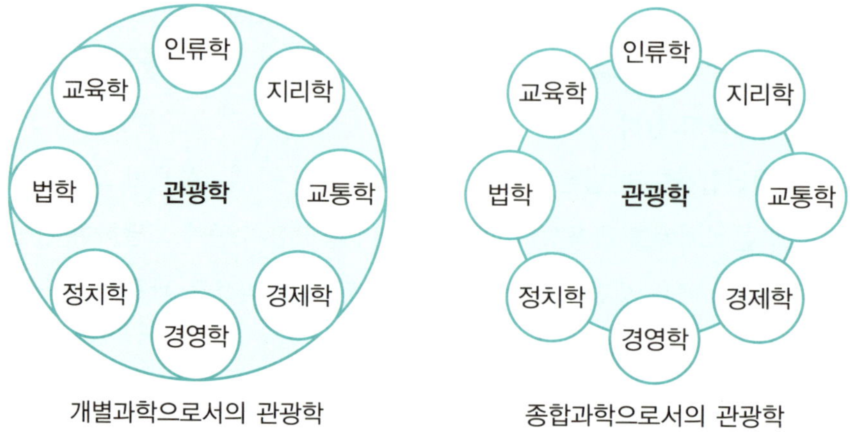

그림 1-5 관광학 연구의 접근방법

3. 다학제적인 연구체계(김성혁)

단일학문체계와 종합학문체계는 양자 모두 장·단점을 가지고 있다. 그러므로 우리가 현재 나아가야 할 방향은 단일학문체계의 장점을 살리고, 일개분야에 국한된다는 단점을 보완하는 입장에서, 그리고 종합적인 학문체계의 완성을 위한 노력의 일환으로서, 두서너 개의 단일학문 간에 동일테마에 대한 다학제적 연구를 시도하는 일이다. 이러한 움직임은 관광문화인류학(관광학+문화론+인류학), 관광행동론(관광학+경제학+심리학+소비자행동론), 관광경제사회학(관광학+경제학+사회학) 등에서 이미 진행되고 있다.

다학제적인 연구가 활발히 진행되고, 그 장·단점과 유사한 결론이 표출되면, 그것을 바탕으로 하여 종합학문의 접근방법에 근접하는 사회과학의 법칙을 발견하거나 통합적인 연구의 틀을 찾을 수 있고, 나아가서 관광학 독자적인 범학문적인 연구방법을 발견할 수 있을 것이다.

제2장

관광과 사회

제2장

관광과 사회

제1절 관광의 역사

인류는 근본적으로 이동을 하며 생활을 영위하였기 때문에 관광이 언제부터 시작되었느냐?고 하는 것은 우매한 질문이라 할 수 있다. 물론 당시에 오늘날과 같은 시각으로 관광을 조명하고 있었던 것은 아니지만, 우리 인류의 이동이 자의적이든 혹은 타의적이든 그들의 생활 속에서 필수적으로 수반되는 행위이기 때문에, 인류의 탄생과 동시에 관광행위가 있어 왔다고 볼 수 있다.

관광은 외부환경의 변화와 더불어 많은 변화와 발달을 지속하며 오늘에 이르게 되었고, 현재는 과거의 반영이라는 말처럼 관광의 역사를 검토한다는 것은 곧 미래를 어느 정도 예측할 수 있다는 측면에서 의미가 있는 일이라 할 수 있다. 관광의 역사를 조명하는 것은 현대시대의 관광의 이해를 도모하는 데 도움을 줄 뿐 아니라, 미래에 대한 관광의 방향을 예측하는데도 유용한 자료를 제공한다. 그렇기 때문에 관광의 역사를 조명하는 일은 우리 인류의 삶에 질적인 개선에도 많은 긍정적인 영향을 미칠 수 있다는 미래지향적인 행동일 수 있다.

이러한 관점에서 관광의 역사를 살펴보고자 한다. 다만, 관광이라는 행위는 그 자체가 각 시대별 당시의 사상과 문화, 경제, 철학 등을 크게 반영하고 있는 관계로, 연구자의 입장과 배경에 따라서 약간의 시각의 차이를 보일 수 있다는 점을 간과해서는 안될 것이다. 본서는 앞의 개념정의에서 밝힌 바와 같이 종합사회과학이라고 하는 오늘날의 관점에서 고대시대부터 현재에 이르기까지 중요한 내용만을 간략히 살펴보고, 그 시대의 관광의 특성을 검토하고자 한다.

1. 유럽 및 미주지역의 관광

1) 고대 · 중세시대의 관광

관광은 그 특성상 어느 시대를 막론하고 당시 사회의 정치, 문화, 경제 등의 발달 정도와 비례적인 관련성을 가지고 있다고 볼 수 있다. 고대시대에도 많은 국가 혹은 부족이 존재하였지만, 관광의 관점에서 의미를 크게 부여할 수 있는 국가는 이집트, 로마 그리고 그리스라고 할 수 있다.

이집트는 4대 문명의 발상지이며 매우 번창한 문명국가 중의 하나로 '주변국과의 교역, 여러 제신들에 대한 경배와 기도를 위한 종교활동, 또한 치국(治國) 또는 전쟁 등에 의한 사람의 이동이 빈번하게 이루진 시대'라는 기록을 많은 책에서 접할 수 있다(소설 '람세스 2세'는 이와 관련한 내용을 소상히 적고 있음). 그리고 이 소설에서 밝히고 있는 이동은 작게는 몇 주일에서 많게는 수년간의 일시적인 이동이 있었다는 내용을 확인할 수 있다.

고대 이집트 제국에서는 신전순례 및 종교집회와 같은 형태의 종교적인 측면에서의 관광활동이 성행하였으며, 이러한 종교적 이동풍습은 인류 역사상 최초의 행동으로 남아 있기도 하다. 또한 이집트의 전성기에는 인접국들과의 빈번한 교역과 종교인 또는 철학자 등의 순수한 관광목적의 여행도 번창하였고, 부족 혹은 국가적인 차원에서의 축제행사도 연중 수 차례 진행되기도 하였다. 이러한 기록으로 볼 때, 이집트 제국에서의 관광동기는 종교적인 동기에 의한 관광활동이 주류를 이루었던 것으로 추측된다.

그리스 시대는 당시 사회적인 구조상 이집트보다는 관광행동이 좀 더 활발하게 발생된 것으로 추측할 수 있는데, 그 이유는 다음과 같다.

첫째, 그리스는 기원전 776년부터 383년간 4년마다 올림피아(Olympia)에서 올림픽 경기대회가 열려, 각 지방의 많은 사람들이 이 체육행사에 참전 혹은 참관을 하며 즐겼다는 것은 너무나도 잘 알고 있는 사실이다.

둘째, 요양 또는 건강상의 이유로 여행을 하였다는 기록이 전해지고 있는데, 대표적으로 에게해의 델로스(Delos) 섬은 요양 혹은 보양을 위하여 많은 지역에서 사람들이 방문하여 체재하였던 것으로 알려지고 있다.

셋째, 그리스는 종교적인 이유로 여러 신전에 참배하기 위한 여행이 성행하였다는 것이다. 그리스는 여러 신의 신전이 각지에 건축되어 있었으며, 대표적으로 아테네의 제우스(Zeus) 신전, 델포이(Delphoi)의 아폴로 신전 등이 중요한 관광명소로 알려졌다.

넷째, 이 시대는 여행객을 모두 제우스신의 보호를 받는 '신성한 사람'으로 생각하여 환대하는 관습이 있었는데, 이와 같은 환대정신은 당시 호스피탈리타스(Hospital-itas)라고 하여 최고의 미덕으로 여겼다고 전해지고 있다. 오늘날의 환대(Hospitality)라는 말은 호스피탈리타스에서 유래된 것이며, 기원전 4세기 중엽 이후의 그리스 시대를 '인간존중의 시대' 로 불렀는데, 그 기본정신은 역시 호스피탈리타스에 기원을 가지고 있다고 할 수 있다.

이러한 내용으로 보아 그리스 시대의 관광동기는 주로 체육, 종교, 건강 등으로 정리할 수 있을 것이다.

고대 로마 시대에는 근대관광과 유사한 관광 패턴이 나타나기 시작하였다. 이는 교통수단의 발달과 숙박시설의 발달에 기인한 것이다. 고대 로마 시대의 교통수단의 발달은 '모든 길은 로마로 통한다'는 말에서도 알 수 있다. 로마는 중심 대광장(Folo)을 중심으로 동서남북으로 일곱 개의 도로를 건설하였으며, 이러한 도로는 남쪽으로는 그리스에 이르는 해상 교통로와 연결되어 있으며, 서쪽으로는 중동지역까지 연결되어 있었다. 물론 이러한 도로는 대제국의 정치 또는 군사적 목적으로 건설되었으나, 관광의 발달에 중요하게 영향을 주었음을 의심할 사람은 없을 것이다. 이와 더불어 운송 수단에도 많은 변화를 가져왔다. 예를 들어, 당시 육상교통수단은 2인 2륜 단거리용 마차(Cisium), 3인 2륜 마차(Calesse), 4인 장거리용 4륜 마차(Praetorium) 등 사람의 수와 목적에 따라 다양한 형태의 마차가 선보였고, 해상교통수단 역시 소형의 바르카(Barca), 대형의 나베(Nave) 등 여러 가지 형태의 선박이 있었다.

그리스 시대에 여행자의 대표적인 숙박장소는 개인의 집 혹은 저택이 주로 이용되었으나, 로마 시대에는 군사의 이동이 빈번해 짐에 따라 이들을 수용할 수 있는 숙박시설을 필요로 하게 되었고, 이 숙박시설은 점차 일반 관광객에게도 이용이 허용되었다. 그리고 주요도로변에 일반여행객을 위한 많은 숙박시설(김진섭)이 있었으며, 이외에도 간이식당인 타베르나(Taberna), 식당 겸 숙박시설인 포피나(Popina) 등이 로마 곳곳에 건설되었다. 교통기관의 발달과 함께 로마의 관광활동이 활발하게 되었던 것은 화폐경제의 보급, 학문에 대한 탐구심의 증대, 치안의 유지 등에서 그 원인을 찾을 수 있다.

그러나 기원전 5세기에 이르러 로마제국이 붕괴되면서, 위에서 열거한 관광발달에 긍정적으로 영향을 미쳤던 원인들이 사라지고, 오랫동안 관광의 암흑시대가 도래하게 되었다.

한편 로마 시대는 종교, 요양, 식도락 등이 관광활동의 중요한 동기인 것으로 알려졌다. 로마제국은 여러 신의 신전을 각지에 건설하였고, 시민들은 대신(大神) 주피터(Jupiter), 미의 여신 비너스(Venus), 주의 신 바카스(Bacchus), 농업의 신 사탄(Satan) 등의 신전에 참배하였다. 또한 로마시민은 '조리교본'인 '조리의 왕'에서 나타난 바와 같이 식도락가가 많았으며, 식도락가는 각 지방의 포도주를 마시며 식도락을 즐겼는데, 이러한 식도락을 '가스트로노미아(Gastronomia)'라고 불렀다. 반면에 식도락은 당시에 비만을 많이 야기시키기도 하여 비만의 치료를 위한 요양관광이 성행하기도 하였다. 당시에 요양 관광지로는 남부 이탈리아의 바이아(Baia), 영국의 베스(Bath), 독일의 바덴바덴(Barden Barden) 등이 유명하였으며, 특히 바덴바덴 온천은 상류층의 전유물이 되어 요양객을 위한 연극공연과 카지노 등이 설치되었다. 그리고 명승고적을 탐방하는 예술관광도 성행하였던 것으로 알려져 있다.

이와 같이 고대시대의 이집트, 그리스, 로마 등의 각 제국은 오늘날의 관점에서 관광동기와 관광행태적인 면에서 차이를 보이고 있으나, 당시의 관광의 특성을 종합하여 정리하면 다음과 같다.

첫째, 고대시대의 3개 제국은 번창한 문화, 치안의 유지, 국제교역의 발달, 부분적이지만 화폐경제의 발달 등의 사회적 요인이 관광의 발달에 중요하게 영향을 미쳤다는 것이다.

둘째, 당시의 사회가 수직적인 신분구조를 가지고 있는 관계로 관광행위에 참여할 수 있는 사람은 왕족과 귀족, 종교인과 같은 소수의 특정인에 한정되었다는 점이다.

셋째, 관광동기는 3개 제국 모두 종교적인 측면에서의 관광행동이 중요하게 영향을 미쳤으며, 요양·스포츠·전쟁 등도 중요한 관광의 동기가 되었다.

중세 유럽 시대에 관광부활의 원인이 된 것은 1096년부터 1270년까지 계속된 십자군 전쟁이었다. 이 십자군 전쟁에 의하여 육·해상의 교통로의 확충으로 동양과 서양의 물적·인적교류가 활발하게 이루어지게 되었다. 십자군 전쟁은 이슬람교도와 기독교도 간의 종교전쟁의 성격을 가지고 있었으며, 전쟁의 결과 기독교도인은 이슬람교도에게 예루살렘 순례를 인정받아 최고의 관광목적지가 되었고, 로마는 교황과 사도 바울, 베드로의 순교의 땅으로 제2의 성지가 되어 종교관광의 목적지가 되었다.

이와 같이 중세유럽의 관광은 전쟁에 의한 군사의 이동과 성지순례여행이 주류를 이루었다. 특히 성지순례여행은 가족단위의 종교관광이 많이 이루어졌고, 수도원과 교회는 이들의 중요한 숙박장소로 이용되었다.

2) 근대의 관광

유럽지역에서 중세시대를 마감하고 근대시대로 넘어오는 과정에는 많은 중요한 사건이 있어 왔다. 그 중 대표적인 것은 15~16세기에 포르투갈, 스페인, 영국 등 유럽제국에서 활발하게 전개된 대항해, 17세기 영국의 시민혁명, 그리고 18세기의 산업혁명이 그것이다. 이러한 일련의 격변은 관광에 중요한 영향을 미치게 되었는데, 특히 영국의 시민혁명에 의한 참정권 획득과 산업혁명은 관광의 발달사에 한 획을 긋는 중요한 사건으로 인정된다.

영국 시민의 참정권 획득은 이전까지의 수직적인 신분구조에서 수평적인 신분구조로 이동하는 중요한 계기가 되었다. 모든 시민이 투표권을 획득하였다는 사실은 자유로운 의사표현과 행동이 가능해졌다는 것을 의미하는 것으로 수평적인 신분구조로의 사회구조의 변혁은 궁극적으로 사람들에게 시민의식과 자아인식, 그리고 주체의식을 갖게 하였다. 이러한 주체의식은 사람들이 인간의 존엄성에 대하여 가치를 부여하게 하였고, 다른 무엇보다도 자신의 행복을 추구할 수 있는 권리를 가지고 있다는 것에 대하여 중요한 의미를 부여하게 된 것이다. 이와 같은 인식 또는 가치의 변화는 당시 사회적 변화에 중요하게 영향을 미치게 되었다.

이에 따라 관광욕구에도 중요한 변화가 나타나기 시작하였다. 시민들의 관광욕구 증대 및 관광욕구의 다변화 현상 등이 그것이다. 대표적으로 괴테와 바이런 등의 대문호들이 지적인 욕구를 충족시키기 위하여 대륙여행을 하였고, 이들의 작품은 일반 시민의 지적인 호기심을 자극하여 여행의 촉진제 역할을 하기도 하였다. 이러한 연유로 근대관광이 '교양관광의 시대' 혹은 '그랜드 투어의 시대' 등으로 불린 것이다.

다음으로 관광에 중요한 영향을 미친 것은 산업혁명이라 할 수 있다. 산업혁명은 1760년에 영국에서 시작되어 유럽전역으로 확산되면서 일반시민들이 부를 축적할 수 있는 전기를 마련하였다. 그와 동시에 산업혁명은 각 부문에서 기술적 혁신이 일어나게 되어 근대산업의 발전에 크게 기여하는 계기가 되었고, 이것은 현대과학 문명의 발달에 중요한 계기가 되었다고 하여도 과언이 아닐 것이다.

과학 문명의 발달은 관광에 질적·양적인 면에서 커다란 변화를 가져오게 하였다. 예를 들어 교통기관의 발달은 관광활동에 있어서 보다 빠르게 그리고 더 멀리 장소이동을 가능하게 하였을 뿐 아니라, 동시에 많은 사람을 이동시킬 수 있었고, 관광객 개인에게는 여행비용의 절감을 가져오게 하였던 것이다.

근대시대는 참정권 획득을 통한 시민계급의 형성과 산업혁명에 의한 시민들의 부의 축적으로 사회의 구조적인 변화와 함께 관광에 있어서도 많은 변화가 일어났는데, 그 변화와 특성을 요약하여 살펴보면 다음과 같이 정리할 수 있다(조현호, 1998 : 김태영, 1994).

(1) 근대시대에는 숙박시설의 양적 · 질적인 확대가 이루어졌다는 점이다. 여관과 같은 숙박시설의 확대와 함께 19세기부터는 온천 관광지를 중심으로 호화로운 객실과 오락시설을 갖춘 곳이 많이 생성되었고, 이 시대에 와서 대규모 숙박시설을 호텔이라 부르게 되었다.

(2) 근대시대 시민들은 여행욕구의 증대와 다양화 현상이 나타났다는 점이다. 당시 시민들은 괴테, 바이런 등의 대문호의 작품을 통하여 외국문물에 대하여 간접적으로 접하게 되었고, 그것이 시민들의 여행욕구를 자극하였다. 특히 괴테는 이탈리아 지역을 1년 반 동안 미술작품감상을 위하여 여행을 실시하였고, 대륙여행을 하기도 하였다. 그러한 여행경험들이 그의 작품에 나타나면서 독자들에게 여행욕구를 자극하는 촉진제가 되기도 하였다. 또한 근대사회의 커다란 특징 중 하나는 '대항해의 시대' 라는 점이다. 유럽제국에서 나타났던 대항해는 미지의 세계에 대한 세인의 관심을 집중시키는 역할을 하였고, 이 또한 시민의 모험심과 미지의 세계에 대한 동경, 지식욕 등을 자극하는 계기가 되었다.

(3) 근대시대는 산업혁명을 통한 기술의 발전으로 여행의 시간적 · 공간적인 접근성을 용이하게 하였다는 점이다. 특히 근대시대에 교통수단의 발달은 관광의 발달에 있어서 간과하여서는 안 될 중요한 요소이다.

(4) 근대시대는 시민들이 스스로 부를 축적할 수 있는 사회적인 여건이 성숙되었다는 점이다. 따라서 근대사회는 시민들의 가처분 소득이 증대되어 여행에 참여할 수 있는 기회가 증대되었다.

(6) 또한 이 시대에서 빼놓을 수 없는 사실은 영국인 토마스 쿡(Thomas Cook, 1802~1892) 목사에 의한 모집관광이 시행되었다는 점이다. 토마스 쿡은 당시 금주운동이 전국적으로 확산되고 있는 상황에 따라 540명의 참가자를 모집하여 금주동맹대회를 실시하였다. 토마스 쿡의 금주동맹대회는 중요한 의미를 가지고 있는데, 그 의미를 요약하면 다음과 같다.

첫째, 토마스 쿡의 금주동맹운동은 세계 최초의 모집관광으로 기록된다는 점이다. 그는 금주를 위한 프로그램과 일정을 사전에 기획하여 여기에 참가를 원하는 사람들을 모집하여 오늘날과 같은 형태의 기획관광 혹은 주최여행을 실시하였다.

둘째, 회원모집을 위하여 토마스 쿡은 홍보전단을 만들어 배포하여 단체관광객을 모집하였다.

셋째, 당시는 철도건설의 초창기로 운영에 적자를 보고 있다는 사실을 착안하여 Leisester에서 Loughborough까지 22mile의 구간 정상요금의 약 1/4 정도의 가격에 계약하여 오늘날의 할인가격을 적용한 철도여행을 실시하였다.

넷째, 금주운동에 참여하는 참가자에게 참가비용을 수수하는 여행 프로그램을 실시하였다.

이러한 모집관광이 성공하자 토마스 쿡은 많은 사람으로부터 여행수속대행의 의뢰를 받게 되었는데, 이를 계기로 그는 1845년 '여행 대리업'을 경영하게 되었고, 활동의 영역을 확대하였고, 나아가서 그는 그의 아들과 함께 미국항해여행을 기획하고, 관광안내서를 발간하는 등 세계 최초의 단체관광을 실시하여 오늘날의 여행업과 유사한 활동을 하였다. 이러한 관계로 그는 근대 여행업의 아버지라고 칭송을 받게 되었다.

미국은 19세기 중엽 이후 유럽과 미국 간의 왕래가 활발해지면서 호화 여객선이 운행되었다. 그리고 이와 때를 같이 하여 힐튼, 스타틀러, 부머 등 훌륭한 호텔 경영자들에 의해 호텔도 대형화와 근대화를 이룩하였다. 당시에 건립된 많은 호텔은 현대에 이르기까지 매우 경쟁력이 있는 호텔로 인정을 받고 있고, 1891년에 설립된 아메리칸 익스프레스라는 여행대리점은 여행자 수표를 발행하기도 하였다. 이 여행사 수표는 현대에 와서는 여행객이 보편적으로 이용하고 있는 지불수단으로 여행의 편의를 제공하는 데 중요한 역할을 하고 있다.

3) 현대의 관광

근대시대의 시민혁명과 산업혁명으로 발전을 지속하던 우리 인류는 현대시대에 들어서면서 이전의 발전속도와는 비교할 수 없을 정도로 비약적인 성장을 이루었다. 이러한 비약적인 발전은 인류의 관광활동과 관광산업에 있어서도 그 양과 질적인 측면에서 커다란 성장을 가져오게 하였다.

현대시대의 관광이 발달하게 된 이유는 많은 원인이 있으나, 구체적인 설명은 관광의 발달요인에서 전개토록 하고, 여기서는 현대관광을 대표하는 용어에 대한 설명과 그 특성만으로 현대관광의 내용을 설명하겠다.

현대의 관광은 현상적이고, 실태적인 면에서 현대관광의 특성을 대변하는 말들이 생겨나게 되었는데, 대중관광의 시대 혹은 대량관광의 시대, 복지관광의 시대가 그것이다.

대중관광(Popular Tourism)과 대량관광(Mass Tourism)이란 의미는 학자들간의 약간의 차이는 있으나, 본질적으로 국민 대다수가 관광에 참여하는 시대라는 공통적인 의미를 내포하고 있다. 즉 이 2가지 용어는 '일반국민이 자신의 자유로운 의사결정에 의해 자발적으로 관광활동에 참여할 수 있고, 관광활동에 자발적인 참여현상이 국민의 일상생활상에서 보편적으로 일어나고 있다'는 의미를 내포하고 있는 것이다. 이러한 현상은 일부의 특권층만의 전유물로 인식되고 있던 근대시대까지의 관광특성에 일대 변혁을 가져온 현상으로 관광현상의 행태적인 측면에서 현대사회의 실상을 잘 표현한 것이라 할 수 있다.

또한 현대관광의 시대는 복지관광(Social Tourism)의 시대로 표현되고 있다. 복지관광의 등장 배경에는 무엇보다도 관광에 참여할 수 없는 계층이 존재하고, 이러한 사람들에게 관광의 기회를 제공하여야 한다는 인식의 전환에 의하여 발생되었다고 볼 수 있다. 이와 같은 인식의 전환은 관광에 관한 국민의 권리가 성문화(成文化)되어 있지는 않지만 국민의 기본적 권리로 받아들이고, 인정하고 있다는 것을 보여주는 증거라고 할 수 있다.

복지관광은 '여가를 국민의 기본권으로 인정하고, 이 권리를 행사할 수 있는 실질적인 기회를 주기 위하여(목적), 국가, 지방자치단체, 각종 사회단체(주체) 등이 신체적, 정신적, 금전적, 기타 여러 가지 이유로 여행에 제한을 받는 계층을 대상으로(대상), 여행경비를 직접 제공하거나 그들을 수용하는 비영리 여가시설에 자금을 지원(방법)함으로써, 개인의 개성과 취미를 발전시키고 다른 사람을 보다 잘 이해할 수 있도록 공공의식과 책임감을 습득(효과)할 수 있는 장을 마련해주는 사회 정책적 조치'(김봉규)라고 할 수 있다. 따라서 복지관광은 현대사회에 있어서 관광의 한 유형 또는 형태라고 인식하기보다는 오히려 현대사회에서 강조되고 있는 국가정책의 실행에서 나타나는 현상으로 이해하는 것이 더욱 타당하다고 볼 수 있다. 오늘날 선진 국가들이 국가정책의 실현에 있어서 가장 중요하게 다루고 있는 것이 국민의 복지와 삶의 질의 개선이라는 관점에서, 복지관광은 개인의 자아실현, 사회적 형평의 구현, 관광의 비참여계층에 대한 참여기회제공, 생활의 질 향상, 관광환경의 질 개선 등의 목표를 설정할 수 있다. 이러한 목표는 복지관광의 중요한 이념(이장춘)이 되고 있기도 하다.

앞에서도 설명한 바와 같이 복지관광은 정책의 실행 상에서 나타나는 현상이라고 밝힌 바 있다. 따라서 복지관광은 국민복지의 향상이라는 국가의 거시적인 차원에서 이의 실현을 위한 방편으로 활용하기에 매우 유용한 수단으로 인식되면서, 위에서 제시한 이념이 등장하게 되었던 것이다. 이러한 이념에 대하여 구체적으로 고찰하면 다음과 같다(이장춘).

첫째, 복지관광이 개인의 자아실현욕구를 충족하여야 한다는 이념은 인간은 기본적으로 목표지향적이고, 성취지향적인 욕구를 가지고 있으며, 인간의 행동은 이러한 목표를 달성하기 위한 차선의 외형적 표현이라 할 수 있다. 오늘날 관광행동은 비일상적인 활동으로 자기만족과 자아실현을 위한 유용한 수단으로 인정받고 있으며, 많은 국민이 자기계발 혹은 자아실현을 위하여 관광활동에 참여하거나, 참여하기를 원하고 있는 것이다. 따라서 정책을 입안하는 측면에서는 이러한 국민의 자아실현욕구를 충족시킬 수 있는 사회환경의 조성은 복지관광에 있어서 중요한 이념으로 받아들여져야만 한다.

둘째, 복지관광이 사회적 형평성을 실현하여야 한다는 이념은 복지관광의 대상에서도 충분히 설명될 수 있다. 복지관광의 대상은 첫째, 복지관광이 대두되던 초기에는 경제적 · 신체적 · 시간적인 이유로 관광에 참여할 수 없는 계층에게 참여의 기회를 제공하려는 것이 기본적인 취지이다. 따라서 비참여계층이 복지관광의 기본적인 대상이 되고 있다. 둘째, 복지관광이 대두되던 초기와 비교하여 국민의 욕구와 사회 · 정치 · 경제적인 외부환경에 많은 변화가 일어나면서 관광에 참여하고 있는 계층에게는 참여의 질을 향상시킬 수 있도록 제도적으로 보완하는 것이다. 따라서 관광에 참여하고 있는 계층 또한 복지관광의 대상이 되고 있는 것이 오늘날의 현실이다. 이와 같이 복지관광은 전 국민을 대상으로 하고 있다. 그러므로 올바른 복지관광의 실현은 이들 두 계층에게 공평하게 혜택이 배분되어야만 한다는 것이다.

셋째, 복지관광의 기본적인 이념은 관광 비참여계층에 대하여 참여기회를 제공한다는 것이다. 이것은 복지관광의 기본적인 초기의 이념으로 현대사회는 국가, 지역 혹은 민족에 따라 다소의 차이는 있지만 경제적·신체적·시간적인 이유로 참여할 수 없는 계층이 나타나기 마련이다. 이와 같이 참여의 기회가 제약되어 있는 사람에게 제도적·법률적인 차원에서 참여의 기회가 제공될 수 있도록 하는 것은 중요한 의미를 갖는다. 이들의 참여의 기회를 확대하지 않는다는 것은 사회의 부(否)의 효과를 고려할 때, 반드시 필요한 이념이다.

넷째, 복지관광이 생활의 질을 향상하여야 한다는 이념은 인간은 인간다운 생활을 하여야 한다는 권리에 대한 것이다. 현대사회는 도시화 문제, 환경공해 및 생태계의 파괴, 윤리·도덕관의 변화, 부의 불균형 등에 의하여 일상생활환경이 크게 훼손되어 있는 실정이다. 따라서 관광개발을 통한 물리적 환경과 경제적 환경에 대한 개선 그리고 관광활동에 의하여 나타나는 성숙하고 건강한 사회는 인간의 생활의 질을 향상시키는 데 중요한 의미를 갖는다.

고대에서 현대에 이르기까지 관광의 발달과정에 대하여 간략히 살펴보았다. 여기에서 나타난 바와 같이 관광은 각 시대별로 참여계층, 관광동기 등에서 차이가 있었음을 알 수 있었다. 위의 설명을 요약하여 정리하면 〈표 2-1〉과 같다.

표 2-1 관광의 발달단계

단계구분	시기	관광자층	관광동기	조직자	조직동기
여행(Tour)의 시대	고대부터 1830년대 말까지	귀족,승려, 기사등의 특권계급과 일부의 평민	종교 전쟁	교회	신앙심의 향상
관광(Tourism)의 시대	1840년대 초부터 2차 세계대전까지	특권계급과 일부의 평민	지식	기업	이윤의 추구
대중관광 (Mass Tourism)의 시대(Social Tourism)	2차 세계대전이후 현재까지	전 국민	건강 위락 자기계발	기업·공공단체·국가	이윤의 추구와 국민후생의 증대

2. 우리나라의 관광

한국은 지정학적인 위치 및 역사적 · 시대적인 차이에 의하여 서양의 관광 발달과정과는 차이를 보이고 있는 것이 사실이다. 이러한 차이로 인하여 한국관광의 발달과정에 대하여 학자들 간에 각기 다른 시각을 보이고 있다. 특히 서양의 경우는 근대의 산업혁명이라는 관광발달에 결정적인 영향을 미친 사건이 있었으나, 이 시기에 한국의 경우는 세계열강의 변화와 때를 같이 하지 못하였다. 그리고 한국은 유럽의 산업혁명 시기에 역사적인 면에서도 고찰할 수 있듯이, 개혁파의 몰락과 이후 대원군의 득세에 의한 폐쇄정책으로 시대의 흐름에 적응하지 못하였고, 그 후 일제의 점령과 군사혁명 등 빠르게 변모하는 정치현실 때문에 관광에 대한 관심을 보일 여유가 없었던 것이다. 그러한 결과 오늘날에도 한국관광의 발달단계를 구분하는 데 있어서도 학자들간에 많은 차이를 보이고 있다.

한국의 경우 본격적인 관광의 발달을 도모하던 시기는 1960년대 이후로 볼 수 있다. 왜냐하면 5.16 군사 행동을 통하여 정권을 획득한 정부는 관광사업진흥법 제정과 실천으로 구체적인 관광의 육성의지를 보여 한국 관광발달에 중요한 전기가 되었기 때문이다.

이러한 문제로 본서에서는 시대적인 구분보다는 고대시대부터 현재에 이르기까지 중요한 사건만을 대상으로 해방 전까지를 한 시기로, 해방 이후부터 1960년까지, 1960년 이후부터 현재까지로 나누어 검토하고자 한다. 이러한 시대구분은 관광에 어떠한 혁신에 의한 구분이 아니라, 시대에 따라 나타나는 관광행동에 차이에 의한 것이라 할 수 있다.

1) 삼국시대~해방 전까지

삼국시대는 유럽과 마찬가지로 사회계층이 수직적인 신분구조를 가지고 있었기 때문에 왕족, 귀족, 승려 등과 같은 특권계층만이 관광에 참여할 수 있었던 시기이다. 우리나라의 삼국시대는 전쟁을 통해 고대국가를 최초로 이룩하였던 시기로서 통치이념은 3국 모두가 불교를 국교로 하였다.

유럽제국이 고대국가를 형성하는 과정에서의 관광활동에서도 보았듯이 우리나라의 경우도 부족 간의 전쟁을 위한 이동과 불교행사 및 참배를 위한 종교적인 이동, 원시적이기는 하지만 일부 특권층의 위락목적을 위한 관광이 이루어졌고, 중국과 일본 등 국제적인 왕래도 빈번하였던 것으로 기록되어 있다.

삼국시대의 관광은 고대 서양국가와 마찬가지로 종교적인 이동이 주류를 이루었던 것이 사실이다. 즉 사찰탐방 및 종교의식에 참가 또는 참관을 위한 여행과 민속행사 참관 등을 위한 이동이 관광의 주류를 이루고 있었던 것이다. 특히 통일신라시대는 사람의 이동이 좀 더 빈번하게 이루어졌는데, 그 이유는 통일국가로서 지방세력을 견제하기 위한 방문과 지방문화 중심의 행사 및 축제를 개최하여 사람의 왕래를 빈번하게 하였다는 기록이 있기 때문이다. 또한 당나라, 일본 등과의 해상무역이 활발하여 청해진에는 상인들을 유숙시키기 위한 청해관 등이 설치되기도 하는 등 국제교역을 위한 왕래도 빈번하였다.

조선시대는 국가통치이념이 유교로 사대부들은 시와 풍류를 즐겼으며, 이들은 견문의 확대를 위하여 여행을 권장하기도 하였다. 그리고 평민계층 역시 사월 초파일의 연등행사, 오월 단오 등과 같은 특정한 날에 일시적인 여행도 행해졌던 것으로 기록되어 있다. 또한 조선의 보부상들은 전국에서 벌어지는 장날에 맞추어 무리 지어 순회하며 여행을 하는 형태도 보이고 있어 사람의 이동은 이전의 시기보다 빈번하였다고 볼 수 있다. 한편 숙박시설은 외국의 사신을 접대하기 위한 태평관, 북평관, 동평관 등의 시설이 설치되기도 하였다. 임란(壬亂) 이후 관용적 성격의 역(驛)과 원(院) 등의 숙소가 상존하고 있었으며, 객주(客主)와 여각(旅閣) 등 상인을 대상으로 한 숙박시설과 서민을 대상으로 한 주막(酒幕)이 생겨나기도 하였다.

1876년 강화조약(江華條約)이 체결된 후 문호개방의 시대를 맞이하게 되었다. 이때 부산항이 개항되고, 이어서 원산항과 인천항이 개항되면서 열강의 많은 외인들이 입국하였고, 그들과 접촉이 빈번해지게 되었다. 그리고 이들과 교역하는 많은 내국인을 대상으로 한 객주가 항구지역과 도시지역을 중심으로 크게 증가하게 되었다.

개항과 더불어 많은 외국인이 입국하게 되면서 숙박시설에도 변화를 가져오게 되었다. 특히 우리나라의 서양식 호텔의 효시(1888)인 대불호텔과 대불호텔의 맞은편에 세워진 스튜워드 호텔(Stward Hotel)은 유럽인과 미국인 그리고 일본인을 대상으로 운영되는 숙박시설로 유명하였다. 그러나 1899년 경인선 철도가 개통되면서, 이들 호텔의 이용객이 줄어들게 되어 결국은 문을 닫았다. 서울에도 1902년에 독일인 손탁이 정동에 왕실로부터 하사받은 184평의 대지에 2층 양옥 건물인 손탁 호텔을 지었다. 손탁 호텔은 2층으로 지어진 서양식 건물로 2층은 왕의 전용실로 이용되었고, 1층은 일반객실과 식당, 회의실이 갖추어져 있어, 당시의 유명인사들이 이용하는 시설로 널리 알려지게 되었다. 그리고 당시 이 호텔을 이용하는 사람들은 친목단체를 구성하기도 하였는데, 이것이 그 유명한 '정동구락부'로 이 단체는 후일 반일세력의 중심적인 역할을 하기도 하였다.

한편 일본은 그들의 대륙침략을 위하여 우리나라를 남북으로 연결하는 철도를 건설하였다. 그 결과 1905년 경부선(京釜線)의 개통과 1906년 경의선(京義線)이 개통되었다. 이 철도는 비록 일제에 의해 생성된 교통시설이기는 하지만, 우리나라 관광의 역사에 중요한 이정표가 되었음을 부정할 수는 없다. 그리고 철도가 개통되면서 부산역과 신의주역에는 '부산 철도호텔'과 '신의주 철도호텔'이 1912년에 개관되어 여행객의 숙박시설로 각광을 받기도 하였다. 그 후 1914년 서울에 조선호텔(65실 규모), 1915년 금강산에 '금강산호텔'과 '장안사 호텔'이 세워졌고, 1925년에 '평양철도호텔', 1938년 서울의 '반도호텔' 등 많은 서양식 호텔들이 생겨나게 되었다.

또한 일본은 1914년 Japan Tourism Bureau(JTB) 서울지사를 설립하여 일본인의 여행편의를 도모하기도 하였는데, 이 여행사가 우리나라 여행업의 효시라고 전해지고 있다. 이 여행사는 평양, 부산, 군산, 전주, 해주, 여수 등의 철도국 내에 사무실을 개설하여 여행안내 및 철도승차권을 판매하였으며, 이어 1915년에는 외국인에 대한 철도승차권 판매와 1925년에는 여관권까지 판매하게 되었다(정찬종).

이와 같이 일제시대에 와서 우리나라의 경우는 많은 관광시설이 설치되고, 관광 행태적인 측면에서도 많은 변화를 가져온 것만은 사실이다. 그러나 당시 이러한 교통시설 및 기타 관광시설의 팽창은 일본의 자본에 의하여 이루어졌고, 이들 시설의 이용객 또한 일본인과 외국인에게 국한되어 있었기 때문에, 진정한 의미에서 우리나라의 관광발전 또는 관광활동과는 거리감이 느껴지는 것이 사실이다.

2) 해방 이후~1960년까지

1945년 해방 후 국내정치 상황의 혼란과 산업시설의 미비 등으로 인한 열악한 국내의 경제상황은 관광의 육성에 관심을 기울일 여유가 없었다. 따라서 관광발전을 위한 정책적인 비전(Vision)의 제시는 어려운 상황이었다고 볼 수 있으며, 관광시설의 확충도 사실상 정체되었던 상황이었다. 1945년부터 1950년까지 6.25 동란이 일어나기 전 5년간 관광과 관련한 일련의 일들을 정리하면 다음과 같다.

1946년 한국인 최초의 여행사 설립(조선 여행사), 1948년 우리나라 최초의 외국인 방문단의 한국방문, 1948년 서울과 온양온천 간 관광전세버스의 운행면허 발급, 1948년 미국의 노스웨스트 항공사와 팬 아메리카 항공사의 영업소 설치, 1948년 대한민국항공사 설립 및 서울-강릉, 서울-광주-제주, 서울-용진(황해도), 서울-부산 취항, 1950년 온양, 대구, 설악산, 서귀포, 무등산, 해운대 등지에 교통부 직영 관광호텔 개업 등과 같은 일련의 노력들이 있었다. 그러나 1950년 6.25 사변으로 위와 같은 노력은 결실을 맺지 못하였다.

3년간의 긴 전쟁이 종료된 후 사회적 안정을 되찾으면서 관광부문의 체제가 조금씩 정비되기 시작하였다. 특히 1953년 근로기준법이 제정·공포되어 모든 근로자에게 연간 12일의 유급휴가가 보장되는 제도적인 정비가 이루어졌다. 또한 1945년에 설치된 교통부 육운국 내에 공식적인 정부기관으로는 처음으로 관광과가 신설되었다. 정부기관 내에 관광과의 신설은 관광의 발전을 위하여 정부에서 주도적인 역할을 하겠다는 것을 의미하는 것이다. 그리고 1958년 대통령령 제1850호의 규정에 의거하여, 관광에 관한 교통부 장관의 자문기관으로 중앙관광자문위원회가 설치되었고, 지방에는 도지사의 자문기관으로 지방관광자문위원회가 설치·운영되었고, 1950년대 말에는 정부가 주체가 되어 관광사업진흥 5개년 계획을 수립하여 민간호텔에 융자지원 등 모범 관광지 개발을 추진하기도 하면서 관광정책에 관심을 갖게 되었다.

3) 1960년~현재까지

1960년대에 접어들면서 한국관광산업은 결정적인 발전의 계기를 마련하게 되었다.

1945년 정부 수립 이후 관광과 관련한 정책 및 민간의 노력이 미흡하나마 그 윤곽이 나타나기 시작하였고, 5.16 군사정변 정부는 민간경제의 활성화를 위한 방안들을 구체적으로 검토하고, 강력한 경제부흥을 위한 실행을 지속적으로 추진하였다. 이와 때를 같이 하여 관광산업의 육성을 위한 제도적인 정비 및 외국인 유치를 위한 방안 등이 구체적으로 나타나기 시작한 것이다.

한국관광발전에 있어서 빼놓을 수 없는 것은 1961년 8월 관광사업진흥법을 제정·공포하고, 동법 시행령(1962년 7월)과 시행규칙(1962년 12월)을 제정하였다는 점이다. 이 법은 관광객 유치 및 관광시설, 홍보 등 관광발전에 필요한 제반사항을 규정한 것으로, 관광발전의 법률적인 틀을 마련하였다는 점에서 커다란 의미를 둘 수 있을 것이다. 오늘날 관광진흥법은 이 법이 기초가 되어 수 차례에 걸친 개정과 보완을 지속하여 현재에 이르게 된 것이다. 또한 1962년 1월에는 문화재보호법을 제정하였고, 1963년에는 교통부 육운국의 관광과를 관광국으로 확대·개편하여 관광관련업무를 효율적으로 수행할 수 있도록 하였다.

더욱이 관광에 관한 실무적인 업무를 효율적으로 수행하기 위하여 1962년 4월에는 국제관광공사법을 제정하여 국제관광공사(현 한국관광공사)가 발족되었고, 동경과 뉴욕에 처음으로 해외관광 선전사무소를 설치하여 운영하였다. 이 국제관광공사가 발족됨으로써 한국관광에 관한 해외선전활동, 관광객의 편의제공 등의 외국인 유치업무를 체계적으로 수행하는 한편, 같은 해에 능력이 있는 통역관광안내원의 확보를 위하여 통역안내원 시험제도를 처음으로 실시하기도 하였다. 그리고 관광업계의 정보교류 및 결속을 위하여 대한관광협회(현 한국관광협회)를 발족시키기도 하였다.

이와 더불어 1965년 제14차 태평양지역관광협회(Pacific Area Tourism Association : PATA)의 총회를 유치하여 외국인들에게 한국관광에 대한 인식의 전환을 가져오는 계기를 마련하였고, 관광호텔종사원 자격시험 제도를 실시하여 서비스의 질적인 향상을 위한 노력도 병행하였다.

또한 관광자원에 대한 인식을 새롭게 하면서 관광자원의 효율적인 보호를 위하여 1967년 지리산을 국립공원으로 지정하여 관리·운영하도록 하였는데, 이 지리산 국립공원의 지정을 필두로 오늘날 한국은 20개의 수려한 자원이 국립공원으로 지정되어 운영되고 있다. 우리 나라의 국립공원 지정은 미국의 Yellowstone 국립공원이 1872년 세계 최초로 지정된 이후 실로 약 95년 만의 일로 매우 뜻깊은 일이라 아니할 수 없다.

한편 대외적 환경은 우리나라 관광발전에 중요한 전기가 마련되었는데, 그것은 1964년 일본이 해외여행자유화를 단행한 것과 함께 1965년 그동안 논란이 지속되었던 한·일 국교정상화가 이루어졌다는 것이다. 이 양국의 국교정상화는 일본인 관광객 유치에 긍정적인 영향을 미친 중대한 사건으로 이후 급격한 외래관광객의 증가현상이 나타났다.

이와 같이 1960년대 초반기는 국내·외적으로 관광산업에 중요한 변화가 나타났다. 그 변화는 첫째, 정부 차원에서의 관광산업육성을 위한 강력한 의지의 표명과 함께 관광산업육성을 위한 실천이 지속적으로 이루어졌다는 점이다. 그 결과 관광사업진흥법의 제정·공포, 국제관광공사법의 제정 및 공포, 이에 따른 국제관광공사의 설립과 민간기구인 관광협회의 발족, 관광과의 관광국으로의 승격, 관광관련자격시험제도의 시행 등 제도적·법률적인 정비로 나타났다. 또한 태평양지역관광협회의 총회 유치는 정부의 관광산업육성 의지를 확인시켜주는 중요한 내용인 것이다.

둘째, 관광산업과 관련한 국내·외적인 환경의 변화가 크게 나타났다는 점이다. 우선 국내적으로는 제1차 경제개발 5개년 계획의 수립과 실행으로 경제적인 성장에 국력을 집중하였던 시기이다. 이와 함께 관광산업의 육성에 대한 필요성이 더욱 증대되었다. 그것은 관광산업의 육성을 통하여 외래객을 유치하고, 외래객의 유치는 외화획득의 중요한 수단이라는 인식으로, 당시의 수출을 통한 외화획득이라는 성장논리와 매우 적합하게 맞아떨어지는 상황이었던 것이다. 그리고 이러한 논리의 연장으로 실리 외교정책을 실시하여 일본과 국교가 정상화되었다. 양국의 국교정상화는 당시 한국에게 상당한 경제적인 이익을 가져왔을 뿐 아니라, 일본인들의 한국관광을 가능케 하는 계기를 마련하였던 것이다. 더욱이 일본은 국교정상화 1년 전에 그들의 경제력을 배경으로 한 국민의 여행자유화 조치를 취하였다.

셋째, 관광자원에 대한 가치와 인식의 전환을 가져왔다는 점이다. 이 점은 지리산을 국립공원으로 지정한 것으로 증명할 수 있다. 국립공원의 지정은 자원의 보호와 개발의 논리에서 보호를 원칙으로 한 개발을 지향하였다는 것을 의미하기도 한다. 따라서 오늘날과 같은 지속 가능한 관광개발의 포괄적인 의미를 가지고 있지는 않더라도 자원의 보호에 대한 관심은 가지고 있었다고 할 수 있다.

1970년대는 당시 1960년대 초기에 시작한 경제개발 5개년 계획의 성공으로 '하면 된다' 는 자신감 아래 경제의 고속성장을 지속하던 시기로 국민의 생활도 현저하게 개선되는 현상이 두드러지게 나타났던 시기이다. 그리고 경제성장의 과정에서 도시화현상, 이농현상, 환경오염, 빈부의 격차와 같은 否의 효과가 나타나기도 한 시기이다.

이러한 사회적인 현상과 함께 1970년대의 관광부문은 1960년대의 정부 주도적인 발전의지 속에 다져진 관광산업의 기반조성과 외래 관광객 유치를 위한 체제의 정비에 힘입은 바 컸다. 1970년대의 관광산업의 특성을 대표적으로 설명한다면,

첫째, 일반국민의 관광에 대한 인식이 높아져 관광에 대한 욕구도 높고, 관광활동이 다양하게 나타났다는 점이다. 둘째, 국가적으로는 관광산업을 국가전략산업으로 육성하기 위하여 관광자원의 보존과 개발, 관광단지의 조성, 외래 관광객의 적극적 유치를 위한 지원시책을 과감하게 전개하였다는 점이다. 이것은 관광산업의 육성과정에서 정부 등의 공공기관의 참여유형의 변화를 말하는 것으로, 해방 이후 1960년대까지는 정부의 직접 참여가 주류를 이루었는데 반하여, 1970년대는 간접지원(금융・세제상의 지원, 민영화)에 중점을 두었다는 것이다. 셋째, 첫째의 특성과 관련하여 정부의 차원에서 국민관광에 대한 중요성이 크게 대두되었다는 점이다. 1960년대는 외화획득을 위한 관광산업 중심의 육성이었다면, 1970년대는 외화획득을 위한 관광산업의 육성과 함께 국민관광산업의 육성에도 노력을 경주하였다는 점이다.

구체적으로 1970년대에 나타난 중요한 사건을 중심으로 검토하면 몇 가지로 요약할 수 있을 것이다.

1971년 경부고속도로의 개통은 전국을 일일생활권으로 묶는 중요한 의미를 갖는다. 경부고속도로의 개통은 도시민과 일반국민을 위한 관광지 개발을 전국적으로 전개할 수 있는 계기를 마련한 것이며, 외래 관광객의 서울 위주의 관광일정을 지방과 연계한 관광일정의 구성을 가능하게 하여 관광루트의 개발이 촉진되었다.

또한 1974년 7월 관광장기종합계획에 따라 한국을 10대 관광권으로 설정하여 전 국토의 균형적 개발과 지역개발이라는 두 마리 토끼를 잡기 위한 장기적인 포석을 시도하였다. 그러나 이 10대 관광권은 1883년 한국관광진흥종합계획에서 8대 흡인권 24개발소권으로 조정되고, 다시 8대 이용권 26개발소권으로 조정되었다. 오늘날은 5대 관광권과 24개발소권으로 변경되었는데, 이는 관광지의 유형별 특성 및 관광지간 이용체계의 연계성을 고려하여 개발, 관리, 운영상의 효율성을 위해 새롭게 설정된 것이다(김병문).

제도・법률적인 변화도 상당부문 개선되었는데, 1972년 관광진흥개발기금법이 제정되어 관광사업에 대한 금융지원을 시작하였고, 관광공사에서 직영하던 관광사업체들을 민영화하는 데 많은 노력을 기울였다. 또한 1975년 관광사업진흥법을 관광기본법과 관광사업법으로 분리 개정하였고, 관광단지개발촉진법을 제정하기도 하였다. 이러한 노력에 힘입어 1978년에는 사상 처음으로 외래 관광객 100만 명을 돌파하고, 관광수입이 4억 달러를 넘어서는 쾌거를 이룩하게 되었던 것이다. 행정조직 면에서도 1975년 교통부에 국민관광과를 신설하여 외래 관광객 유치 일변도의 관광정책에 변화를 가져오기도 하였다.

1980년대는 1970년대의 관광의 양적인 성장과 비교하면 양과 질적인 부문에서 동시에 성장이 이루어졌던 시기로 이해할 수 있을 것이다. 1980년대는 국제관광부문과 함께 국민관광부문의 육성이 그 어느 시기보다도 강조되었던 상황으로 국민이 저렴한 비용으로 관광에 참여할 수 있는 국민관광시설 개발이 많이 이루어졌던 시기로 볼 수 있다. 이것은 국민경제의 향상과 더불어 나타난 국민의 다양한 관광욕구가 표출되고 있었던 시대상황과도 무관하지 않은 현상으로 이해할 수 있다. 그리고 1981년부터 일반국민 해외여행자유화가 8년간에 걸친 노력 끝에 완전한 해외여행자유화가 실현되었다.

1980년대는 국제적인 이벤트가 한국에서 많이 개최되었는데, 1983년에는 제53차 미주여행업자협회(American Society of Tourism Agents : ASTA)총회가 한국에서 개최되었고, 1986년 아시안 게임, 1988년 제24회 서울 올림픽이 개최되는 등 한국의 경제력과 함께 우리나라의 관광산업의 도약을 위한 일대 전기가 마련되었던 시기이기도 하다. 이들 국제적인 행사는 관광한국을 세계에 알리는데 중요한 수단으로 활용되어 관광선진국의 초석을 다지는 계기가 되었다.

1990년대는 국제적인 정치 상황의 측면에서도 냉전시대의 종식과 국제화, 세계화, 개방화 현상과 경제적인 측면에서의 경제 블록화 현상(대표적으로 EU) 등의 정치 · 경제 · 사회적인 측면에서 많은 변화가 야기되었다. 이러한 현상은 결국, 관광산업에 있어서도 각국의 문호가 이전보다 폭넓게 개방되면서 국제간의 이동이 용이하게 되었다. 이러한 전 세계적인 현상에서 우리나라도 예외가 될 수 없었으며, 개방화, 국제화의 물결은 관광산업에도 중요한 변화를 가져오게 하였다. 그 변화를 몇 가지 측면에서 검토해 보면 다음과 같이 요약할 수 있을 것이다

우선 관광객의 관광행동 측면에서는 관광객의 욕구가 더욱 다양해지면서 자아실현을 위한 주제관광 또는 테마관광이 유행하게 되었고, 이에 따라 관광기업의 관광상품은 주문형 상품생산의 방식으로 크게 전환되었다.

관광기업의 측면에서는 심화되고 있는 경쟁체제에서 경쟁적 우위를 확보하기 위하여 대형화 및 서비스의 차별화를 통한 생존전략이 그 무엇과도 바꿀 수 없는 중요한 문제로 대두되었고, 관광기업의 사회적 책임에 대한 국민적 욕구를 외면할 수 없는 상황으로 전개되었다.

관광 정책적인 측면에서는 중앙정부와 지방자치단체의 협력관계가 무엇보다 중요한 이슈로 등장하였으며, 정책 실행의 차원에서도 민간이 공동으로 사업을 추진해 나가는 형태가 보다 효과적인 방법으로 제시되기도 하였다. 또한 관광산업의 보호와 육성 중심의 정책구도에도 변화를 가져오게 되어 일반국민의 복지증대를 위한 방안이 더욱 심도있게 강구하게 되었다.

관광수지 면에서는 해외여행자유화에 따라 우리나라는 1980년대에 전통적으로 국제관광수지에 있어서 흑자기조를 유지하던 것이 적자로 전환되기도 하였다.

한편 1992년 관광산업의 진흥을 위하여 관광정책심의위원회는 2000년대를 대비한 '관광진흥중장기계획'과 '94년 한국방문의 해'에 관한 기본계획을 의결하였고, 1993년에는 대전 EXPO를 개최하여 한국의 위상을 세계에 과시하였다. 그러나 1990년대 후반에 우리나라는 국제통화기금(International Momentary Fund : IMF)으로부터 긴

급자금을 수혈받을 정도로 국가경제가 심각한 상황에 이르게 되었다. 그 결과 실업이 증대되고, 국가기간산업이 무너지는 상황이 연출되는 등 매우 심각한 경제적 위기가 촉발되었던 것이다. 이러한 국가경제기조의 순간적인 몰락은 관광산업에도 심각한 타격을 주어 관광기업들의 투자의욕을 상실하게 하였으며, 일반국민의 가처분 소득의 감소로 관광활동이 감소하는 현상이 나타나기도 하였다. 반면에 남북한은 실리적인 외교전이 전개되면서, 한국의 기업이 북한의 금강산 지역을 개발키로 상호 협정서를 체결하는가 하면, 98년 하반기부터는 정기적인 금강산 관광유람선이 취항을 하는 등 대북한 관광산업이 활기를 띠기 시작하였고, 이것이 계기가 되어 2000년대에는 남・북한을 연계한 관광루트 및 관광의 공동투자사업 등이 기대되기도 하는 시점에 와 있기도 하다.

그러나 2000년대 중반 이후 현재에는 북한과의 군사적 대립과 2007년 시작된 서브프라임 모기지론 사태, 사스와 코로나 등의 바이러스 유행, 그리고 최근의 우크라이나 전쟁 등은 관광산업의 발전에 부정적인 영향을 미치는 환경적인 요인이 나타나기도 하였으나, 한편으로는 정보통신 기술의 발전, 국제간의 무역 증대, IT 산업의 발달, 각국의 국민들의 자아계발 욕구의 증대와 복지관광의 증대 등은 관광산업에 긍정적인 영향을 미치고 있기도 하다. 전체적으로 보면, 현재 우리나라의 관광산업은 환경적인 측면에서 기회와 위협이 존재하고 있으나 새로운 4차 산업의 시대를 선도하는 국가로 경제성장은 지속될 것으로 기대되어 관광산업은 더욱 성장할 것으로 예상된다.

3. 현대관광의 발달요인

현대관광의 현상이 대중관광, 대량관광, 복지관광의 시대 등으로 불리고 있을 정도로 국민 대다수가 관광활동에 참여할 수 있게 된 것은 여러 가지 원인이 있을 수 있다. 특히 과학기술의 발달은 관광의 발달에 빼놓을 수 없는 중요한 요소이다. 과학기술은 서양의 산업혁명 이후 지속적으로 성장의 속도를 더하여 왔고, 이러한 발달은 관광활동에 편리성, 안전성, 신속성, 이동성 등에 혁신적인 변화를 가져오게 하였다.

다음은 관광의 발달에 영향을 미친 대표적인 사항을 정리한 것이다.

1) 교통기관의 발달

교통기관의 발달에 혁신을 가져오게 된 것은 제2차 세계대전이 종료된 후 발달된 군수산업의 기술이 민간기업으로 이전되면서부터 라고 할 수 있다. 이 시기에 제트 엔진의 출현으로 비행기를 대형화할 수 있었으며, 보다 신속하게 목적지까지의 이동이 가능하게 된 것이다. 그리고 자동차의 보급 확대, 여객선의 대형화, 기타 많은 교통수단 등이 등장하여 지역 간의 공간적인 접근을 용이하게 하였다. 관광활동에 있어서 공간적인 접근이 용이하다는 것은 관광의 편리성과 신속성을 제공할 뿐만 아니라, 여행비용을 절감시키는 중요한 계기가 되었다.

2) 정보매체의 발달

정보매체의 발달은 관광객에게 관광과 관련한 정보수집을 용이하게 해준다. 예를 들어 인터넷은 신속하게 요구하는 정보를 수집할 수 있으며, 오늘날은 자신이 필요로 하는 정보를 거의 인터넷을 통해 얻을 수 있게 되었다. 또한 숙박기관과 기타 관광 관련 시설에 대하여서도 집에서 예약이 가능하기 때문에 시간적인 접근을 용이하게 해준다.

또한 다양한 정보매체들은 관광객들에게 관광 관련 정보의 접촉기회를 많이 제공하여 관광욕구 및 동기를 유발시키는 중요한 수단이 되고 있다.

3) 라이프 스타일의 변화

현대인의 라이프 스타일(Life Style)의 변화는 관광산업에 많은 변화를 가져오게 하였다. 라이프 스타일은 전체사회 혹은 특정집단이 가지고 있는 독특한 생활방식을 말한다. 즉 인간이 자신의 삶을 살아가는 생활방식을 의미하는 것이다. 이러한 라이프 스타일은 개인적인 요인(가치, 지각, 태도, 욕구, 동기 등)과 사회・문화적인 요인(준거집단, 가족, 사회계층)에 의하여 변화된다.

따라서 라이프 스타일의 변화는 개인의 사고(思考)와 행동의 변화가 수반되며, 이에 따라 관광에 대한 태도와 관심에 대한 변화 및 소비/구매행동의 변화 등에도 커다란 영향을 미치게 되었다. 예를 들어 현대인은 과거의 사람들보다 자신의 자아계발욕구와 자기만족욕구를 충족시키기 위한 활동에 많은 관심을 기울이는 경향이 있다. 이러한 라이프 스타일의 변화는 관광활동에 기꺼이 많은 시간과 비용을 소비하는 행동으로 나타나고 있는 것이다.

4) 생활수준의 향상

관광발달의 원인으로 생활수준의 향상을 들 수 있다. 과학기술의 발달은 생산성을 증대시켜 대량생산과 대량소비가 이루어지면서 생활수준이 양과 질적인 면에서 높아지게 되었다. 경제적인 측면에서 생활수준의 향상은 가처분 소득의 증가와 비례적인 관련성을 갖게 되는데, 가처분 소득의 증대는 관광의 욕구를 창출하여 관광수요의 확대를 가져오게 하는 것이다.

5) 여가 시간의 증대

산업생산설비의 기계화·자동화 현상은 단위당·시간당 생산량의 증대로 인하여 노동시간을 단축하는 계기가 되었다.

또한 선진국들은 국민복지증진의 일환으로 노동시간을 단축시키고 있어 많은 선진국에서는 주5일제 근무가 정착되어 있는 것이 현실이다. 우리나라의 경우는 아직 주5일제 근무가 정착되어 있지는 않지만, 일부 기업에서는 이 제도를 채택하고 있고, 그 현상은 지속적으로 증대될 것으로 예측된다. 따라서 여가시간의 증대 현상은 가속화될 것이다. 관광활동이 여가 시간의 범위 내에서 이루어지는 활동임을 생각할 때, 여가 시간의 증대는 관광발달에 긍정적인 영향을 미칠 것이다. 그리고 여성들의 가사노동과 관련되는 가전제품의 발달은 가사노동시간을 단축하여 여성의 여가 시간을 증대시키고 있다.

이와 같이 여가 시간의 증대는 관광활동에 참여할 수 있는 시간적인 여유를 많이 가질 수 있음으로 하여 생활수준의 향상과 함께 관광의 기회는 더욱 증대되어 관광산업의 발달에 긍정적인 영향을 미칠 것으로 판단된다.

6) 국제교역의 증대

현대는 자급자족의 경제구조가 아니라는 것은 익히 알고 있다. 각국은 자국이 세계경제사회에서 경쟁력이 있는 상품을 생산하고, 경쟁력이 없는 상품은 수입하여 사용하는 구조를 가지고 있다. 더욱이 현대의 국제사회는 개방화·국제화 사회로서 지역 간 혹은 국가 간의 경제적인 교류가 활발하게 일어나고 있다. 이러한 국제교역의 증대는 산업활동에 참여하는 인구를 증가시키고, 국제교역은 지역 간 국가 간의 사람의 이동이 필연적으로 수반하기 때문에 숙박, 교통 등의 시설을 확충시키게 되는 것이다.

7) 교육수준의 향상

현대사회는 학교에서의 정규교육뿐만 아니라 여러 가지 형태의 교육 프로그램이 있고, 이러한 교육 프로그램에 자유롭게 참여할 수 있는 여건이 마련되어 있다. 이와 같은 교육여건의 개선은 국민의 교육수준을 향상시키게 되며, 이로써 자아실현욕구는 더욱 강해지고, 이 욕구를 만족시키기 위해 여러 가지 형태의 관광활동을 수반하게 된다.

위에서 관광의 발달에 영향을 미치는 요인을 검토하였다. 그러나 관광의 발달에 영향을 미치는 요인이 위에서 열거한 요인들만이 존재하는 것은 아니다. 예를 들면 선진국들의 복지관광정책의 확대시행, 출입국 절차의 간소화, 여행에 참여하는 계층의 확대 등 많은 요인들이 관광에 영향을 미친다. 따라서 위에서 열거한 요인들은 관광에 직접적으로 그리고 크게 영향을 미치는 요인을 열거한 것에 불과하다는 사실을 간과하여서는 안 된다.

제2절 여가와 관광

1. 여가의 개념

현대사회는 과학기술의 발달에 따라 생산방식에서 기계화에 의한 대량생산방식이라는 커다란 혁신을 가져왔다. 이러한 생산방식은 산업구조, 생활양식, 주거환경, 인구이동, 문화, 환경 등 사회 모든 분야에 변화를 유도하게 되었다. 이러한 변화는 현대인에게 물질적인 풍요보다는 정신적인 풍요를 더 높게 평가하려는 경향이 대두하였고, 노동 중심의 생활보다는 여가 중심의 생활을 추구하는 등의 개인적인 의식구조에도 영향을 미치게 하였다.

대량생산, 대량전달, 대량판매, 대량소비라는 현대사회구조는 여가의 중요성을 한층 증대시킴과 동시에 여가의 질을 변화시켰다. 여가는 노동에서 빼앗긴 에너지의 회복이나 긴장의 완화뿐만 아니라, 여가 자체가 에너지나 재화의 소비를 동반하는 독립된 상황으로서 적극적인 위치로 변모하게 된 것이다(김성혁).

여가는 일반적으로 자발적인 참여 속에 해방감과 즐거움을 기대할 수 있는 활동으로 여겨지고 있다. 그리고 여가는 그 사회가 가지고 있는 의식, 생활양식, 관습, 가치관, 제도 등의 영향을 받는 것(Max Kaplan)으로 인식되고 있기 때문에, 그 실체를 정의하는 일에는 매우 혼란을 느끼게 된다. 왜냐하면 여가는 자유성, 자발성, 자기표현, 가치창조성, 노동관련성, 생활양식(김광득) 등의 여러 가지 속성을 포괄하고 있기 때문이다

여가에 관한 제 학자들의 정의를 구분하여 정리하면 다음과 같다.

1) 시간적 정의

시간적 정의에 따른 여가는 기본적으로 자유재량시간을 의미하는 것으로 여가의 속성을 시간적인 관점에서 제시한 것이다. 시간적 정의에 의한 여가는 하루 24시간 중 구속시간과 생활필수시간을 제외한 나머지 자유재량시간을 여가라고 보는 개념이

다. 즉 여가=24시간-(구속시간+생활필수기간+준구속시간)=자유재량시간의 관점에서 이해하려는 견해이다.

여기에서 구속시간은 인간이 경제적인 삶을 영위하기 위한 경제활동시간(노동시간)을 의미하는 것으로, 일반적으로 평일에 우리는 8시간 정도의 노동시간을 가지고 있다. 이러한 근로시간이 있음으로 해서 개인은 일상생활 혹은 자아계발을 위한 경제적 소비가 가능하게 되기 때문에 노동을 하지 않고는 살 수 없다. 따라서 이 시간은 개인이 자유롭게 활용할 수 없는 구속시간의 성격을 갖게 된다.

생활필수시간은 인간의 신체적 항상성을 유지하는 데 반드시 필요한 시간으로서의 성격을 갖는다. 즉 인간은 잠을 자지 않고는 살 수 없고, 먹지 않고는 생존할 수 없다. 이와 같이 신체적 항상성 혹은 균형을 유지하기 위하여 소비되는 시간을 통틀어 생활필수시간이라 칭하고 있다. 이 시간 역시 개인적인 생활양식의 차이에 의하여 소비하는 시간의 정도가 다르기는 하지만, 생활필수시간은 누구나 반드시 신체의 균형을 위하여 소비하여야 하는 구속시간의 성격을 갖는다.

준구속시간 역시 개인이 어느 정도는 통제할 수 있으나 완전한 통제는 불가능하다. 예를 들어 아침 9시부터 노동시간이라면 9시까지 직장에 도착하기 위하여 집에서는 그 이전에 출발하여야 한다. 또한 식사를 위하여 우리는 가정에서 식사를 위한 준비를 사전에 하여야 한다. 이와 같은 시간이 준구속시간에 해당하고, 이 시간 역시 개인이 자유롭게 사용할 수 없는 시간이다.

이와 같이 시간적 정의는 생활필수시간, 구속시간, 준구속시간을 제외한 나머지 시간을 의미하는 것이다. 이 나머지 시간은 개인이 어떻게 활용하든 자유롭게 사용할 수 있고, 자신을 위하여 투자할 수 있는 시간이라는 의미를 담고 있다고 하겠다. 이 시간적인 측면에서의 여가의 정의는 가장 보편적으로 이해가 되는데, 그것은 여가활동이 일반적으로 자유재량시간의 범위 속에서 이루어지기 때문이다.

그런데 여가의 시간적 정의는 여가의 본질적인 속성을 충분히 반영하지 못하고 있다는 문제점이 제기된다. 왜냐하면, 자유재량시간 자체가 여가라고 보기에는 어렵기 때문이다.

2) 활동적 정의

여가의 활동적인 정의는 시간적 정의에서와 같이 자유재량시간의 양이 여가의 본질을 이해하기에는 문제가 있다는 전제하에 자유시간 내에서 활동이 강조된 개념이라고 할 수 있다. 듀마제디어(Dumazedier)는 '여가란 직장, 가족, 사회의 의무에서 벗어나 휴식, 기분전환, 지식 및 기능의 확대, 자발적인 사회적 참여, 창조력의 발휘를 위하여 자발적으로 행해지는 활동의 총체'라고 정의하여 자유로운 의사 속에서 즐거움을 위한 활동의 측면을 강조하였다. 그러므로 휴식을 위한 활동, 지적인 탐구를 위한 활동, 레크리에이션을 위한 활동 등이 모두 여가에 속한다고 볼 수 있다.

3) 상태적 정의

여가의 상태적 정의는 여가에 참여하는 사람의 마음의 상태에 기본적인 가치를 두고 있는 정의이다. 즉 주관적인 상황 속에서 개인이 여가라고 느끼면 어떠한 것이 되었든 여가라고 생각할 수 있다는 것이다. 이것은 여가의 진정한 의미는 시간적인 것도 아니고, 활동적인 것도 아닌 개인의 지각, 욕구, 태도, 가치관 등에 근거한 마음의 상태를 강조한 것이라 할 수 있다. 여가는 자신이 선택한 활동에 몰두하는 것으로, 인간이 활동을 하든 그렇지 않든 일상생활의 필요성에 의하여 요구되는 것이 아니며 경험 및 마음의 존재상태(J. Neulinger)임을 강조하고 있다.

여기에서 보는 바와 같이, 상태적 정의는 심리적인 측면에서 여가의 개념을 정의하려는 접근방법에 관심을 가지고 있다. 그러므로 이러한 여가의 개념정의는 자신의 정신적 혹은 육체적 활동을 통해서 자신에게 이로움이 작용된다면, 그 활동에 몰두할 수 있는 것이고, 그러한 정신적 · 육체적 활동은 모두 여가라고 볼 수 있다는 것을 강조한 것이라 할 수 있다.

여가는 목적지향적인 개인적인 활동이며, 이로운 결과를 가진다고 하였다. 그러므로 여가가 삶을 가치있게 하는 것으로 인정된다면, 여가에 대한 심리적 접근은 여가활동을 특히 문화적 혹은 지적인 활동들에 한정하지 않고, 행위가 삶에서 후면적 목적을 세우는 한, 사람이 자기 자신의 선택으로 행위에 몰두하는 한, 또 그 행위가 삶은 가치가 있고 의미가 있다는 것이라고 느끼게 해주는 한에는 어떤 형태라도 여가가 될 수 있다(하헌국)고 한 것은 의미하는 바 크다고 하겠다.

이러한 관점에서 여가를 정의하는 것은 여가의 속성을 이해할 때, 여가의 본질에 충실한 개념이라고 할 수 있다. 그러나 현실적으로 여가의 실체와 범위를 규정하는 데 어려움이 나타나는 문제점을 내포하고 있기도 하다.

4) 제도적 정의

여가의 제도적인 정의는 사회적인 제도나 가치체계와의 관련성과 관계하여 개념을 규정하려는 것이다. 즉 여가를 사회적 신분이나 지위의 상징의 인식도구로 보는 개념이라 할 수 있다. 예를 들어 이데올로기 시대에 한국국적을 가진 어떠한 개인이 소련 혹은 중국과 같은 정치이념이 다른 국가를 방문하였다는 것은 주변사람들에게 '어느 정도의 사회적 신분과 지위가 있는 사람이기 때문에 방문할 수 있었지' 라고 인식이 될 수 있을 것이다. 또한 골프를 한다든지 혹은 승마를 한다든지 하는 여가활동은 개인의 경제적인 부와 사회적인 지위가 어느 정도 보장된 사람으로 우리는 인식할 수도 있다. 이와 같이 제도적인 정의는 사회적 상징으로서 여가를 보는 개념이다. 이러한 견해는 오랜 시간 동안 인간의 생활상에서 존재하고 있기 때문에, 어느 정도 사회계층의 상징으로 인식될 수 있는 속성을 가지고 있기도 하다. 그러나 여가의 본질을 논할 때, 이러한 관점에서의 정의는 그 타당성을 인정하기는 곤란하다는 것이 개인적인 입장이다.

5) 통합적 견해

이상에서 살펴본 바와 같이 여가는 그 의미가 매우 포괄적이어서 어떠한 관점에서 조명하느냐에 따라 달라지게 된다. 그러한 이유로 오늘날에 많은 학자들은 여가를 통합적인 입장에서 이해하려는 경향을 보이고 있다. 즉 시간적 정의와 활동적 정의, 상태적 정의, 제도적 정의를 통합하여 여가가 가지고 있는 본질적인 속성과 기능을 설명하려는 것이다.

예를 들어 군에 입대한 신참사병은 일요일을 편히 쉬고자 하는 욕구가 생기게 된다. 그런데 고참병이 축구를 하러 나가자는 것은 쉬는 시간에 이루어지는 자유재량시간의 레크리에이션 활동이지만 신참병의 입장에서는 때로는 괴로운 활동(사역)으로 인식이 될 수도 있는 것이다. 이것은 진정한 의미에서 여가가 아니라고 할 수 있다. 한편, 사진촬영에 취미와 기술을 가지고 있는 사진기자가 출장을 간다는 것은 어떠한 의미에서는 여가가 될 수 있는 것이다. 비록 업무수행을 위하여 여행을 하고, 직업에 의하여 사진을 촬영하는 것이지만, 그 행위자체가 그에게 즐거움을 주는 것이라면 여가가 아니라고는 할 수 없다. 이와 같이 현실적으로 나타나는 여가행태를 이론적으로 통합하려는 것이 통합적인 견해인 것이다.

여가는 근본적으로 의무와 구별되는 것이고, 자유롭게 선택하는 것이며, 내재적 동기에 의한 것이라 할 수 있다(손대현). 이러한 견지에서 본다면, 여가는 자유로운 상태에서 휴식, 기분전환, 취미·레크리에이션 활동, 자기계발을 위한 창조적 활동 등을 모두 포괄할 수 있다. 그러므로 여가는 휴식의 기능, 기분전환의 기능, 자기실현의 기능 등 3가지 기본적인 기능을 가진다고 말할 수 있다.

2. 여가와 관광

이미 앞에서 여가와 관광의 개념을 살펴보았고, 여가와 관광은 상호 간에 밀접한 관련성을 가지고 있음을 확인할 수 있었다. 그러면 여가와 관광은 구체적으로 어떠한 관련성을 가지고 있는지에 관하여 고찰하여 보자.

첫째, 활동의 시간적인 측면에서 여가와 관광은 생활을 위하여 소비되는 시간을 제외하고 남는 잉여시간에 일반적으로 그 활동이 이루어진다는 견해를 보이고 있다.

둘째, 활동의 장소적 측면에서는 차이를 보이고 있는데, 앞에서 살펴보았듯이 관광은 일상생활을 벗어나 옥외에서 이루어지는 특성을 보이고 있다. 그러나 여가는 집안에서, 집 근처에서 혹은 거주지에서 멀리 떨어진 장소 등 장소의 제약이 비교적 관광보다 덜 하다는 특성을 가지고 있다.

셋째, 활동의 내용적인 측면에서는 관광과 여가는 유사한 속성을 보이고 있다. 관광과 여가는 휴식, 기분전환, 자아실현 등을 목적으로 하는 활동으로 일상생활에서 발생하는 스트레스와 긴장해소, 취미활동 혹은 자신의 지적인 욕구를 충족하려는 자아실현욕구의 해소활동으로 인식이 되고 있다. 한편 여가활동은 관광활동에 비하여 장소의 제약이 많지 않기 때문에, 욕구를 충족하기 위한 여가활동의 수단은 현실적으로 관광보다 비교적 폭넓게 존재한다는 면에서는 약간의 차이를 보이고 있다고 하겠다.

넷째, 활동의 행태적인 측면에서 관광과 여가는 자유로운 의사 속에서 자발적으로 참여하는 형태로 그 활동이 이루어지는 특성을 보이고 있다.

위에서 살펴본 바와 같이 여가와 관광은 상호 간에 많은 상관성을 가지며, 여가는 그 속성상 관광을 포괄하는 개념으로서 받아들여지고 있다. 그리고 여가 이외에 관광과 관련하여 인접하여 사용되는 개념들이 있는데, 이들 개념과 여가와 관광과의 관계를 나타낸 것이 〈그림 2-1〉이다.

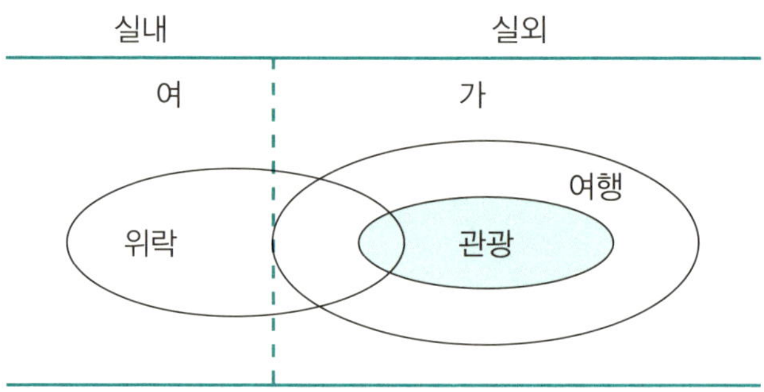

그림 2-1 여가와 관광과의 관계

제3절 관광의 영향

현대 시대의 관광은 인간의 생활 속에서 빼놓을 수 없는 중요한 활동으로 인식되고 있으며, 나아가서 사회현상의 일부분으로 관광현상을 이해하고 있는 실정이다. 그 이유는 이미 관광에 참여하는 대상이 전 국민이고, 그들의 관광활동영역은 국경을 초월한 관광이 전 세계적으로 이루어지고 있기 때문에, 사회구성원 전체에게 영향을 미치는 광범위하고 포괄적인 현상으로 나타나기 때문이다.

관광수요의 증가는 필연적으로 정부기관을 비롯하여 많은 민간단체 혹은 기업에게 관광자원의 개발과 관광시설물의 확충 등의 개발기회를 제공하였고, 향후 개발의 당위성은 증대될 것으로 전망된다. 그리고 그러한 관광개발은 결국 우리가 살고 있는 사회에 긍정적이든 부정적이든 어떠한 형태로든 영향을 미치게 되는데, 이 결과는 결국, 우리 인간생활의 질적인 측면에서 다방면으로 영향을 미치는 중요한 원인이 될 수 있는 것이다.

과거에는 경제적인 관점에서 관광의 영향을 주로 논하는 경향이 없지 않았다. 관광객의 국제적/지역적 이동에 의한 국제수지 개선, 외화획득, 고용창출, 조세수입의 증대 등과 관련한 경제적인 측면에서 긍정적인 효과를 검토하고, 이것에 큰 의미를 부여하는 것 등이 그것이다.

그러나 피어스(D. Pearce)가 말한 바와 같이 '관광의 영향은 관광과 관련되어 있는 여러 부문에서 발생되고, 그 영향은 상호연관성과 의존성을 가지고 있기 때문에 각 부문에 걸쳐 깊이 있게 평가되어야 한다'고 한 것처럼 어느 한 부문에서만 그 영향의 관계가 집중되어서는 곤란하다. 더욱이 관광은 어느 산업보다도 공익성과 공공성이 강조되고 있는 산업이며, 국민의 건강한 생활과 사회적 안정과도 밀접한 관계가 있기 때문이다. 이러한 관점에서 현대에 와서는 관광의 영향을 경제, 사회, 문화, 환경 등 이들을 종합한 측면에서 검토 · 이해되고 있기 때문에, 관광과 관련하여 나타나는 영향은 종합적이고 총체적인 모든 측면에서 고려되어야 함은 물론이다.

본서에서도 앞에서 정의한 관광의 개념에 충실하기 위하여 경제, 사회, 문화, 환경 등에 걸쳐서 나타날 수 있는 긍정적이고 부정적인 영향을 고찰하여 보고자 한다.

1. 경제적 영향

관광객의 국제 또는 지역적인 이동행위는 소비활동을 전제로 하고 있으며, 관광활동에서 이루어지는 소비는 대개가 거주지에서 획득한 수입으로 관광지에서 소비하게 되어 경제적인 영향이 발생하게 된다. 또한 새로운 관광지의 개발은 또 다른 자본의 투입을 야기하기 때문에 관광지가 개발되는 지역은 개발에 따른 여러 가지 효과를 얻을 수 있다.

세계 각국에서 관광산업을 육성하기 위하여 많은 노력을 기울이고 있는 것은 관광산업이 가져다주는 편익 때문이다. 그중 무엇보다도 관심을 많이 갖고 있는 부문이 관광산업의 육성에 따른 경제적인 편익에 대한 기대를 빼놓을 수 없으며, 이 경제적 효과를 극대화시키기 위한 방향으로 관광정책의 초점이 맞추어져 있는 것도 부인할 수 없는 사실이다.

특히 산업기반이 미약하고, 부존자원이 부족한 지역 혹은 국가에서는 상품수출에 의한 경제력 확충에 한계를 느끼게 된다. 이때 매력이 있는 관광자원을 보유하고 있다면, 관광산업의 육성을 통한 외래관광객의 유치는 외화획득 또는 지역경제의 활성화에 매우 유용한 수단으로 활용될 수 있기 때문에 그 개발의 욕구는 더욱 증대될 수 있다. 그 이유는 관광산업의 활성화는 다른 산업에 대한 파급효과가 타 산업에 비하여 매우 높으며, 외화가득률 또한 일반제조업에 비하여 월등히 높기 때문이다.

관광산업이 경제에 미치는 영향을 구체적으로 살펴보면 다음과 같다.

첫째, 관광산업이 지역경제에 미치는 파급효과를 우선하여 말할 수 있다. 일반적으로 관광의 경제적 효과는 1차 효과(직접효과), 2차 효과(간접효과, 유발효과)로 나누어 생각할 수 있다. 〈표 2-3〉은 관광소비의 1차 효과 및 2차 효과를 정리한 것이다.

표 2-3 관광소비의 1차 효과 및 2차 효과

구분		구체적인 효과발생의 내용
1차 효과		관광객이 최초로 해당 지역에서 지출한 경비가 창조하는 경제적 효과로서 숙박업자 등에 직접효과가 발생한다. 여기를 통해 1회전되어 지역경제 속으로 주입되는 직접지출(Direct Expenditure)이다.
2차 효과	간접 효과	이는 직접지출의 결과로 일어나는 간접지출(Indirect Expenditure)로 지역 관련 산업에 연속회전(Successive Round)된다. 구체적으로 은행, 건축업 그리고 공예 등에 파급되어 산업 관련 효과분석(Input-Output Effect Analysis)의 대상이 된다.

2차 효과	유발 효과	관광객의 소비결과로 얻어진 소득의 재소비이다. 주 관련 분야 종사원의 소득향상, 가계소득의 증대, 소비수준의 증가, 타 산업의 매출액증대, 고용기회 창출이라는 일련의 과정을 통해 지역경제가 활성화되는 유발지출(Derives Expenditure)이 발생한다.

자료 : 김봉규, 한국관광학원론, 학서당.

1차 효과는 관광목적지인 관광수용국가 혹은 수용지역에서 관광객이 소비한 비용에 의하여 발생하는 효과를 말하는 것으로, 이들이 지출한 관광소비액은 관광목적지의 수입이 된다. 예를 들어 외래관광객이 한국을 방문하여 숙박비 $350, 쇼핑 $200, 식음료비 $250%, 교통비 $40, 유흥 · 오락비 $140 등 총 $1,000을 소비했다고 가정하자. 관광객이 소비한 $1,000은 서로 다른 업체에서 소비하였으나, 관광목적지의 입장에서는 전체적으로 $1,000의 소득이 창출된 것이다. 여기에서 관광객은 숙박, 교통, 식음료 등의 업체와 직접적인 상거래를 통하여 소비지출이 일어나게 된다. 이 때 관광객의 직접적인 상거래의 대상이 되는 관광 관련 기업은 상품과 서비스의 판매를 통하여 경제적인 관점에서 기업의 발전에 긍정적인 영향이 발생하게 된다. 이와 같이 관광객과 직접적인 상거래를 통하여 발생하는 경제적인 효과를 1차 효과라고 한다. 그리고 이 1차 효과를 직접효과라고 부르기도 한다.

2차 효과는 간접효과와 유발효과를 통칭하여 말하는 것이다. 간접효과는 관광객이 직접 소비한 금액이 관광산업과 간접적으로 연결된 여타의 산업에도 파급되어 관광목적지의 경제에 긍정적인 영향을 미치게 되는 것으로 말한다. 예를 들어 관광객이 관광목적지에서 소비한 숙박비 $350의 수입을 창출한 호텔이 그 수입을 그대로 가지고 있지는 않는다. $350의 수입은 호텔에 원자재를 납품하는 업체뿐 아니라, 그 호텔과 거래관계를 가지고 있는 업체 모두에 경제적으로 긍정적인 영향을 미치게 되며, 또한 납품업체와 호텔의 거래업체 등과 관련이 있는 또 다른 업체에게도 영향을 미치게 된다. 이와 같이 관광객의 소비는 관광객과 직접적으로 상거래를 하는 업체와 관련되어 있는 다른 업체에도 긍정적인 영향을 미치게 되는데, 이것을 간접효과라고 한다.

한편 유발효과는 직접효과와 간접효과에 의하여 지역경제가 활성화되면, 그 지역의 고용이 창출되고, 종사원의 임금이 향상되며, 그것은 또다시 새로운 소비를 창출하고, 새로운 소비는 새로운 생산을 촉진시키는 순환과정에 의하여 발생하는 종합적인 효과를 말한다.

이와 같이 관광의 경제적 효과는 관광객의 소비금액이 그 사회에서 경제활동에 의하여 순환되면서 나타나는 효과를 말하는 것이다(그리고 관광의 경제적 효과는 직접효과, 간접효과, 유발효과를 평가함으로써 경제적 영향의 크기를 산출할 수 있다).

둘째, 관광산업은 국제수지의 개선의 효과를 가지고 있다. 앞에서 설명한 바와 같이 자원과 자본이 빈약한 국가나 지방에서는 무역수지 면에서 적자를 기록할 수밖에 없는 실정이다. 따라서 이들 국가나 지역에서는 상품수출과 같은 무역수지를 개선하기 위한 대안이 마련되어야 하는데, 만일 이들 국가 혹은 지역에서 수려한 관광자원을 이용하여 외래관광객을 유치할 수 있다면, 무역수지에서의 적자를 어느 정도 관광수입과 같은 무역외수지에서 적자의 폭을 개선하거나 혹은 경상수지[1]를 흑자로 전환시킬 수 있는 것이다.

우리나라에서도 외래관광객 유치를 통한 외화획득을 위하여 관광기본법 제7조에서 '정부는 외래관광객의 유치를 위하여 해외선전의 강화 및 출입국절차의 개선 기타 필요한 시책을 강구하여야 한다'고 명시한 바와 같이 관광산업에 있어서 외래 관광객 유치를 통한 외화획득에 심혈을 기울이고 있다.

셋째, 관광산업에서 획득한 외화는 타 산업에 비하여 외화가득률이 높다는 것이다. 외화가득률이란 상품이나 용역의 수출이 외화가득에 공헌하는 정도를 의미한다. 즉 수출로 얻은 소득 중에서 수입원자재를 비롯한 지출부분을 공제한 나머지 부분이 전체의 소득에서 차지하는 비율(김원인)을 의미한다[2]. 그러므로 외화가득률이란 상품을 수출하였을 때, 수출대금으로 받은 금액 중 해외로 흘러나가지 않고 국내에 남아

---

1) 경상수지는 무역수지와 무역외수지로 크게 구분할 수 있다. 무역수지는 상품의 수출 · 입에 의하여 발생하는 수지를 의미하는 것이고, 무역외수지는 운송료, 보험료, 관광수지, 투자, 로얄티 등과 같이 상품의 수출 · 입과 관계없는 무형재의 판매 혹은 자본의 이동에 의하여 발생하는 수지를 말한다.

2) 일반상품의 외화가득률
={(총수입액－총해외지출액)/총수입액}×100의 공식에 의하여 계산할 수 있다. 이러한 일반상품의 외화가득률의 공식을 활용한다면 관광상품의 외화가득률을 계산하는 공식은 다음과 같이 할 수 있다.
관광상품의 외화가득률
={국제관광총수입－해외총지출액(선전광고비, 로얄티, 원자재구매비용 등)/국제관광총수입}×100

있는 금액의 비율을 말하는 것이다. 그리고 이 금액은 국내의 산업활동에 어떠한 식으로든 활용이 되기 때문에 많이 남아 있으면 있을수록 국내산업의 경제적인 파급효과는 크다고 할 수 있다.

1970년대 우리나라 관광산업의 외화가득률은 약 91%를 조금 넘는 것으로 나타난 반면, 일반제조업의 경우는 평균 65%(보잉)를 조금 넘는 것으로 조사되어 관광산업이 일반제조업에 비하여 외화가득률이 약 1.5배 정도 높음을 알 수 있다. 이것은 관광산업과 일반제조업이 동일한 수출액을 기록할 경우, 관광산업이 국내산업에 미치는 긍정적인 영향이 더욱 크다는 것을 의미하는 것과 같다. 오늘날 우리나라는 국제화·세계화·표준화 등에 의하여 국제경쟁력을 갖추기 위하여 외화가득률이 낮아지기는 하였으나, 일반적으로 제조업 분야보다는 높은 것으로 기록되어 관광산업의 발달에 의한 경제적 유용성은 매우 크다는 것을 알 수 있다.

예를 들어 1992년 외래관광객에 의한 관광수입을 신발과 비교하였을 때 4억 850만 켤레, 14인치 TV와 비교하였을 때 5,110만 대, 승용차와 비교하였을 때 61만 대를 수출한 것과 동일한 효과(관광산업연구회)를 가져온 것으로 나타났다.

넷째, 관광산업은 고용창출효과가 매우 크다는 장점을 가지고 있다. 관광산업은 인적인 의존도가 매우 높은 노동집약적인 산업으로 기계화·표준화가 어려운 산업적인 특성을 가지고 있다. 또한 인적인 서비스의 품질이 상품의 품질을 결정하는 매우 중요한 요인이 되기도 한다. 조사결과에 의하면, 관광산업의 평균고용승수는 0.14배로 전 산업평균치 0.07보다 무려 2배나 큰 것으로 나타났으며, 이 수치는 전체산업 고용승수 중에서 가장 높은 것으로 분석되었다. 산업분야별로 보면, 음식점 0.47, 쇼핑업 0.14, 숙박업 0.1(관광산업연구회) 등으로 나타나 관광산업분야별로 약간의 차이는 있으나, 대체적으로 타 산업에 비하여 고용효과가 큰 것으로 나타났다.

특히 김대중 대통령 정부의 집권초기에는 관광산업의 육성을 위한 정부의 의지를 많은 방송매체에서 접할 수 있었다. 당시 김대중 정부가 정권이양을 받은 시기는 IMF 사태를 극복하는 것이 최대의 관건이었고, 실업률이 급증하여 사회적 혼란이 야기되고 있는 시점이었다. 그러므로 정부로서는 실업률을 줄이는 것이 최우선의 정책이 되었을 것이고, 이를 타개하기 위한 방편을 고용창출효과가 큰 관광산업의 육성에서 찾고 있었다고 볼 수 있다.

다섯째, 관광산업의 발달은 소득증대의 효과를 가져올 수 있다. 이미 관광승수효과에서 간략하게 설명한 바와 같이 관광산업은 관광산업 자체의 승수효과 및 많은 관련 산업에 연계된 파급효과, 외화가득률 그리고 고용창출효과는 지역주민소득 혹은 국민소득 창출에 긍정적인 영향을 미친다. 관광객의 소비는 지역소득을 증대시키고, 이들의 수익증대는 소비를 촉진시켜 또 다른 생산을 촉진시키는 등의 순환과정에서 지속적인 소득창출의 효과를 기대할 수 있다.

여섯째, 지역의 경제구조의 다변화 및 지역개발 효과의 장점을 기대할 수 있다. 관광산업은 그 특성상 교통, 숙박, 식음료, 위락시설, 오락시설, 정보매체기관, 기타 많은 관련 산업을 필요로 하며, 이들 산업이 골고루 발달하여야 관광산업의 활성화를 기대할 수 있다.

한 지역의 관광지 개발 혹은 관광수요의 증가는 필연적으로 교통기관과 같은 공간적인 접근을 용이하게 하는 시설이 확충되고, 정보매체기관과 같은 시간적인 접근이 용이한 시설의 확충도 필수적이다. 그리고 상·하수도 시설의 확충 또는 개선 등의 일도 선행되어야 하기 때문에 기반시설의 확충은 필수 불가결한 것이다. 또한 숙박시설, 식음료시설, 오락·위락시설 등의 편의시설의 확충도 이루어지게 되게 된다. 더욱이 이러한 상부구조와 하부구조가 동시다발적으로 확충 또는 개선이 되어야 관광객의 활동에 편의를 보장할 수 있기 때문에, 빠른 시간에 지역개발이 이루어지는 특성을 가지고 있다. 따라서 관광산업의 육성 및 관광개발은 낙후된 지역개발에 유용한 도구로 활용되고 있다. 이러한 특성 때문에 많은 선진국가에서는 국토의 효율적인 이용 또는 개발이라는 정책목표에 매우 부합되는 관광산업의 육성에 심혈을 기울이고 있는 것이다.

한편, 관광지의 개발 혹은 관광수요의 증가는 관광객 활동에 편리한 부가가치가 높은 산업 또는 시설이 증대되어 궁극적으로는 지역의 경제구조를 변화시키게 된다. 즉 관광지로 개발되기 이전에는 토지의 이용밀도가 낮은 산업이 주로 분포하고 있다가 관광지 개발이 이루어지면서 토지활용밀도가 높은 산업으로 변화하게 된다. 전술한 바와 같이 관광객의 편의를 위해서는 숙박시설, 식음료시설, 오락·위락시설 등의 편의시설의 확충이 기본적으로 전제되어야 하기 때문에, 지역의 경제구조가 부가가치가 높은 3차 산업으로의 변화가 이루어지는 것이다.

경제적 효과는 여기에서 그치는 것이 아니다. 관광 관련 산업체의 발달은 관광지역에 많은 관련 사업체가 신설 또는 확충이 되는 관계로 지방자치단체의 조세수입의 증가를 가져올 수 있다. 현실에서도 볼 수 있듯이, 우리나라는 지방자치제의 실현 이후 많은 지방자치단체에서는 관광산업의 육성을 위한 프로젝트를 기획하고 있거나 혹은 관광 프로그램을 운영하고 있다. 이와 같이 이들이 관광산업의 육성에 많은 노력을 기울이고 있는 것은 지방경제의 활성화에 초점이 맞추어져 있으나, 지방자치단체의 재정자립도가 낮은 현실에서 사업체에서 징수하는 세수의 증대 또한 관광산업의 육성을 위한 또 하나의 중요한 이유가 되고 있다.

한편 동전은 앞면과 뒷면의 양면성을 가지고 있듯이, 관광 산업에 있어서도 위에서 열거한 긍정적인 영향을 기대하고 관광산업의 개발과 육성에 심혈을 기울이고 있지만, 개발의 적합성 혹은 효율성의 정도에 따라 많은 부정적인 영향이 나타날 수 있다. 관광산업의 개발과 육성의 결과 나타날 수 있는 부(否)의 영향을 살펴보면 다음과 같다.

첫째, 관광개발지역의 개발이익이 다시 외부로 누출되는 부정적인 영향을 들 수 있다. 관광개발은 규모에 따라 다소의 차이는 있으나 많은 자금이 소요되며, 특히 급격히 증가하는 관광수요에 대처하기 위한 대규모의 관광개발은 지역 내에서 그 막대한 개발비용을 투입하기란 쉽지 않다. 이러한 경우, 개발을 위하여 막대한 자금이 대도시 혹은 타 지역에서 유입되게 된다. 이렇게 유입된 자금에 의해 관광개발이 이루어진 후 개발이익은 다시 외부지역으로 누출하게 된다.

이처럼 관광개발 후 개발이익이 다시 외부지역으로 누출이 되면, 결국 지역경제에 편익을 가져다주는 것이 아니라 지역에 많은 부작용이 생기게 된다. 즉 관광객의 유입에 따른 개발이익 중 많은 부분은 다시 투자자에게 돌아가고, 지역에 남는 것은 일용 혹은 단순노동에 근무하는 종사원의 임금과 지역에서 조달되는 값싸고 수요가 많지 않은 원재료 수입이 고작인 경우가 많다는 것이다. 이러한 경우, 개발에 따른 상대적 빈곤과 열등의식 그리고 기타 사회·환경적인 부정적 영향만이 지역에 잔존하게 되는 것이다. 따라서 대규모의 관광개발 시 관광개발자금이 지역에 유입되는 경우, 개발이익의 누출에 따른 부작용을 막기 위하여 지방정부 혹은 관련 기관은 관광개발자와 협의를 하여야 한다.

예를 들어 관광개발업자와 지방자치단체 또는 관련 단체에서는 개발된 관광기업에 근무할 전문인력 중 일부를 지역주민을 교육시켜 근무하게 하는 방안, 개발이익 중 일부를 지역경제 활성화를 위하여 타 산업에 재투자하게 하는 방안, 관광기업에서 사용되는 원자재를 지역에서 조달하게 하는 방안 등이 구체적으로 검토되어 개발이익에 대한 누출현상을 줄이려는 의지가 무엇보다도 중요하다.

둘째, 관광개발지역의 토지가격의 상승과 같은 부정적인 영향을 들 수 있다. 관광개발지역의 토지수요의 증가는 토지가격의 상승을 가져온다. 특히, 어느 지역이 관광지 혹은 관광단지로 개발되면 인플레이션의 압력이 발생하게 되는데, 그 주된 원인이 토지가격의 변동에 기인하는 경우가 많다. 비관광지역에 관광개발이 이루어지게 되면, 인구유입에 따른 건물이 증대되고, 관광객의 편의를 도모하기 위한 많은 시설이 형성된다. 다시 말하면 관광개발지역의 토지이용의 형태가 집약화, 고도화하여 지가가 앙등하고, 지가의 앙등은 여타의 다른 상품의 가격을 인상시키는 중요한 원인이 된다.

한편 지역주민은 관광개발초기에 지가(地價)상승에 따라 그들이 가지고 있던 많은 토지를 매도하려는 욕구가 작용하게 되고, 이 때 토지를 판매한 지역주민이 특별한 전문지식이나 기술이 없을 경우는 일용직 혹은 단순노동직으로 종사하게 된다. 또한 관광개발이 완료된 후에는 토지가격이 더욱 상승하여 이제는 더 이상 지역주민이 토지매입이 어려운 실정에 이르게 되어 상대적 빈곤감을 더욱 크게 느끼게 되는 것이다.

따라서 관광개발 초기에 필요한 토지를 제공하는 지역주민에게는 그들을 위한 특별한 보상프로그램이 마련될 수 있도록 하여야 한다. 예를 들어 관광개발지역 내에서 토지의 수용 또는 토지를 판매한 주민에게 상가분양의 우선권 제공, 또는 관련 분야 전문인력양성 프로그램에 우선하여 참여할 수 있는 권리 등을 부여하여 지역주민에게도 혜택을 부여할 수 있는 제도적인 장치가 마련되어야 한다.

셋째, 관광개발지역은 물가상승의 부정적인 영향을 들 수 있다. 물가상승은 관광개발지역의 토지수요의 증가에 의하여 크게 영향을 받는데, 토지가격의 인상은 건축비용 및 건물임대료, 제품의 원재료 원가 등의 상승을 가져오게 하여 물가상승의 중요한 원인이 된다. 이러한 물가상승은 지역주민의 생활에 불편을 가져오게 하고, 지나친 물가의 상승은 관광객에게 불만의 요인이 되기도 한다. 따라서 정부와 지방자치단체 등은 물가상승의 원인이 되는 요인들에 대하여 집중적인 관리체계를 유지하여야 하며, 상황에 따라서는 주민의 일상생활에 필요한 물가와 관광객이 주로 이용하는 시설 또는 서비스 물가를 차별적으로 적용하는 방법의 도입 또는 관리방법도 신중하게 고려하여야 한다.

넷째, 관광개발지역은 산업구조의 불안정성과 이에 따른 고용의 불안정성이 야기될 수 있다. 관광개발지역은 지역의 경제구조가 관광객의 유동현황에 크게 의존하는 특성을 가지고 있기 때문에, 관광객을 대상으로 하는 3차 서비스산업의 비중이 높아지는 특성을 가지고 있다. 이러한 현상은 지나친 경우에 3차 서비스업의 비중이 타 산업분야보다 높게 되어, 지역의 경제적 편중현상이 심화되기도 한다. 이것은 지역 경제환경의 건전성과 안정성에 부정적인 영향을 미치는 결과를 초래하게 됨은 물론이다. 관광지역에 3차 서비스업이 차지한 비중이 높은 경우, 지역의 경제적 여건이 지나치게 외부환경에 의존하게 되어 환경변화에 능동적인 적응이 불가능하게 된다. 이에 관한 좋은 예는 강원도 강릉지방에서 찾아볼 수 있다. 몇 년 전 강원도 강릉지역은 여름철 피서객을 맞기 위하여 개인이 운영하는 관광 관련 업체들은 분위기 쇄신을 위하여 많은 융자를 들여 대대적인 시설의 개・보수를 단행하였다. 그런데 뜻하지 않은 북한 잠수함 침투사건의 발생으로 관광객의 유입이 자유롭지 못하게 되자, 이들 지역 상인들은 관광객 유입의 단절에 따른 커다란 손실을 입게 되었고, 이에 따라 지역경제가 한 때 매우 위축되기도 하였다.

한편, 관광산업은 성・비수기에 따라 관광수요량의 차이가 크게 나타나는 특성을 가지고 있다. 관광수요의 차이는 비단 관광 관련 기업에 매출액 혹은 순이익에만 영향을 미치는 것이 아니다. 성・비수기에 따라 관광수요량의 차이는 기업의 경영규모, 경영방법에 크게 영향을 미친다. 예를 들어 많은 관광객이 유입되는 성수기와 관광객 유입이 거의 없는 비수기의 수요량의 차이는 인력구조에 영향을 미치게 된다. 성수기에 맞추어 인력을 배치한다는 것은 비수기에 유휴인력이 문제가 되고, 비수기에 맞춘 인력구조로 운영을 하자니 성수기 서비스 품질에 문제가 발생될 것이다. 따라서 기업은 관광객 수요량에 따른 인력구조의 탄력적인 적용을 위하여 아르바이트 또는 기간계약제 등을 활용하게 된다. 이것은 지역주민의 입장에서 보면, 안정된 직업의 기회가 상실됨을 의미하게 된다. 이러한 영향으로 관광지역은 고용의 불안정성이 나타나게 되는 것이다.

따라서 관광개발지역은 관광개발계획 당시부터 산업의 불안정성과 고용의 불안정성을 관계자들이 심도있게 검토하여 관련 계획의 범위와 운영방법은 물론, 고용의 안정성을 확보할 수 있는 방안이 강구되어야 할 것이다.

관광개발의 경제적 영향을 정리하면 다음 〈표 2-4〉와 같다

표 2-4 경제적 영향

긍정적인 효과	부정적인 영향
- 국제수지개선의 효과 - 외화가득률 - 고용창출 - 소득증대 - 경제구조의 다변화 및 지역개발효과.	- 개발이익의 누출 - 토지가격의 상승 - 물가상승 - 산업구조의 불안정성 - 고용의 불안정성

2. 사회 · 문화적 영향

과거와 현재는 관광의 효과를 바라보는 시각에서 많은 차이를 보이고 있다. 관광의 개념을 정리할 때 보았듯이, 과거에는 주로 경제적인 관점에서 부(富)의 이동에 초점이 맞추어져 있었다. 그러나 현대에 있어서는 경제적인 관점과 더불어 사회 · 문화적인 영향에도 많은 관심을 기울이게 되었다. 더욱이 현대에 있어서 관광은 국민 대다수가 참여하고 있기 때문에 관광현상이라는 말이 나오게 되었고, 이러한 관광현상을 규명하기 위하여 우리가 살고 있는 사회와의 관계를 조명하는 데 더욱 관심을 기울이게 된 것이다.

관광은 기본적으로 사람의 이동에 의하여 발생되는 특성을 가지고 있다. 사람의 이동이라는 것은 육체적인 이동만을 의미하는 것이 아니라, 개인의 가치관, 개성, 준거체계 등 관광객 자신과 관광객의 주변환경(경제적 배경, 사회적 배경, 문화적 배경, 환경적 배경) 등이 모두 함께 이동을 하는 것이다. 그러므로 관광객이 살고 있는 거주지와 관광목적지 그리고 관광경유지 등에는 어떠한 변화가 일어나게 된다. 그러나 이러한 변화는 경제적인 변화와 같이 계량적으로 나타나는 것이 아니며, 또한 지역주민에게 직접적으로 느낄 수 있을 정도로 가시적으로 나타나는 현상도 아니다.

사회 · 문화적 변화는 때로는 단기적으로 나타나기도 하고, 혹은 장기적으로 나타나기도 한다. 그리고 그 영향은 계량화할 수 없는 것이 대부분이기도 하다. 그러한 관계로 사회 · 문화적인 긍정적이고, 부정적인 영향에 대하여는 간과하는 경향이 있는 것도 사실이다.

관광개발에 따른 사회 · 문화적인 영향은 지역주민의 삶의 질을 크게 향상시키기도 하고, 손상시키기도 한다. 그런데 현대인은 자신욕구충족 및 삶의 질 향상에 더욱 깊은 관심을 가지고 있다는 현실에서 사회 · 문화적인 영향에 관심을 기울이고 있는 것은 지극히 당연한 현상이라 할 수 있다. 그것은 삶의 질 향상이 경제적인 측면에서의 충족만으로는 해결되는 것이 아니기 때문이다.

위에서 설명한 바와 같이 현대인은 그들이 살고 있는 환경에 대하여 깊은 관심을 가지고 있기 때문에 이에 관한 구체적인 영향에 대하여 검토할 필요성을 느끼게 된다.

우선 긍정적인 효과를 검토하여 보면, 다음과 같이 크게 나누어 살펴볼 수 있다.

첫째, 관광은 체험을 통한 교육적 효과를 기대할 수 있는 긍정적인 영향을 가지고 있다. 관광은 이동행위를 통하여 직접적인 체험과 새로운 문화와 문물을 배우고 습득할 수 있는 기회를 제공한다. 현대사회에 살고 있는 인간은 많은 교육의 기회로 인하여 자아실현욕구가 그 어느 시대보다 크다는 것이 두드러진 특징 중의 하나이다. 현대인이 이러한 욕구를 충족하는 수단은 여러 가지 방법이 있을 수 있으나, 관광은 미지의 세계 혹은 새로운 지식을 직접체험 또는 현장학습의 기회를 얻을 수 있는 중요한 수단이 되고 있다. 현재 유행하고 있는 주제관광 혹은 테마여행은 인간의 정신적인 측면을 살찌우는 훌륭한 프로그램이라고 할 수 있다. 또한 초등학교에서 현장학습활동시간으로 배정하여 연간 며칠의 여행기간을 출석으로 인정하는 것은 관광의 교육적 효과를 긍정적으로 인정하고 있는 대표적인 사례라고 하겠다.

둘째, 관광개발지역에서 가지고 있는 고유문화에 대한 긍지와 보존에 대한 필요성이 증대한다는 것이다. 관광개발지역은 관광객을 유인할 수 있는 어떠한 매력을 가지고 있으며, 그 매력물 중에서 중요한 부분을 차지하고 있는 것이 지역의 전통문화와 문화유적 등이다. 따라서 지역의 고유문화와 문화유적은 중요한 관광자원이 되어 보존의 필요성을 느끼게 된다. 그리고 그러한 문화가 타 지역 혹은 다른 국가에서 방문하는 관광객에게 보이고 있다는 사실에 대하여 긍지를 느끼게 되고, 관광객을 위한 문화 이벤트 또는 축제를 개최하여 관광객을 유인하는 행사를 준비하기도 한다.

또한 관광은 사람의 이동을 전제로 하는 활동이기 때문에 관광객과 지역주민은 지속적으로 접촉을 하게 된다. 이 과정에서 타 지역 혹은 타국의 문화와 가치관이 지역문화와 교류하게 되어 지역의 새로운 문화가 창출되기도 하는 것이다.

셋째, 관광은 국가 간 지역 간 이해를 증진시키는 효과를 갖는다. 국제 간의 관광객의 이동은 관광객과 관광목적지 주민의 교류와 접촉을 통하여 상호이해가 증진될 수 있다. 관광객이 새로운 관광목적지를 방문하여 그 지역주민의 생활양식과 문화, 사회적인 제도 등을 접함으로써 관광지역 혹은 관광목적지에 대한 이해를 깊이 할 수 있으며, 관광지역주민의 입장에서도 관광배출지역에서 유입되는 관광객과 지속적으로 교류하면서 관광배출지역의 문화와 그들의 가치 혹은 사고방식에 대하여 이해하게 된다. 이와 같이 국가 간 지역 간의 민간인의 교류는 상호 간의 편견이 해소되고, 상호이해와 협력의 토대가 되어 나아가서는 국가 간 혹은 지역 간의 인적·물적인 교류를 더욱 확대시킬 수 있는 원동력이 될 수 있다.

넷째, 관광개발지역의 상·하부구조 확충에 따른 지역주민의 이용혜택의 효과를 갖는다. 관광개발은 많은 상·하부구조가 확충되어 이들 시설에 대한 문명적 혜택이 확충된다. 예를 들어 도로가 확충되고, 상·하수도 시설의 정비 및 확충은 지역주민에게도 혜택의 영향을 미치게 되며, 각종 편의시설에서 제공하는 교육 프로그램의 참여 및 시설물의 이용기회가 지역주민에게 확대되는 등의 문화적·문명적 편익을 누릴 수 있다.

관광의 사회·문화적인 효과는 여기에서 그치는 것이 아니라 여성의 사회진출을 확대시켜 여성의 지위를 향상시킬 뿐 아니라, 지역갈등해소, 지역사회의 개방화에 따른 외부환경의 변화에 대한 능동적인 대응 등의 많은 긍정적인 효과를 기대할 수 있다.

그러나 사회·문화적인 긍정적 효과는 관광개발계획 및 운영상의 문제로 인하여 또는 다른 어떤 원인에 의하여 부정적인 측면이 나타날 수도 있다. 어떤 면에서는 현재의 개발방식과 개발행태를 지속한다면 부정적인 측면이 보다 크게 부각되는 상황이 연출될지도 모른다. 그럼 실제적으로 관광개발에 따라 나타날 수 있는 부정적인 영향에 대하여 검토해 보기로 하자.

첫째, 지역문화의 소멸 또는 문화관광상품의 단순화 현상이 나타날 수 있다. 관광활동은 인간의 이동을 전제로 한 활동이며, 관광객과 지역주민의 정서와 문화가 상호접촉을 하게 된다. 관광객은 자신의 거주지의 문화를 가지고 관광지역을 방문하게 되며, 지역주민은 지역문화를 가지고 관광객을 맞이하게 되는 것이다. 관광객을 맞이하는 주민의 입장에서는 관광객의 욕구에 부합하는 서비스와 상품을 제공하게 되고, 나아가서 그들의 문화와 정서 등을 받아들이고 이해하여야 하는 현상이 발생된다. 이러한 현상이 지속되면 결국 지역주민들이 가지고 있던 지역의 정서와 사고, 철학, 사상 등은 어느덧 사라지고, 그 자리에는 외부에서 유입된 새로운 정서와 사고, 철학, 사상 등이 자리 잡게 되어, 그 지역이 가지고 있는 전통적인 문화는 왜곡되거나 사라지는 부정적인 영향이 나타날 수 있다.

그러므로 관광개발을 전제하고 있는 지역은 지역문화를 보존하고 보호하기 위한 방안이 마련되어야 하며, 지역주민에게 자신들이 가지고 있는 문화와 정서 등에 자부심을 가질 수 있도록 필요한 조치를 강구하여야 한다.

문화는 오랜 시간을 걸쳐서 형성된 지역의 주민들이 공유하고 있는 가치관, 윤리, 도덕, 사상 등의 총체이다. 그러나 관광객이 관광지역에서 구입하는 토산품 또는 지역문화상품은 본질적인 지역문화의 특성을 전달하기보다는 관광객의 기호에 맞게 변형되어 단순화되는 경향을 볼 수 있다. 그러므로 이러한 문화상품은 지역문화의 본질을 왜곡할 수 있으며, 관광객의 지역문화에 대한 이해를 도모하는데도 부정적인 영향을 줄 수 있는 것이다. 또한 지역주민에게도 지역문화 자체에 대한 자부심 혹은 긍정적인 시각보다는 판매할 수 있는 하나의 상품 정도로만 인식되는 현상이 발생될 수 있다. 따라서 이러한 지역문화에 근거한 관광상품의 단순화 현상은 지역문화를 왜곡하거나 파괴하는 원인이 되기도 한다. 이러한 현상은 단순히 기념품 또는 토산품에서만이 나타나는 것이 아니라, 지역문화를 소개하기 위한 문화축제 또는 문화 이벤트 등 관광객을 대상으로 하는 행사에서도 나타나고 있다.

이상과 같이 지역문화의 파괴 혹은 지역문화의 단순한 상품화 현상은 지역주민의 사상과 가치관에 혼란을 가중시키는 결과를 초래할 뿐만 아니라, 지역주민의 삶의 근본을 왜곡시킨다는 데 문제의 심각성이 더해진다. 그러므로 관광개발지역은 관광상품 하나하나의 개발에 있어서도 지역주민과 관련 대표자들이 함께 이 문제를 고민하여 지역문화를 보존하고, 관광지역이 가지고 있는 전통적인 특성을 보존함과 아울러 특성화에 심혈을 기울여야 할 것이다. 물론 이 문제의 해결은 쉽지 않은 일임에는 틀림이 없다. 그러나 '문제의 본질을 이해하고, 고유문화의 보존과 특성화를 통한 관광객 만족'이라는 대 전제하에 지역주민과 관계 대표자들이 노력을 아끼지 않아야 한다는 명제에 대하여 공감과 실행을 위한 노력이 뒷받침되어야 한다.

둘째, 관광개발지역의 사회적 병리현상과 주민들의 의식구조에 변화를 야기시킨다. 관광개발지역은 많은 관광객이 왕래하면서 지역의 사회적 환경에 악영향을 미치게 되는데, 예를 들어 도덕성의 결여, 범죄율의 증가, 매춘의 성행, 사치향락 풍조가 만연되는 등의 부작용이 나타난다. 또한 지역주민들에게도 의식구조의 변화가 나타나게 되는데, 그것은 관광객과 지역주민의 사이에서 야기되는 현지주민의 피해의식, 그리고 현지주민의 황금만능주의와 같은 전통적인 가치관의 변화 등이 그것이다.

그리고 이러한 사회병리현상과 의식구조의 변화는 관광객과 지역주민의 의식수준에 의하여 영향을 크게 받는 특징을 가지고 있다. 따라서 이러한 부정적인 영향을 최소화하기 위해서는 범정부적인 차원에서 일반국민이 관광을 즐겁게 향유하고, 관광이 가지고 있는 기본적인 가치에 대하여 깊이 이해하고, 건전한 관광의식을 가질 수 있도록 지속적으로 교육하여야 한다.

관광은 이와 같이 개발의 성패 여부에 따라서 사회·문화적인 긍정적인 효과와 부정적인 영향이 나타날 수 있다. 그러므로 관광개발자와 관광지역주민은 관광개발이 가져다주는 영향에 대하여 면밀한 검토가 수반되어야 한다. 지나치게 경제적인 측면만이 강조되는 관광개발의 방향에서 벗어나 진정으로 인간의 삶의 질을 향상할 수 있는 차원에서 사회 · 문화적 환경에 대한 중지가 모아져야 할 것이다. 〈표 2-5〉는 사회 · 문화적인 영향에 대하여 정리한 것이다.

표 2-5 사회 · 문화적 영향

긍정적 효과	부정적 영향
- 교육적 효과 - 고유문화에 대한 긍지와 보존의 필요성 증대 - 상 · 하부구조 확충에 따른 지역주민의 이용 혜택 - 국가 간 민간의 이해증진 - 여성의 지위향상 - 지역갈등해소 - 지역사회의 개방화에 따른 외부환경의 변화에 대한 능동적인 대응	- 지역문화의 소멸 또는 문화의 관광상품화 현상 - 사회적 병리현상과 주민들의 의식구조의 변화(도덕성의 결여, 범죄율의 증가, 매춘의 성행, 사치향락 풍조, 황금만능주의, 지역주민의 가치관의 변화, 지역 간의 갈 등 증대)

3. 환경적 영향

관광개발은 개발방식, 개발규모, 관광자원의 특성, 그리고 관광개발지역의 지역적 여건에 따라서 환경에 미치는 영향이 긍정적으로 나타날 수도 있고, 부정적으로도 나타날 수 있다. 그리고 그 영향의 정도에 있어서도 관광개발지역에 따라서 차이를 보이게 됨은 물론이다.

관광개발에 있어서 긍정적인 영향으로는 관광지역환경의 개선과 보존의 효과를 기대할 수 있다는 것이다. 관광개발지역의 인문적 환경과 자연적 환경은 다른 요인과 더불어 관광객을 유인하게 하는 중요한 유인물로서 받아들여지고 있다. 관광지역의 아름다운 자연은 관광객에게 관광객의 관광욕구충족의 수단이 되고 있기 때문에, 생태적 자연자원에 대한 보존의 필요성과 보존을 위한 구체적인 노력이 전개됨으로써, 지역주민의 자연환경의 질이 개선되고 정비되는 효과를 기대할 수 있다.

또한 인문적 환경 또한 정비되고 개선되는 데, 예를 들어 관광개발은 도로의 정비 혹은 확충, 상 · 하수시설의 개선, 편의시설의 개선, 질서유지 등 인간의 생활환경의 개선이 수반된다. 이러한 생활환경의 개선은 관광객에게 편안함과 깨끗함 또는 질서 정연한 개발에 따른 정돈감 등으로 관광객을 견인하는 역할을 할 뿐만 아니라, 지역 주민에게는 일상생활의 편의성을 제공하는 역할을 해 준다.

반면에 관광개발에 따른 부정적인 영향은 이와 상반되는 현상이 나타나게 되는 데 생태적 자연환경의 파괴, 대기오염, 수질오염, 쓰레기 처리 등의 환경오염, 교통혼잡, 무질서 등 부정적인 영향이 나타날 수 있다. 따라서 관광개발지역의 환경에 대한 통제는 필수 불가결한 것으로, 이러한 통제는 관광객과 지역주민에게 모두 이익이 되는 측면에서 평가되고 정돈되어야 한다.

표 2-6 환경적 영향

긍정적인 효과	부정적인 영향
- 환경보존의식 증대 - 생태적 자연자원에 대한 보존 - 도로의 정비 혹은 확충 - 상 · 하수시설의 개선 - 편의시설의 개선	- 생태적 자연환경의 파괴 - 대기오염, 수질오염, 쓰레기 처리 등의 환경오염 - 교통혼잡 - 무질서

관광과 환경은 그 특성상 매우 밀접한 관계를 가지고 있다. 특히 관광개발이라는 것은 일반적으로 자연 또는 생태계에 부정적인 영향을 미치는 것으로 인식되고 있는 것이 사실이다.

이러한 이유로 관광개발에 대하여 관광개발자와 환경론자들 사이에는 그동안 계속적으로 상호 대립되는 의견을 견지하여 왔으며, 이 논쟁은 앞으로도 지속될 전망이다. 더욱이 현대사회는 생태적인 환경에 대한 관심이 집중되고 있는 현실을 비추어 볼 때, 이러한 논란은 가중될 것으로 보이며, 그 결과 관광개발의 방향과 방법에 있어서 커다란 변화가 예고되고 있다고 볼 수 있다.

환경의 질에 대한 개선은 인간 생활의 질에 밀접하게 영향을 미치는 것이 사실이다. 우리는 이와 관련하여 많은 우려의 목소리를 들어 왔다. 예를 들어 도시화 현상이 진전되면 될수록 아름다운 자연을 동경하는 목소리는 더욱 자주 들리게 되며, 많은 방송매체 등에서는 수질오염과 대기오염, 기타 인간에게 부정적인 영향을 미치는 생태환경의 파괴에 대한 염려와 경고를 지속하고 있다. 더욱이 이러한 경고의 메시지는 근래에 와서 인간의 생존자체를 위협하는 요인으로 심각하게 받아들여지고 있다. 논자의 입장에서도 이 문제는 쉽게 다루어져서는 안 된다는 생각에 동의하고, 이러한 환경론자의 입장에 전적으로 동의한다. 그리고 많은 관광전문가 혹은 관광학자들도 이러한 의견에 이의를 제기할 사람은 없을 것으로 믿는다. 관광과 환경의 관계는 깊고 복잡하며, '한 지역의 성공적인 관광개발은 관광과 환경간의 관계를 어떻게 다루느냐에 달려있다고 해도 과언이 아니다'라는 말에서도 확인할 수 있듯이 관광객과 관광지 사이에 관계는 인간과 환경의 관계(박호표)라고 할 수 있다.

문제는 관광개발과 환경보호라는 상호 이질적인 속성을 가지고 있는 이 난제를 어떻게 접근할 것인가? 하는 현실적인 문제에 대한 실행과정이다. 다행스럽게도 이 문제에 대해서는 많은 사람이 관심을 가지고 연구를 계속하여 문제에 대한 원칙은 어느 정도 설정된 상황이다. 그 원칙은 다름 아닌 '지속 가능한 관광개발'이다. 이 말의 내면(內面)에는 현재를 살고 있는 우리 인류가 유일하게 후손에게 빌려 쓰고 있는 것이 생태적 환경이라는 철학적인 의미에서 출발한 것으로, 현재의 환경을 후손에게 그대로 물려줄 의무가 있다는 것을 간접적으로 표현한 말이라 할 수 있다. 그러면서도 현재를 살아가고 있는 인간의 행복도 추구되어야 한다는 의미도 함축적으로 표현하고 있다고 하겠다. 그러므로 우리는 '관광개발은 환경을 파괴하는 것이다. 관광개발을 하지 않는 것이 환경을 보호하는 일이다'라는 식의 사회 이분법적 논리에서 벗어나야 한다. 왜냐하면, 관광개발도 인간의 삶의 질을 개선시키는 활동이고, 환경보호도 궁극적으로는 인간의 생활의 질을 향상시킨다는 점에서 그 본질적인 목적이 동일하기 때문이다.

보호와 개발이라는 이질적인 요소는 관광이라는 하나의 시스템 내에서 상호 유기적인 조화를 유지하여야 한다. 개발은 현재의 생태적 환경에 대한 충격을 주지 않고, 인간의 생활을 이롭게 하는 방향에서 이루어져야 한다. 이러한 의미에서 '지속 가능한 관광개발'이라는 철학적 사고(思考) 속에서 관광개발이 실행되어야 함은 더 이상의 언급이 필요없을 것이라 생각된다. 그리고 지금까지의 개발은 많은 부분에서 개발의 편익이 경제적인 관점에 집중되었으나, 앞으로는 경제적인 편익뿐만 아니라 사회·문화·환경적인 측면에도 관심이 증대될 것이다. 그것은 인간은 누구에게나 건강한 생태적 환경에서 자신의 삶을 영위하고 싶어하는 욕구와 권리가 그 어느 때보다도 강조되는 시기이기 때문이다.

이상과 같이 관광의 긍정적 영향과 부정적 영향에 대하여 살펴보았다. 우리는 이러한 관광의 긍정·부정적인 영향에 대하여 올바른 인식을 가지고 있어야 할 것이다. 더욱이 관광의 영향이 경제적으로 긍정적인 관점에만 초점이 맞추어져 있는 오늘날의 현실이 변화되어야 한다는 것에 대하여 특히 반성이 깊이 이루어져야 할 것이다. 그러기 위해서는 긍정적인 효과에 대한 검토도 중요하지만, 부정적인 영향에 대한 보다 면밀한 평가가 이루어지고, 이를 최소화할 수 있는 대안이 강구된 후에 관광개발사업이 추진되어야 하겠다.

제3장

관광마케팅

제3장

관광마케팅

제1절 관광마케팅의 의의

1. 마케팅의 의의

1) 마케팅의 개념

현대사회에서 기업들은 생존을 위한 치열한 경쟁환경에 노출되어 있다. 기업이 이러한 치열한 경쟁환경에 노출되고 있는 가장 근본적인 원인은 생산이 소비를 초과하는 현상에서 기인된 것이라 할 수 있다. 생산이 소비를 초과한다는 것은 소비자의 입장에서는 자기 자신의 욕구를 최대한으로 충족시킬 수 있는 상품을 선택하여 구매할 수 있다는 것을 의미하기 때문에, 기업의 입장에서는 다른 경쟁기업보다 우월한 어떤 것을 제공하여야 한다는 것은 너무도 당연한 논리이다. 이러한 논리에서 경쟁이 촉발되는 것이다. 그렇기 때문에 다양한 상품의 생산과 생산된 상품의 소비초과현상은 결국 생산자 주도시장에서 소비자 주도시장으로, 그 시장의 성격을 근본적으로 바꾸어 놓았다고 할 수 있다.

또한 소비자는 과거와는 다른 소비패턴을 보이고 있다. 그 소비패턴을 한마디로 표현하면, 소비자는 물질적인 충족에서 정신적인 충족으로 가치관이 변화하고, 여유와 감동, 정신적인 고양이라 할 수 있는, 이른바 추상적인 가치를 높이 평가하는 경향이 더욱 심화(한국국제관광개발연구원)되고 있다고 할 수 있다. 그렇기 때문에 현대의 기업은 전사적인 차원에서 고객의 욕구충족을 위한 활동에 많은 노력과 시간을 투입하고 있는데, 마케팅 활동에서 고객욕구충족이라는 단순한 논리는 다양한 고객의 욕구확인 및 그러한 욕구를 충족시키기 위한 기업의 자원들의 제약으로 인하여 쉽게 접근할 수 있는 문제는 아니다.

한편, 기업의 근본적인 목적은 영속성을 유지하는 것이다. 영속성을 유지한다는 것은 기업은 계속적으로 운영되고, 지속적으로 존재하는 것을 의미하는 것으로, 수익창출과는 그 의미에 있어서 많은 차이를 보인다. 수익창출은 영속성을 유지하기 위한 수단일 뿐 궁극적인 목적을 될 수 없다. 그러므로 기업은 이 영속성의 유지를 위하여 제품생산, 인사관리, 재무관리 등의 경영과 관련한 세부적인 하위목표를 설정하고, 이의 달성을 위한 노력을 기울이게 되는 것이다.

우리는 위에서 치열한 경쟁, 소비자의 변화, 영속성 유지라는 기업이 당면한 3가지 문제점에 대하여 언급하였다.

그러면 기업이 당면하고 있는 이 3가지 문제는 무엇에 기인한 것이며, 이 문제를 해결하기 위한 근본적인 방안은 무엇인가? 그것은 기업환경에 기인한 것이며, 기업환경에 의하여 발생한 문제이므로 기업환경에서 그 해결방안을 찾아야만 한다. 그러므로 기업환경의 변화는 지속적으로 관찰되어야 하며, 환경의 변화에 적합한 경영활동은 유지되어야 한다. 기업환경은 상황에 따라서는 기업에 심각한 손실을 가져올 수도 있으며, 한편으로는 기업의 성장에 긍정적으로 영향을 미칠 수도 있다.

마케팅은 기업환경요인들을 추정하고, 그 환경의 변화를 통제하여 마케팅 목표를 효율적으로 달성하기 위한 기업에서 행해지는 활동이다. 전술한 바와 같이 기업환경요인은 기업의 운명을 좌우할 정도로 그 영향력이 매우 크다. 이러한 관점에서 기업환경요인의 검토와 평가를 통한 고객과의 교환을 위한 커뮤니케이션을 하는 마케팅 활동은 매우 중요한 활동이라고 아니할 수 없는 것이다. 마케팅과 관련한 내 · 외부환경의 변화에 대한 기업의 능동적이고, 적극적인 적응과 순응은 기업의 영속성을 유지하는 데 중요한 영향을 미친다. 예를 들어 내부환경의 변화는 기업의 경영 또는 운영의 변화를 요구하게 되며, 외부환경의 변화는 고객의 소비와 구매행동의 변화를 가져오게 하므로, 상품의 가격, 유통, 생산, 촉진 등을 통제하는 마케팅 활동은 가치가 있는 활동이며, 그 활동의 효율성은 기업의 성패를 좌우한다고 하여도 과언이 아니다. 따라서 기업의 마케팅 활동은 기업의 수익성과 안정성은 물론 영속기업으로 존재하려는 궁극적인 목적에 영향을 주는 중요한 기업활동 중의 하나라고 할 수 있다. 이러한 관점에서 내 · 외부환경의 변화에 능동적이고, 효율적인 대응전략을 수립 · 실행하고, 나아가서 기업의 효율적인 목표달성의 수단인 마케팅 활동의 중요성은 아무리 강조하여도 지나치지 않는다고 볼 수 있다.

그러면 마케팅이란 무엇인가? 그 개념과 의의를 살펴보기로 하자.

마케팅의 개념에 관하여, Kotler는 '교환과정을 통하여 소비자의 욕구(Needs)와 욕망(필요, Wants)을 충족시키는 인간활동'이라고 정의하였고, 미국마케팅협회(AMA)는 이전의 정의를 수정하여 '마케팅이란 개인이나 조직의 목표를 충족시키는 교환을 창출하기 위하여 아이디어, 재화 및 서비스의 개념화, 가격결정, 촉진, 유통을 계획하고 실행하는 과정'(AMA) 이라고 정의하였다. 이들 정의에 의하면, 마케팅은 생산자와 소비자 간의 교환을 촉진시키기 위한 기업의 활동이라고 할 수 있다. 그리고 그 내용은 고객에게 제공될 마케팅 믹스를 계획하고, 실행하고 평가를 하는 것이다. 따라서 마케팅은 제품이 생산되기 이전부터 그 활동이 시작되며, 이 활동은 생산이 완료되고 판매된 이후까지 지속적으로 수행되는 것이다. 그러므로 판매의 개념과는 근본적으로 차이가 있다. 한편 위의 마케팅 정의를 살펴보면 중요한 몇 개의 개념을 포함하고 있는 데 그 내용은 다음과 같다.

욕구란 신체적 · 정신적 항상성을 유지하기 위하여 충족되어야 하는 조건으로 이해할 수 있다. 즉 욕구는 자연적으로 발생하는 인간의 기본적인 결핍상태가 마음속에 내재되어 있는 것을 의미한다. 이러한 결핍상태는 신체적 · 정신적 항상성에 문제가 야기됨에 따라 욕구해소를 위한 행동을 촉발시키게 된다.

욕망(필요)란 욕구를 충족시키기 위한 구체적인 수단에 대하여 보이는 열망(유동근)을 말하는 것으로, 개인의 특성(연령, 소득, 성별, 학력)과 개인행동에 영향을 미치는 외부요인(문화, 사회계층, 가족, 준거집단)에 영향을 받게 된다. 예를 들어 한국 사람은 배가 고프면 된장국에 밥을 먹고 싶다는 욕망을 가지게 되며, 서양사람과 욕구충족의 수단이 다르게 나타난다. 따라서 욕망은 욕구해소를 위한 수단과 관계된 것이기 때문에 마케터는 욕구보다는 욕망에 관심을 기울여야 한다.

인간이 자신의 욕구와 욕망을 충족시키기 위하여 특정제품에 대하여 구매력을 수반하게 될 때, 이것을 수요(Demands)라고 한다. 인간은 끝없는 욕망의 소유자이다. 그러나 인간은 이러한 욕망을 충족하기 위한 구매에 소비되는 '어떠한 가치있는 자원'은 한계를 갖는다. 상품은 인간의 욕망을 충족시키는 구체적인 대상으로서 표현될 수 있다. 그러므로 상품이 인간의 욕구충족의 대상이 되기 위해서는 욕구충족을 위한 어느 정도의 가치를 내재하고 있어야 하며, 이러한 조건이 충족이 될 때 시장에서 거래의 대상이 되는 것이다.

교환은 '상호 간에 가지고 있는 가치있는 대상의 거래'를 의미하는 것이라 할 수 있다. 이러한 교환이 성립되기 위해서는 몇 가지 기본적인 조건이 충족되어야 하는데, 그 기본적인 조건이란 구매자와 판매자 등 거래상대자 2인 이상이 존재하여야 하며, 각 당사자들은 상대방에게 가치가 있는 재화 혹은 자원을 가지고 있어야 하며, 각 당사자는 커뮤니케이션과 소유권 이전능력을 갖추고 있어야 하고, 또한 각 당사자는 교환 제의에 자유롭게 수락 혹은 거부할 수 있어야 한다는 조건이 바로 그것이다.

2) 현대적 마케팅의 의의

마케팅의 변천과정은 크게 4단계로 분류할 수 있다. 첫째, 생산지향적 마케팅 시기(1900~1930)로 이 시기의 기본적으로 생산에 비하여 수요가 많았던 시기이므로 적정한 가격으로 생산하면 수요는 존재하기 때문에 별도의 마케팅 활동이 존재하지 않았던 시기이다. 둘째, 판매지향적 시기(1930~1950)는 기술혁신이 이루어지면서 생산이 증대되고, 1930년대에 대공황(Great Depression)이 발생하여 생산중심의 사고에서 판매중심의 사고로 전환되었던 시기이다. 즉 생산량의 증대는 제품을 신속하게 유통시키지 않으면 안 되는 상황으로 변화되어 판매활동이 강화될 수밖에 없었으며, 이에 따라 기업에서는 제품의 판매를 전담하는 부서를 신설하게 되었다. 셋째, 마케팅 지향적 시기(1950~1970)는 판매지향시기에 나타난 강매 혹은 끼워 팔기와 같은 판매방식이 소비자에게 추가적인 비용을 부담시키는 결과를 초래하여 소비자 보호운동을 야기시켰고, 이에 따라 기업은 단순한 판매에서 벗어나 광범위한 활동으로 마케팅의 중요성이 대두되었던 시기이다. 이 시기에 있어서 중요한 관점은 고객의 욕구충족을 통한 기업목표달성이라는 것(kotler, 1988)인데, 이러한 사고는 오늘날에도 마케팅 활동에 중요한 기본개념으로 이해가 되고 있다. 넷째, 사회적 책임의 구현시기(1970~현재)로 기업은 목표달성을 위하여 기업의 사회적 유대관계를 강조하게 되었다. 예를 들어 기업의 생산활동은 고객의 욕구에 부응하는 상품을 제공하는 긍정적인 역할을 하는 반면에, 생산활동에 의한 환경오염과 같은 부(否)의 효과는 인간의 생활의 질을 저해하는 요인이 되기도 한다. 이러한 이유로 인하여 소비자는 기업에게 사회에서의 긍정적인 역할을 기대하게 되었고, 기업은 목표달성을 위하여 이러한 욕구를 적극적으로 수용하는 측면에서 마케팅 활동을 전개하고 있다.

이와 같이 사회 · 경제 · 문화 · 환경적 요인의 변화는 마케팅 활동에 직 · 간접적으로 영향을 미치게 되었는데, 현대사회에서 강조되고 있는 마케팅의 중요한 관점은 고객지향적인 사고, 적정한 이윤의 추구, 통합적 마케팅 시스템의 구축, 사회적 책임의 구현 등이라 할 수 있다. 이것을 간략하게 설명하면 다음 〈표 3-1〉과 같다.

표 3-1 현대적 관점에서 마케팅의 주요관점

주요관점	주요내용
고객지향적인 사고	기업의 관점은 고객욕구충족에 무엇보다도 우선하여야 한다는 것으로, 고객만족을 통한 기업목표를 달성이라는 가치를 반영한 것이다. 따라서 기업은 고객의 문제해결을 위한 노력에 관심을 집중하여야 한다는 점을 강조한 사고
적정한 이윤추구	기업은 그들이 생산하는 상품 또는 서비스의 판매를 통하여 이윤을 추구하고, 발전을 기대하게 되는데, 이때 상품 또는 서비스를 통한 이윤은 고객이 합리적으로 인정할 수 있는 수준에서의 적정한 이윤을 창조하여야 한다는 의미

통합적 마케팅 시스템의 구축	치열한 경쟁환경에 노출되어 있는 현대의 기업은 경쟁적 우위를 확보하기 위하여 노력하여야 하는데, 이 노력은 마케팅 부서만의 노력에 의하여 달성되는 것이 아니라, 기업 내 모든 부서가 마케팅 활동을 지원할 수 있도록 전사적인 차원에서 마케팅 시스템을 구축하여야 한다는 의미.
사회적 책임의 구현	기업활동을 통하여 창출된 이익의 일부는 고개의 삶의 질을 향상시키는 차원에서 사회에 환원되어야 한다는 전제하에 기업은 사회적 · 환경적 문제에 보다 적극적으로 긍정적인 역할을 하여야 한다는 의미

2. 관광마케팅의 의의

1) 관광마케팅의 개념

우리는 앞에서 마케팅의 개념과 중요성에 대하여 살펴보았다. 전술한 마케팅의 개념을 보면, 마케팅은 단순한 판매만을 의미하는 것이 아니며, 제품의 생산 이전부터 판매 이후 사후관리에 이르기까지 전 과정에 있어서 기업의 목적과 고객의 욕구를 충족시키기 위한 교환을 창조하기 위해 수행되는 기업의 계획, 실행, 평가 등의 관리과정인 것이다.

관광마케팅 역시 이러한 마케팅의 의미에 충실할 수밖에 없다. 그러나 관광마케팅은 관광상품과 서비스를 대상으로 이루어지는 활동이므로, 마케팅 대상물의 특성(무형성, 동시성, 계절성, 비보존성, 독특성, 모방성 등)에 따른 차이와 고객이 관광상품의 구매를 통하여 기대하는 가치 등이 일반상품의 구매에 의한 그것과는 엄격한 차이가 있기 때문에 마케팅 활동에 차이를 보이게 되는 것이다.

관광마케팅은 기본적으로 주체나 제공물이라는 공급 측면의 성질에 따라 특징지어지는 것이 아닌, 어디까지나 대응해야 하는 수요 측면의 특징, 다시 말해 관광객의 관광행동 실현에 관련된 요구에 기인하는 수요에 의해 특징지어지는 것이다.(한국국제관광개발연구원 역) 이 말은 관광마케팅은 관광수요에 근본적인 활동의 초점이 맞추어져야 한다는 것을 의미하는 것이라고 할 수 있다. 이러한 의미에서 아래의 개념 정의들은 그 맥락을 같이 하고 있다고 할 수 있다.

WTO는 '관광마케팅은 최대의 편익을 얻으려는 관광조직의 목적에 부합하기 위하여 관광수요의 측면에서 시장조사, 예측, 선택을 통하여 자사의 관광상품을 시장에서 가장 좋은 위치를 차지하도록 노력하는 경영철학'이라고 하였다. 이 정의는 고객과 조직, 관광목적지의 욕구충족을 통한 균형에 대한 사고방식과 관광시장조사를 강조하였다고 할 수 있다.

크리펜도프(J. Krippendorf)는 '관광마케팅은 세분시장의 요구를 최대한 만족시키고 적절한 이윤을 성취하기 위하여 공사기업은 지방, 지역, 국가 및 국제적 각 기준에 따라 기업정책을 체계적 · 조정적으로 수행함을 의미한다'고 하여 세분시장을 강조하면서, 이 세분시장의 욕구충족을 위한 관광마케팅을 강조하였다. 한편 모틴호(S. Witt and L. Moutinho)는 '관광마케팅이란 관광조직이 관광객 만족과 조직목표의 최대화를 위해 관광상품의 기획과 지역, 국가, 국제적 수준 등의 차원에서 관광객의 욕구와 동기를 확인하고, 그러한 차원에서 현재 · 잠재관광객을 선정해 관광객에게 전달하는 관리과정'이라고 하였다. 이와 같이 관광마케팅은 관광행동의 실현에 대응하기 위한 수요라는 관점에서 그 정의가 규정되고 있음을 알 수 있다.

이처럼 관광마케팅 활동은 관광객의 동기와 욕구에 대한 만족에 중심을 두어 관광조직이 이에 적극 대응하는 측면을 강조하고 있다. 즉 관광객 개인의 욕구충족을 통한 기업의 마케팅 목표의 달성이라는 전제에 충실하여야 함을 강조하고 있다고 할 수 있다. 그러한 측면에서 시장세분화와 이를 통한 세분시장의 욕구확인이 특히 강조되고 있다.

관광은 다른 어떠한 산업보다도 그 성격상 공익적인 측면(그러므로 정부, 지방자치단체를 포함한 모든 관광조직들을 관광마케팅의 주체로 이해하고 있다)이 강조되고 있다. 따라서 관광마케팅 활동은 사회적 · 경제적 · 환경적 측면에서 인간의 삶의 질을 향상할 수 있도록 그 활동이 전제되어야 한다. 특히 이 점은 현대사회에서 더욱 강조되고 있기 때문에 관광조직의 마케팅 활동에 있어서 보이지 않는 활동의 규범으로 인식되어야 할 것이다.

2) 관광마케팅의 체계와 방향

관광마케팅을 시스템 이론에 입각하여 본다면 개방적 시스템이라 할 수 있다. 그러므로 기업을 둘러싸고 있는 사회 · 문화 · 정치 · 경제 · 법률 · 환경적 요인과 같은 외부환경요인과 생산, 유통, 가격, 촉진 등의 마케팅 믹스요소 등의 내부환경요인에 영향을 주고받는 특성을 가지고 있다. 그리고 기업의 외부환경요인은 기업의 측면에서 통제할 수 없는 요인으로 이들 요인에 대하여는 순응하여야 하며, 내부환경요인에 대해서는 이용 가능한 제 자원을 활용하여 최선의 적응을 하여야 한다. 〈그림 3-1〉은 관광마케팅의 의사결정문제를 명확히 이해하기 위한 틀을 제시한 것이다.

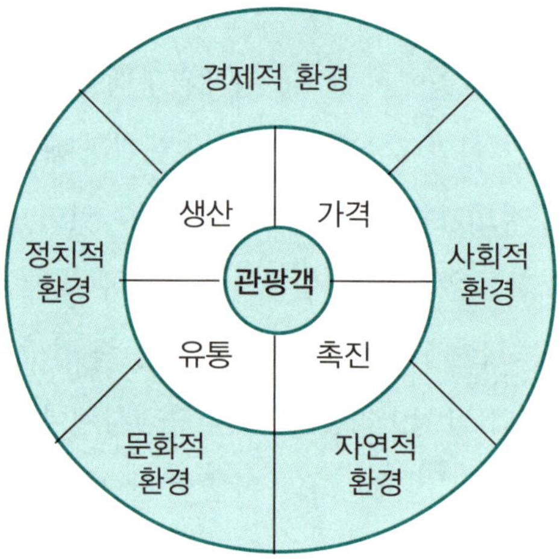

그림 3-1 관광마케팅의 체계

관광마케팅의 체계에서 관광마케팅의 특징을 지적하면 다음과 같다(한국국제관광개발연구원).

첫째, 관광조직 노력의 중심으로서 관광객 위주로 신경을 쓰게 된다.

둘째, 관광상품, 가격결정, 프로모션, 유통 등의 관광마케팅 수단을 통합적으로 관리한다.

셋째, 관광조직의 다양한 경영활동을 마케팅 관점에서 통합적으로 정리한다.

넷째, 최고의사결정권자가 마케팅 관리자로서 활동을 통괄하고 그 책임을 진다.

한편 관광마케팅은 그 고유한 특성으로 인하여 마케팅의 방향을 다음과 같이 제시하였다(서성한 외)

첫째, 관광 · 숙박 서비스는 고유한 추가적 4P를 강조해야 한다. 제품마케팅에서 흔히 언급되는 4P, 즉 제품, 가격결정, 유통경로, 촉진 이외에 사람(People), 펙케이징(Packaging), 프로그래밍(Programming) 및 협동경영(Partnership)의 새로운 4P가 추가되어야 마케팅 성과가 높아질 수 있다.

둘째, 구전광고를 적극 활용하여야 한다. 관광상품은 구매에 앞서 서비스를 이용할 수 없기 때문에, 서비스를 경험한 관광객들이 매우 중요한 정보원이 될 수 있다. 따라서 긍정적인 구전정보는 성공에 필수적이며, 이는 일관된 서비스의 질을 유지 · 제공하는 데에서만 가능하다.

셋째, 촉진에 있어서 감정적 소구를 더 많이 이용하여야 한다. 관광객들은 구매시 감정적 혹은 비합리적인 소구를 더 많이 수용한다. 따라서 객실수, 항공기 기종, 좌석배치 및 여타의 합리적인 사실이나 수치를 언급하는 것만으로는 부족하며 독특한 개성이 추가되어야 한다.

넷째, 관광 · 숙박 서비스업은 부단히 새로운 서비스 개념(Service Concept)을 개발 · 실시해야 한다. 서비스 제품은 모방이 쉽기 때문에 새롭고 혁신적인 서비스 개념에 대해 경계를 게을리하여서는 안 된다.

제2절 관광시장세분화

1. 시장의 의의

시장이란 여러 가지의 의미를 가지고 있으나, 수요와 공급이 만나는 장소라고 할 수 있다. 그러나 마케팅에서는 '시장이란 어떤 제품에 대한 실제적 및 잠재적 구매자의 집합(김성혁)'이기 때문에, 시장은 어떠한 욕망을 충족시키기 위한 사람들로 구성된다. 그리고 이들의 수는 시장의 크기를 결정하는데, 실제로 시장의 크기를 결정하는 데에는 3가지의 다른 조건(유동근)들이 필요하게 된다.

첫째, 시장에는 시장구성원들이 충족되지 않는 욕구를 가지고 있어야 한다. 즉 A라는 상품이 충족시켜 줄 수 있는 욕구의 불만을 느끼는 사람만이 A의 시장을 구성할 것이다.

둘째, 마케터의 상품과 교환하기 위하여 기꺼이 자신의 자원을 지출하려는 구매의도가 있어야 한다.

셋째, 구체적인 상품에 대한 필요를 갖는 것만으로는 시장을 구성할 수 없으며, 상응하는 구매능력을 갖추어야 비로소 시장을 구성한다.

이러한 3가지의 전제조건이 충족되었을 때 시장이 구성되는 것이다.

한편, 관광시장은 관광욕구를 충족시킬 수 있는 상품 또는 서비스의 판매자와 이들 상품을 구매하려는 소비자들로 구성이 되는 것이다. 그리고 시장은 생산자와 구매자의 욕구가 균형을 이루는 점에서 교환이 일어나는 것이다. 관광시장은 여러 가지의 추상적인 시장으로 분류할 수 있는 데, 해외관광시장, 국내관광시장 혹은 신혼여행시장, 효도관광시장 등이 그것이다. 앞의 두 개의 시장은 국경을 기준으로 여행범위에 따라서 구분한 것이며, 이 두 시장은 또한 각각 뒤에서 열거한 신혼여행시장, 효도관광시장, 단체관광시장 등 여러 개의 시장으로 나뉠 수가 있다. 이와 같이 하나로써의 전체시장은 여러 개의 하위시장으로 구성이 되기도 한다. 그리고 신혼여행시장은 신혼여행의 상품을 생산하는 생산자(판매자)와 신혼여행상품을 구매하려는 사람에 의해서 형성된다. 또한 효도관광시장은 효도관광상품을 생산하는 사람과 이것을 구매하기 원하는 사람들로 구성되는 것이다. 그러므로 신혼여행시장과 효도관광시장은 그 구성원의 차이와 욕구의 차이가 발생하게 되는 것이다.

이러한 차이는 결국 상품내용의 구성을 달리하게 하는 원인이 된다. 그렇기 때문에 마케팅 담당자는 시장을 구성하고 있는 고객의 속성과 특성에 따라서 그들의 욕구를 충족시키기 위한 차별화된 마케팅 활동을 하게 되는 것이다. 관광시장의 경우는 다른 유형재 상품의 시장에 비하여 이러한 노력에 대한 필요성이 더욱 크다고 하겠다. 그러므로 관광시장의 세분화는 관광기업이 그 무엇보다도 우선하여야 할 과제이며, 효율적인 관광시장세분화 결과는 관광기업의 마케팅 목표를 효율적으로 달성하는 초석이 되는 것이다.

2. 관광시장세분화의 의의

1) 관광시장세분화의 개념

현대의 관광시장의 중요한 특성은 시장이 나뉘고 있다는 것이다. 관광시장이 나뉘고 있는 이유는 관광시장에서 제공하고 있는 제품이나 서비스에 대한 관광객의 욕구와 욕망, 태도에 의한 것이다. 관광객의 차이는 관광욕구의 차이를 가져온다. 관광객은 동일한 제품이나 서비스를 요구하지도 않고, 또한 동일한 제품이나 서비스의 편익(Benefit)도 요구하지 않는다. 그리고 동일한 이유로 그 제품이나 서비스를 구매하지도 않는다(John Westwood).

관광시장은 다른 어떠한 시장보다도 정신적인 만족을 우선하여 추구하는 시장이다. 이는 현대사회가 물질적인 충족보다는 정신적인 만족을 더욱 요구하는 현상이 나타나고 있기 때문이다. 또한 관광객 욕구의 다양화·개성화 현상은 제품 혹은 서비스 구매행동과 구매 후 만족에도 커다란 차이를 보이고 있고, 미래에는 이러한 현상이 더욱 강화될 것으로 예측된다. 만일 전체관광시장을 관광객의 특별한 기호에 의하여 좀 더 작은 몇 개의 시장으로 나눌 수가 있다면, 결과적으로 관광시장에서 요구하는 것과 관광시장에서 제공하는 것과의 차이를 감소시킬 수 있기 때문에, 시장에서 경쟁력을 개선하거나 우위를 확보할 수 있을 것이다.

관광시장세분화는 경쟁환경 속에서 경쟁적 우위를 확보하는 데 중요한 마케팅의 수단으로 활용되고 있기 때문에 매우 중요한 의미를 갖는다. 일반적으로 시장세분화는 어떤 마케팅 믹스요소에 대하여 유사한 반응을 나타내는 잠재적인 고객을 분류하는 것(Gary L. Lilien)으로, 이렇게 나누어진 각각의 시장을 세분시장이라고 한다. 세분시장은 세분시장 내의 구성원들이 공통의 속성을 지닌 고객집단이라고 한다. 그리고 동일 세분시장 내의 고객은 공통의 욕망을 가지고 있으며, 유사한 속성을 지닌 상품을 요구하고, 유사한 이유로 상품을 구매하게 된다.(Kenneth J. Cook) 그러므로 시장세분화를 통한 세분시장의 속성을 규명하는 일은 마케팅 활동에 유익한 수단을 제공하지만, 시장세분화는 복잡성과 다양성을 가지고 있어서 매우 어려운 일이기도 하다. 다행스럽게도 시장세분화를 위한 기본적인 접근방법은 많은 학자에 의하여 제시되었다. 특히 그레햄(Graham L. Hooley and John Saunders, 1995)은 고객특성의 배경(Background), 고객의 태도, 고객의 행동 등의 규명을 제시하였다. 한편, 멜드럼(Mike Meldrum and Malcolm McDonald)은 고객의 반응(Responses)과 행동(Behaviour)분석, 고객의 특성(Characteristics)과 태도(Attitude) 등의 규명을 접근방법으로 언급하였다.

이러한 관점에서 볼 때, 관광시장세분화의 접근은 기본적으로 관광객의 태도와 행동특성에 초점을 맞추어 이를 확인할 수 있도록 전개되어야 할 것이다.

2) 시장세분화의 조건

시장세분화는 동질적인 속성을 가진 고객집단으로 나누는 일이기 때문에 시장세분화의 방법은 현대의 마케팅 활동에 있어서 매우 중요한 과제이다. 시장세분화는 기업의 마케팅 믹스를 효과적으로 제시하는 데 기본적인 목적이 있다. 이러한 목적을 달성하기 위한 조건은 다음과 같다.

첫째, 시장세분화는 세분시장의 실질적인 규모가 최소한 이익을 창출할 수 있을 정도의 크기를 가져야 한다는 것이다. 세분시장에서 목표시장을 설정한 후 구체적으로 고객에게 제공하려는 특정상품이나 서비스는 많은 비용을 수반하게 된다. 그러므로 목표시장에는 마케터가 제공하는 특정상품이나 서비스를 구매할 충분한 소비자가 존재하여야 하고, 이들 소비자들이 상품이나 서비스를 구매함에 따른 이익이 보장될 수 있는 규모이어야 한다. 전세계를 일주하는 여행시장은 현실적으로 우리나라에서는 아직 그 규모가 작기 때문에 세분시장으로 분리되지 않고 있는 것과 마찬가지이다.

둘째, 각각의 세분시장은 세분시장 내의 고객들이 동질적인 속성을 가지고 있어야 하며, 각 세분시장 간에는 상호 이질적인 속성의 차이가 나타나야 한다. 즉, 마케터가 목표시장의 고객들이 동질적인 속성을 보이지 않고 상품이나 서비스에 대하여 각기 다양한 선호패턴을 보인다면, 효과적인 마케팅 활동에 문제를 야기시키게 된다. 예를 들어 신혼여행상품을 판매하려는 여행사에서 목표시장으로 하고 있는 시장의 구성원이 60대 이상의 노인층과 어린이가 포함되어 있는 시장이라면 신혼여행상품의 판매에 문제가 야기되는 것이다.

셋째, 기업 혹은 마케터는 자신들이 제공하려는 마케팅 믹스가 고객에게 접근이 가능하여야 한다. 예를 들어 마케터가 마케팅 노력을 집중하려는 목표시장에 대하여 유통경로를 효과적으로 관리할 수 없고, 판매촉진전략을 수행할 수 없는 상황은 수요를 창출하는 데 커다란 문제가 발생된다. 자연경관이 우수한 낙도지역에 훌륭한 관광시설을 설치하였다 하더라도, 관광객이 그 섬에 들어갈 수 있는 교통편이 제공되지 않는다거나 혹은 인터넷 시설을 설치할 수 없어 고객이 직접 예약할 수 없는 상황이라면 시장세분화의 의미가 없는 것이다.

넷째, 각 세분시장은 세분시장의 규모와 구매력 등이 계량적으로 측정이 가능하여야 한다. 예를 들어 목표시장의 인구의 규모, 구매력 등에 관하여 확인이 불가능하다면, 효율적인 마케팅 계획을 수립 및 실행하는 데 곤란을 겪게 된다.

시장세분화는 위에서 열거한 요건뿐만 아니라 마케터는 마케팅 믹스를 제공할 능력과 자원을 가지고 있어야 한다. 목표시장이 확인되었다고 할지라도 마케팅 믹스를 제공할 자원이 없다든지 혹은 능력이 없으면 시장세분화에 그 의미를 둘 수 없다.

3) 관광시장세분화의 효과

전술한 멜드럼(Mike Meldrum and Malcolm McDonald)은 시장세분화 목적을 다음과 같이 정리하였다. 이러한 시장세분화 목적은 결국 시장세분화가 합리적으로 시행되었다면 그것은 시장세분화 효과로 나타나게 되는 것이다.

첫째, 시장세분화의 목적은 구매자 행동과 추세(Trends)분석과 이해를 통하여 마케팅 자원의 관리와 결정(Determine)하기 위한 것이다. 그러므로 관광시장세분화와 표적시장의 선정에서 관광객의 프로파일을 작성하는 것은 무엇보다 중요하며, 세분시장 관광객 프로파일의 작성은 세분시장 관광객의 욕구를 확인하는 일인 것이다. 만일 관광기업이 관광객의 욕구를 확인하고, 그 경향을 확인할 수 있다면, 기업은 그들의 마케팅 믹스자원을 효율적으로 활용할 수 있을 것이다. 예를 들어 관광객의 구매행동 패턴은 관광상품의 구매방법과 구매량 그리고 구매시기를 확인시켜준다. 따라서 유한한 마케팅 믹스자원을 언제, 어디서, 어떻게 사용할 것인지를 결정할 수 있다. 그러므로 관광시장세분화는 마케팅 자원의 효율적인 관리효과를 제공한다.

둘째, 시장세분화의 목적은 현실적이고 유효한 마케팅 목적을 결정할 수 있다. 고객의 욕구확인은 관광객 만족을 위한 효율성이 제고된 마케팅 믹스를 제공하게 되고, 이를 구매하는 관광객은 만족을 느끼게 된다. 따라서 마케터는 시장세분화에 의해 그들이 제공하는 상품이나 서비스로 고객만족을 효과적으로 관리할 수 있으며, 이를 통하여 마케팅 목표를 보다 효율적으로 달성할 수 있다.

셋째, 시장세분화는 마케팅 우위를 확보하기 위한 수단을 창출할 수 있다. 시장세분화는 목표시장에 집중적인 마케팅 노력을 하기 위한 활동이다. 그렇기 때문에 동질적인 세분시장 혹은 목표시장 관광객의 변화에 능동적으로 대응할 수 있는 장점을 가지고 있다. 예를 들어 전체관광시장에서 관광객 욕구확인 및 구매행동특성을 파악하는 일은 목표시장의 그것보다는 어려운 일이며, 전체관광시장의 다양한 욕구를 파악하였다 하더라도 마케팅 믹스자원의 한계로 인하여 모두를 만족시킬 수는 없는 일이다. 그러나 동일집단에 속해 있는 세분시장의 관광객은 유사한 속성과 그 속성의 추이를 용이하게 평가할 수 있기 때문에, 그들이 만족할 수 있는 마케팅 믹스를 효과적으로 창출할 수 있다. 그러므로 경쟁사 혹은 경쟁제품에 대하여 마케팅 우위를 확보할 수 있는 것이다.

3. 관광시장세분화 변수

시장세분화의 변수는 매우 다양하다고 할 수 있다. 〈표 3-1〉은 일반적으로 사용되고 있는 변수이다.

표 3-1 시장세분화 변수

시장세분화 변수	관련변수
지리적 변수	기후, 인구밀도, 도시규모, 지역,
인구통계적 변수	연령, 성, 직업, 교육수준, 가족규모, 소득, 종교, 인종
심리분석적 변수	개인의 가치, 개성, 관심, 활동, 사회계층
행동분석적 변수	추구편익, 사용량, 상표충성도, 구매계기, 중요시하는 마케팅 변수, 구매횟수

1) 지리적 세분화 변수

지리적 변수는 시장세분화에 있어서 매우 유용한 도구로 활용되고 있다. 지리적 세분화는 기후, 지역, 도시, 지방 등과 같은 요소에 의하여 세분화하는 것으로 관광산업의 특성상 많이 이용되고 있는 세분화 변수이다. 예를 들어 수도권 등과 같은 도심지 지역에 거주하고 있는 사람이 관광을 계획하고 있다면, 이들이 관광목적지를 선택하는 기준은 시골에 사는 사람과는 차이를 보일 것이다. 즉, 도심지역에 살고 있는 사람은 자연환경에 대한 그리움과 선호도가 시골사람과는 다를 것이고, 관광소비에 있어서도 관광소비 규모와 소비패턴이 시골사람의 그것과는 차이를 보일 수 있을 것이다. 즉 관광객이 어디에서 거주하고 있는가? 하는 문제는 관광객의 관광목적지 선택 혹은 관광상품의 구매패턴에 영향을 미치게 된다.

또한 호텔산업에 있어서도 계절별 식음료 이벤트 행사를 할 때, 인근지역 주민을 상대로 마케팅 활동을 하는 것과 여행사의 특정상품을 지역 내에 거주하고 있는 주민을 대상으로 마케팅 활동을 하는 것은 관광상품이 가지고 있는 판매지역의 한계에 의한 것이다.

이와 같이 관광산업에서 지리적 세분화 변수에 의한 시장세분화는 유용한 수단으로 활용이 되고 있다.

한편 지리적 세분화는 비교적 시장세분화 방법이 쉽고, 세분화된 시장의 규모와 경계를 확인하기가 매우 용이한 장점을 가지고 있다. 그러나 지리적 세분화는 세분시장에 소속되어 있는 관광객의 속성을 확인하기가 쉽지 않다는 단점 또한 가지고 있다. 그러므로 이러한 단점을 보완하기 위하여 다른 세분화 변수를 평행하여 이용해야 할 것이다.

2) 인구 통계적 세분화 변수

인구 통계적 변수는 인구통계수치에 근거한 세분화 변수로 성별, 연령별, 직업별, 교육수준별, 가족생활주기 등의 요소에 의하여 세분화하는 방법이다. 이러한 세분화 방법은 지리적 세분화와 마찬가지로 세분화 방법이 쉽고, 사회적 혹은 경제적인 자료를 쉽게 획득하여 이용하기가 편리하다. 그리고 인구통계적 세분화에 의한 각 세분시장은 그 규모와 경계가 비교적 명확하다는 장점을 가지고 있다.

그러나 현대사회에서 인구 통계적 변수는 시장세분화 목적을 달성하기 어려운 경우가 많이 발생된다. 예를 들어 도심지역과 시골지역 등 두 지역에 거주하고 있는 동일한 연령층은 같은 세분시장의 구성원으로 나타나지만, 이들 두 지역에 거주하는 사람들 간에는 구매행동패턴과 관광목적지 선택 그리고 의사결정과정 등에 있어서 차이를 보일 수 있기 때문이다. 이러한 이유로 인구 통계적 변수는 때때로 다른 세분화 변수와 병행하여 활용이 되고 있다. 특히 지리적 세분화 변수와 병행하여 활동이 된다면 관광시장 세분화에 유용한 수단이 될 수 있다.

3) 심리분석적 세분화 변수

심리분석적 변수는 사회계층, 생활양식, 가치관, 개인의 가치 혹은 특성 등의 요소에 의하여 세분화하는 방법으로 비교적 최근에 응용되는 마케팅 기법이다. 심리분석적 변수가 왜 마케팅에 이용되고 있는가? 하는 것은 이러한 요인들이 구매동기와 구매행동에 커다란 영향을 미치기 때문이다. 관광상품의 구매동기는 상품의 효익에만 있는 것이 아니라 다분히 심리적인 요인도 작용하고 있는 것으로 알려져 있고, 관광행동에 있어서도 역시 심리적 요인이 많이 작용하고 있기 때문에 관광행동이 달라진다. 따라서 심리분석적 변수에 의한 관광시장 세분화는 매우 의미가 있는 행위라고 할 수 있다.

예를 들어 제트스키 혹은 요트와 같은 수단을 활용한 해양 스포츠는 개인의 특성에 많은 관련이 있다. 어떠한 관광객은 위험한 행동이라고 생각하는 사람이 있는가 하면, 또 다른 어떤 관광객은 스릴과 모험을 만끽할 수 있는 활동이라고 생각할 수도 있는 것이다.

또한 사회계층은 소득, 교육, 직업 등과 같은 사회경제적 요인 등이 복합적으로 고려되어 분류할 수 있다. 예를 들어 사회계층을 사회 상류층, 중류층, 하류층으로 어떠한 기준에 의하여 분류되었다면, 사회 상류층의 관광행동과 구매행동은 다른 계층과는 차이를 보일 것이다. 즉 사회 상류층을 구성하고 있는 관광객은 관광의 빈도와 관광상품의 구매성향, 관광목적지 선정 등에 있어서 다른 사회계층의 관광객과는 차이를 보인다는 것이다.

개인의 생활양식 또한 심리분석적 세분화에 중요하게 활용되는 변수인데, 생활양식은 개인의 활동(Activity), 흥미(Interest), 의견(Opinion) 등에 의하여 결정된다고 볼 수 있다. 즉 개인이 관광활동에 어떠한 가치를 부여하고, 얼마나 적극적인 활동성향을 보이느냐에 따라서 관광상품의 구매행동에 차이를 보일 것이다.

이와 같이 심리분석적 변수는 관광객 행동을 명확하게 설명해 줄 수 있기 때문에, 관광시장 세분화에 매우 유용한 변수로 이용되고 있으나, 지리적 세분화 혹은 인구통계적 세분화에 비하여 그 경계가 용이하지 않고, 측정이 어렵다는 문제점을 가지고 있다.

4) 행동분석적 변수

행동분석적 변수는 추구편익, 사용량, 상표충성도, 구매계기, 중요시하는 마케팅 변수, 구매횟수 등의 요소에 의하여 시장을 세분화하는 방법으로, 이러한 변수들은 관광객의 관광상품 구매행동과 직접적인 관련이 있는 요소로 구성이 되어 있다. 그러므로 행동분석적 세분화는 '관광객이 어떻게 행동하는가?'에 초점을 맞춘 세분화 방법이라고 할 수 있다. 즉 구매습관과 선호도, 관광목적, 추구편익 등의 행동에 근거하여 세분화하는 방법이다.

예를 들어 관광목적에 따라 관광객은 순목적 관광객과 겸목적 관광객으로 분류할 수 있는 데, 순목적 관광객은 업무에 편리한 지역에 위치한 호텔과 객실을 겸목적 관광객보다 더 원할 것이고, 겸목적 관광객은 관광행동에 있어서 비용보다는 시간활용에 보다 많은 관심을 가지고 있을 것이다. 따라서 이러한 차이는 결국 관광행동에 영향을 미치게 되는 것이다.

이와 같은 세분화 변수에 의하여 전체시장을 몇 개의 세분시장으로 분류하게 되며, 이들 세분시장 중에서 기업 혹은 제품의 특성에 적합한 세분시장을 선택하여 마케팅 전략을 수행하게 되는 것이다.

제3절 표적마케팅 전략

관광기업은 서비스 상품에 대한 시장기회 분석과 세분시장을 파악한 후 적정한 시장세분화 전략을 개발해야 한다(박중환). 그리고 일반적으로 표적시장 마케팅은 전체시장을 대상으로 마케팅 활동을 할 수도 있으며, 시장세분화를 통하여 동질적인 몇 개의 세분시장으로 나누어 마케팅 활동을 할 수도 있다. 시장세분화는 전체시장이 몇 개의 다른 속성을 지닌 사람들로 구성되어, 동일한 마케팅 믹스의 제공이 불가능한 경우에 세분화 작업을 선행하게 된다. 그것은 전체시장의 구성원을 동질적인 속성을 지닌 사람들과 다른 속성을 지닌 사람들을 분리하여 마케팅 활동의 효과를 높이기 위한 것이다.

시장세분화를 통하여 자신이 제공할 마케팅 믹스의 구매가능성이 높은 집중할 표적시장을 선정하게 되며, 선정된 표적시장에 소속되어 있는 관광객의 속성에 따라 다양한 마케팅 믹스를 잠재관광객 집단에게 제시하게 된다. 이 때 수행되는 마케팅을 표적 마케팅이라고 한다. 표적 마케팅 전략은 크게 비차별적 마케팅 전략, 차별적 마케팅 전략, 집중적 마케팅 전략 등으로 분류할 수 있으며, 관광기업은 이들 세 가지 전략 중 하나를 채택하여 마케팅 전략을 수립하고 실행을 하게 된다. 그러므로 우리는 이 세 가지의 마케팅 전략에 대하여 검토할 필요성이 있다.

1. 비차별적 마케팅

비차별적 마케팅 전략은 시장의 특성을 무시하고 동일한 마케팅 접근방법을 이용하는 것이다. 즉 관광기업은 어떠한 특정한 한 가지 상품을 가지고 전체시장에 접근하는 등의 방법을 말한다. 이러한 방법은 일반적으로 관광객이 가지고 있는 욕구의 차이점보다는 공통점이 무엇인가에 초점을 맞추려는 것이며, 따라서 대부분의 구매자에게 호소할 수 있는 제품과 마케팅 프로그램을 설계해야 한다(김성혁). 그렇기 때문에 동일한 마케팅 프로그램을 활용하고, 상품도 특정한 상품만을 관광객에게 제공하기 때문에 생산비용을 절감할 수 있는 효과가 있다. 그러나 관광서비스 상품은 다양한 욕구를 가지고 있는 관광객에게 의하여 구매되는 특성을 가지고 있으므로 비차별적 마케팅 전략은 현실적으로 그 효과를 기대하기 어려운 경우가 많다.

2. 차별적 마케팅

차별적 마케팅은 시장세분화에 의하여 구분된 각 세분시장에 대하여 각기 다른 서비스 상품과 마케팅 믹스를 제공하는 마케팅 전략을 말한다. 즉 각각의 세분시장에 제공할 여러 가지 상품을 달리하고, 각 세분시장에 적합한 마케팅 믹스전략을 수행하는 방법을 말한다. 따라서 이러한 마케팅 전략은 각 세분시장에 소속되어 있는 관광객의 욕구를 중심으로 마케팅 활동을 수행하기 때문에 차별화에 따른 경쟁적 우위를 확보할 수 있는 장점을 가지고 있다. 반면에 비용이 많이 추가되는 단점을 가지고 있기도 하다.

3. 집중적 마케팅

집중적 마케팅 전략은 특정한 세분시장만을 표적시장으로 선정하여 관광기업이 제공하려는 서비스 상품과 마케팅 믹스를 이 시장에 집중하는 방법을 말한다. 이 방법은 특정세분시장만을 표적시장으로 하고 있기 때문에, 이 시장에 소속되어 있는 고객의 욕구와 특성을 명확히 이해할 수 있고, 그 결과 가장 적합한 마케팅 활동의 수행이 기대될 수 있다. 이러한 마케팅 전략은 마케팅 자원이 한계가 있는 소규모의 관광기업에서 주로 이용되고 있다.

제4장

관광마케팅 믹스

제4장

관광마케팅 믹스

제1절 마케팅 믹스의 의의

1. 마케팅 믹스의 개념

관광기업은 표적시장이 선정되면, 마케팅 목표설정 및 목표 포지션을 설정하여 이들의 목표를 효과적으로 달성하기에 적합한 마케팅 믹스를 개발하여야 한다. 표적시장에 적합한 최적의 마케팅 믹스는 기업의 목표를 달성해 주는 척도일 뿐만 아니라 고객의 욕구도 충족시켜주어, 궁극적으로 기업의 영속성을 유지시켜 주는 중요한 활동인 것이다.

마케팅 믹스는 보덴(N. H. Borden)에 의하여 제기된 개념으로 기업의 의사결정권자가 기업을 효율적·수익적으로 경영하기 위해서는 시장재력(Marketing Forces)과 마케팅 요소들을 분석하여 건전한 마케팅 요소들이 조합을 이루어야 한다고 주장한 데서 나온 것이다. 이후 Kotler는 '기업이 목표시장에서 원하는 판매목표를 달성하는 데 이용하는 통제 가능한 마케팅 변수의 조합'이라고 하였다.

마케팅 믹스 요소는 기업활동에 영향을 미치는 요인들 중 통제 가능한 요소들을 의미한다. 즉 기술, 자본, 조직, 인력, 생산, 판매 등과 같은 요인들을 말하는 것이다. 관광기업이 통제 불가능한 요소에 대하여는 순응 또는 적응을 하여야 하지만, 통제 가능한 요소에 대해서는 최적의 결합을 통하여 경쟁적 우위를 확보할 수 있는 수단을 창출하여야 하는 것은 너무도 당연한 것이다. 따라서 관광기업의 마케팅 활동에 있어서 우선적인 관심은 이들 통제 불가능한 요인에 적응하면서 통제 가능한 요소들의 조합을 통하여 관광 상품의 경쟁적 우위를 창출하는 것이다.

이러한 관점에서 마케팅 믹스는 '기업이 표적시장에서 마케팅 목표를 효과적으로 달성하기 위하여 마케팅 관리자에 의하여 수행되는 창조적인 마케팅 변수들의 조합'이라고 정의할 수 있다. 따라서 마케팅 믹스는 기업활동에 있어서 고객에게 통합적으로 제시되는 활동을 의미하는 것이며, 기업은 마케팅 믹스를 통하여 그들이 원하는 목표를 보다 효율적으로 달성할 수 있는 것이다.

그렇다면 기업 혹은 상품의 경쟁적 우위를 확보하기 위하여 조합되어야 하는 마케팅 믹스 요소는 구체적으로 무엇인가? 하는 점이다. 학자마다 약간의 개념의 차이는 있으나 전통적으로 4P를 의미한다. 즉 가격(Price), 제품(Product), 유통(Place), 촉진(Promotion)이 그것이다. 구체적으로 4P와 관련된 요소는 〈표 4-1〉과 같다.

표 4-1 전통적인 마케팅 믹스

4P's	내용
Product(제품)	디자인, 품질, 상표명, 특성, 포장
Place(유통)	유통경로, 유통방법, 판매범위, 위치
Promotiom(촉진)	광고, 판매촉진, 인적판매, 홍보
Price(가격)	정액요금, 할인요금, 추가요금, 계절요금

그러나 관광 관련기업은 서비스와 같은 무형재가 상품의 가치에 결정적인 영향을 미치는 관계로 4P를 연장하여 마케팅 믹스 요소를 설명하기도 한다. 즉 일반상품을 대상으로 한 마케팅 믹스 요소만으로 고객에게 제공하는 것보다는 무형재의 특성을

감안한 서비스 마케팅 믹스가 더욱 효율적이라는 관점에서 마케팅 믹스 요소가 확대되었다고 볼 수 있다. 〈표 4-2〉는 각 학자들이 주장한 서비스 마케팅 믹스 요소에 대하여 정리한 것이다.

표 4-2 서비스 마케팅 믹스

학자	구성속성
코프만(Coffman)	상품계획, 가격결정, 상표화, 유통경로, 인적판매, 광고, 촉진, 구매, 제시, 서비스, 핸드링(수배), 시장조사 · 분석
코웰(Cowell)	상품, 가격, 촉진, 유통, 인적자원, 물적증거, 절차
매킥토시(McIntosh)	적시성, 상표, 패키지, 가격, 유통구조, 상품, 이미지, 광고, 판매, PR
모리슨(Morrison)	상품, 종사원, 패키징, 프로그램, 유통, 촉진, 제휴, 가격
파워스(Powers)	서비스 제안, 가격, 촉진
레이드(Reid)	상품-서비스, 제시, 커뮤니케이션
리나한(Renaghan)	서비스, 제시, 커뮤니케이션

자료 : 박중환, 현대 호텔 마케팅론, 형설출판사.

2. 마케팅 믹스의 의의

마케팅 믹스의 가장 근본적인 목적은 기업의 마케팅 목표를 효율적으로 달성하기 위하여 기업에서 이용 가능한 마케팅 자원을 효과적으로 배분하여 조합하는 것이다. 그러므로 마케팅 믹스는 한정된 기업의 자원을 효율적으로 활용하여 생산자에게서 소비자에게로 소유권 이전을 원활하게 하기 위한 활동의 방향과 범위를 결정하고자 하는 기업활동이다.

오늘날 마케팅 환경은 매우 복잡 다양하며, 급변하고 있는 것이 사실이다. 이렇게 변화하는 환경 속에서 마케팅 믹스를 효율적으로 수행한다는 것은 매우 어려운 일이다. 그러나 마케팅 믹스에서 근본적으로 생각하여야 할 점은 변화하는 환경 속에서 고객의 욕구를 확인하여 이를 충족시켜야 한다는 것이다. 다시 말하면, 고객의 욕구 충족을 통한 기업의 목표달성이라는 전제하에 마케팅 믹스가 이루어져야 한다. 고객은 그들의 욕구가 충족될 수 있는 마케팅 믹스가 전달될 때, 긍정적인 반응을 하게 되고, 그것은 결국 기업의 목표를 달성시켜 주는 중요한 수단이 되기 때문이다. 따라서 전통적인 관점에서 4P는 고객의 욕구충족을 위한 측면에서 가격이 설정되고, 제품이 구성되고, 유통망이 구축되고, 촉진방법이 계획되어야 한다는 것이다.

한편, 이러한 마케팅 믹스의 각 구성요소에 대한 상대적 중요도는 산업, 경쟁상황, 제품수명 주기단계, 수요 등에 따라 달라질 수 있다. 관광산업의 경우에 있어서도 마찬가지이다. 예를 들어 경쟁관계에서 시장선도기업에 위치하고 있는 호텔의 경우는 그렇지 않은 호텔에 비하여 기업의 이미지 개선 혹은 향상을 위하여 마케팅 활동을 하게 되지만, 그렇지 않은 기업은 제품의 판매촉진을 위한 마케팅 활동에 보다 많은 시간과 비용을 투자하게 될 것이다. 또한 제품의 명성(Name Value)이 낮은 상품을 생산하는 여행사는 그렇지 않은 여행사의 제품에 비하여 가격할인 등의 방법을 통한 판매촉진에 노력을 배가할 것이다. 그리고 제품수명 주기단계상 성장기에 있는 테마관광과 같은 상품은 제품의 수명주기가 성숙기 혹은 쇠퇴기에 있는 상품에 비하여 제품의 특성을 알리고, 홍보하는 데 더욱 노력을 기울일 것이다.

그러므로 마케팅 믹스 활동은 여러 가지 요인들 검토하여 상대적으로 중요한 믹스요소를 강조하여 수행할 것이며, 특히 고객의 욕구를 충분히 반영한 것이어야 한다는 점을 간과하여서는 안 된다. 그리고 고객은 통제 불가능한 요소임을 유념하여야 할 것이다. 관광상품을 구매하는 관광객은 일반제품을 구매하는 구매동기와 욕구가 일반제품과는 다르다. 따라서 관광상품의 특성을 명확히 이해하고, 서비스 마케팅 믹스에 활용되는 요소가 무엇인지를 이해하여야 할 것이다.

결론적으로 서비스 마케팅 믹스는 한정된 자원으로 관광객의 욕구충족을 위한 수단을 최적의 조합을 개발하고 관리 · 통제하는 활동이다. 그러므로 서비스 마케팅 믹스의 의의를 요약하면 다음과 같다.

첫째, 마케팅 믹스는 통제 가능한 요소들에 대한 조합이다.

둘째, 마케팅 믹스는 기업의 한정된 자원을 효과적으로 배분하여 기업의 자원활용에 효율성을 제공한다.

셋째, 마케팅 믹스는 고객의 욕구충족은 물론 기업의 마케팅 목표를 효율적으로 달성할 수 있는 수단이다.

넷째, 마케팅 믹스는 기업의 마케팅 관리자에 의하여 관광객 혹은 잠재관광객에게 제시되는 기업활동의 통합이다.

제2절 마케팅 믹스 요소

마케팅 믹스는 1950년대 후반에 일반상품을 중심으로 그 이론이 전개되었다. 그리고 마케팅 믹스 요소에 대하여는 학자들 간에 약간의 차이는 존재하고 있다. 그러나 McCarthy와 미국마케팅협회(AMA), Kotler 등이 제시한 마케팅 믹스인 4P가 일반적으로 받아들여지고 있다. 관광산업에 있어서도 서비스 상품이라는 특성 때문에 믹스 요소에는 약간의 차이는 있기는 하지만, 4P의 중요성에 대하여 이의를 제기하는 사람은 없을 것이다. 따라서 서비스 마케팅 믹스에 있어서도 4P를 중심으로 하고 있으며, 필요에 의해서 몇 가지를 추가하여 그 효율성을 증진시키고자 하고 있다. 본서(本書)에서는 전통적인 마케팅 믹스 요소인 4P를 중심으로 정리하여 설명하고자 한다.

1. 제품

1) 제품(상품)의 개념

제품은 마케팅 믹스에서 중요한 요소 중의 하나로 인식되고 있는데, 그것은 아무리 훌륭한 판매촉진전략과 가격결정전략, 유통전략 등이 수행된다 하더라도 제품 자체가 고객의 욕구를 충분히 반영하고 있지 못하다면, 결국은 고객으로부터 외면을 당하기 때문이다.

제품이란 기업 혹은 단체에서 소비자에게 제시되는 제공물이다. 그리고 소비자의 욕구를 충족시켜 줄 수 있는 대상물로 소비자가 지불하는 대가의 반대급부로 소비 또는 사용될 수 있는 실체를 의미하는 것이다. 그러므로 제품은 소비자의 욕구를 충족시켜 줄 수 있는 유형재, 무형재, 장소, 사람, 조직, 아이디어 등 모든 것이 될 수 있으며, 제품은 재화 혹은 상품과 동의어로 사용되기도 한다.

제품은 개념별로 핵심제품(Core Product), 실제제품(Actual Product), 확장제품(Augmented Product) 등으로 나눌 수 있다.

핵심제품은 고객의 욕구를 충족시켜 주기 위하여 제공되는 가장 기본적인 편익의 조합(Bundle of Benefits)을 의미한다. 관광객은 가장 근본적인 수준의 편익을 얻기 위하여 특정제품을 구매하게 된다. 예를 들어 레프팅을 즐기려는 관광객이 자신의 욕구를 해결하기 위한 수단으로 레프팅 상품을 구매하는 것이다. 따라서 무엇 때문에 관광객이 우리를 찾는가? 하는 관점에서 제품을 정의하여야 한다. 즉, 관광객들의 기본적인 욕구를 파악한 후, 이러한 욕구를 충족시킬 수 있는 편익의 조합으로 제품을 구성해야 한다.

핵심제품은 실제제품으로 전환하여야 하는데, 실제제품이란 잠재고객들에게 바람직한 효익의 조합을 효과적으로 제공할 수 있도록 물리적 · 화학적 및 상징적 속성을 결합하는 것이다(유동근). 즉 핵심제품이 전달될 때, 부수적으로 제공되는 편익의 조합을 의미하는 것이다. 예를 들어 상용 관광객이 숙박장소로 호텔에 투숙할 때, 상용관광객의 비즈니스 업무를 보조해 줄 수 있는 서비스의 제공과 그와 관련한 시설의 제공, 교통편의 제공 등을 결합함으로써 핵심제품의 가치를 증대시켜주는 결과를 가져오게 된다. 이러한 관점에서 실제제품은 품질수준, 특성, 스타일, 상표명 및 포장 등 다섯 가지 특징을 포함하고 있으며, 이와 같은 속성들은 모두 핵심적인 이점을 소비자에게 전달할 수 있도록 하여야 한다.

확장제품은 핵심제품과 실제제품이 결합된 것을 의미한다. 그러므로 확장제품은 소비자가 제품의 구매로부터 그들의 욕구가 충분히 만족되도록 구매와 소비활동과 관련한 여러 가지 부수적인 서비스와 이점을 결합한 상품을 말하는 것이다. 예를 들어 여행사에서 제공하는 여행상품에 그 상품의 품질을 보증을 위해 계약 위반에 따른 위약금의 지불, 관광활동에 있어서 주의사항에 대한 교육, 불의의 사고에 대응방법의 제공 및 출입국 수속절차, 호텔의 Check In/Out 절차 및 기타 필요한 정보제공 등을 결합한 상품을 말하는 것으로 이러한 것들은 제품의 가치를 증대시켜주는 중요한 요인이다.

한편 관광상품은 무형적인 요소가 제품의 가치와 품질에 중요하게 영향을 미치게 된다. 일반제품은 유형적인 제품에 부가적인 서비스가 결합되어 구성이 되지만, 관광상품은 유형적인 요소와 무형적인 서비스가 결합되어 하나의 상품으로 구성된다. 그리고 관광상품에 있어서 무형의 서비스는 일반제품에서와 같이 부수적인 존재가 아니라, 제품의 품질에 중요한 부분으로 존재하고 있다. 이러한 이유로 인하여 관광상품은 그 품질을 측정하기 곤란하고, 표준화하기가 대단히 어려운 면을 가지고 있다.

2) 관광상품의 특성

관광상품은 일반상품과는 다른 특성을 가지고 있다. 이러한 관광상품의 특성은 관광기업에 상품개발, 운영, 관리에 영향을 미치게 되는데, 관광상품이 가지고 있는 대표적인 특성은 무형성, 동시성, 소멸성, 계절성, 모방성, 동질성 및 이질성, 보완성 등이 있으며, 이것을 중심으로 간략히 설명하고자 한다.

(1) 무형성

관광상품의 대표적인 특성으로 무형성을 들 수 있다. 우리는 관광상품을 구매할 때, 그 상품의 실제적인 모습을 확인할 수 없다. 또한 상품의 실체를 확인할 수 없다는 무형성의 특성은 정신적으로도 상품의 구체적인 모습을 지각하기 힘들게 하는 것이 일반적이다. 예를 들어 여러분이 제주도 2박 3일 신혼여행 상품을 구매하려고 여행사를 방문하였다고 하자. 이 때 여러분은 제주도 2박3일 상품에 대하여 프로슈어에 나타난 그림과 사진, 그리고 여행사 판매담당의 설명만을 들을 수 있을 뿐이다. 실제로 여러분이 투숙하게 될 호텔을 볼 수 없으며, 제주도에 있는 관광자원을 여행사로 옮겨 놓아 여러분에게 전시할 수도 없다. 따라서 여러분은 제주도 2박 3일의 신혼여행의 상품을 인간의 5감(미각, 후각, 촉각, 시각, 청각)으로 느낄 수가 없는 것이다.

반면에 여러분이 다른 일반제품, 예를 들어 자전거를 산다고 하자. 여러분은 자전거를 파는 대리점에 가서 여러 종류의 자전거를 직접 만져보고, 디자인을 감상하고, 시운전을 해 보는 등의 수단을 통하여 가장 자신의 욕구를 충족시킬 수 있는 제품을 구매하게 될 것이다.

이것이 관광상품과 일반상품 간의 가장 근본적인 차이라고 할 수 있다. 이러한 무형적인 특성 때문에 관광상품은 그 품질에 대하여 측정이 곤란하게 된다. 그리고 무형성은 동시성, 이질성, 소멸성 등의 특성을 부수적으로 나타나게 하는 원인이 되고 있다.

이러한 무형성은 일반제품의 마케팅 방법과는 다른 마케팅 활동방법에 근본적인 차이를 보이는 원인이 되고 있으며, 관광기업은 상품이 가지는 이러한 무형성을 극복하기 위하여 정시판매, 구전 등이 활용되고 있다.

(2) 동시성

관광상품은 동시성의 특성을 가지고 있다. 동시성이란 관광상품의 생산과 소비가 동시에 일어나는 특성을 말하는 것으로 일반적으로 생산과 소비의 동시성을 말하는 것이다.

일반상품의 경우는 생산이 이루어지고, 그 상품이 유통과정을 거쳐서 소비자가 상품을 소비하게 되기 때문에, 생산과 소비시점에는 장소적인 차이와 시간적인 차이가 존재하게 된다. 그렇기 때문에 일반상품에 있어서는 생산하는 현장에 소비자가 없고, 소비하는 현장에 생산자가 존재하지 않는 것이 일반적이다. 그러나 관광상품은 제품이 생산되기 이전에 판매가 되고, 생산과 소비가 동시에 일어나게 된다. 즉 관광상품은 생산과정과 소비과정에 있어서 장소적 · 시간적인 동일성을 가지게 되고, 이것은 필연적으로 관광상품의 생산자와 소비자가 동시에 같은 장소에서 같은 시간에 함께 존재하게 되는 현상이 발생하게 되는 것이다. 따라서 관광상품은 생산하는 과정에서 소비자가 상품의 생산에 직접 관여하게 되는 특성을 가진다. 이러한 생산과 소비의 동시성은 상품의 생산현장 및 생산과정에서 관광객은 자신의 욕구에 부합하지 않은 서비스 혹은 상품을 이용하게 되면, 그 상품과 서비스에 대하여 불만을 직접 토로하게 되는 현상이 빈번하게 발생하게 되는 것이다. 또한 관광상품의 동시성은 상품과 서비스의 품질관리와 표준화를 더욱 어렵게 하는 원인이 되기도 한다.

이러한 동시성에 따른 문제를 해결하기 위한 방법으로 '진실의 순간(Moment of True)'을 이용하면 매우 효과적으로 대응할 수 있다.

(3) 소멸성

소멸성은 근본적으로 관광상품의 무형성에서 기인하는 것으로 비보존성이라고도 한다. 관광상품은 대부분의 경우에 사용시간이 결정되어 있는 경우가 많다. 그리고 이 사용시간이 경과되면 상품이 재고의 형태로 남아 있는 것이 아니라 소멸된다는 것이다.

상품이 소멸된다는 것은 재고관리를 하지 않는다는 긍정적인 면보다는 소멸로 인한 '손실의 발생'과 같은 부정적인 측면이 더욱 커다란 문제점으로 대두된다. 예를 들어 총객실을 500개 보유하고 있는 호텔이 금일 300개가 판매되고, 200객실이 미판매되었다고 하자. 이 때 200객실이 재고가 되고, 내일 생산되는 500객실과 합하여 내일 700객실을 판매할 수 있는 것이 아니다. 200개의 객실은 금일 미판매로 자동 소멸되는 것이다. 반면에 객실의 판매여부와는 관계없이 고정비용은 일정하게 소요되기 때문에, 미판매된 객실수요만큼 고정비용의 손실이 발생되는 것이다.

그렇기 때문에 소멸성의 특성에 의하여 발생하는 문제를 최소화하기 위하여 관광사업체는 초과예약과 같은 방법을 활용하기도 한다. 그러나 근본적으로 소멸성을 극복하기 위하여서는 잠재관광객들이 '즉각적인 반응(Quick Response)'을 보일 수 있는 마케팅 활동을 전개하여야 한다.

(4) 계절성

관광상품은 계절적인 영향에 따라 수요량의 크기가 심하게 변동하는 상품이다. 즉 성수기와 비수기에 따라 관광객의 유동이 심하게 나타난다. 반면에 관광상품은 수요량의 변동에 능동적으로 대응할 수 없기 때문에 경영에 어려움을 가중시키는 결과를 낳게 하는 주요 원인이 된다. 예를 들어 관광상품의 계절적인 수요량 변동의 차이는 성수기를 기준으로 조직과 인력을 운영할 수 없으며, 또한 비수기를 기준으로 조직과 인력을 운영할 수도 없는 어려움을 가진다. 이러한 문제는 상황에 따라서 생산관리와 재무관리 등 경영의 전 분야에 영향을 미치기도 한다.

이러한 계절적인 영향에 따른 수요량의 변동에 능동적으로 대처하기 위해서는 비수기에 이용할 수 있는 상품개발과 가격차별화 등의 마케팅 노력이 요구되기도 하며, 궁극적으로는 공급과 실제수요의 크기를 모두 조정하여 양자의 시간적 차이를 일치시킬 수 있는 동시화마케팅(Synchromarketing) 전략의 개발이 무엇보다 우선적으로 강구되어야 한다.

(5) 모방성

관광상품은 쉽게 모방할 수 있는 특성을 가지고 있다. 예를 들어 어느 여행사에서 제주도 3박 4일의 효도관광상품을 개발하였는데, 이 효도관광상품은 비행기로 왕복하고, 특급호텔에서 3박하며, 승용차를 이용한 제주도 관광자원을 관람하는 프로그램으로 구성되어 있다고 하자. 그리고 이 상품은 관광객들에게 매우 커다란 호응을 얻고 있는 상황이라고 가정하자.

이때 경쟁관계에 있는 여행사에서 이러한 상황을 알고 있다면, 이 여행사는 이런 유형의 상품개발의 욕구가 생길 것이고, 상품개발은 이미 앞의 여행사에서 구성한 유사한 방법에 의하여 구성할 것이다.

이것이 가능한 이유는 우선 여행사가 관광상품의 구성하고 있는 호텔, 관광교통, 관광자원 등의 하위요소를 자체 생산할 수 없으며, 여행 관련 업자들과의 계약에 의하여 조합을 이루어 상품화하기 때문에 쉽게 모방이 가능하다. 또한 상품개발은 많은 비용과 시간의 소비를 전제로 한다. 따라서 실패에 따른 위험을 줄이기 위하여 유사한 상품에 대한 모방의 욕구도 큰 것이 사실이다.

이러한 모방성을 극복할 수 있는 방법을 찾기는 쉽지 않다. 그러나 모방에 의한 상품구성은 수익성이 낮고, 상품의 수명이 짧기 때문에 기업에 커다란 이익을 제공할 수 없다. 따라서 관광객의 욕구를 충족시킬 수 있는 상품을 경쟁기업에 우선하여 개발하고, 타 기업이 모방이 시작된다면 또 다른 새로운 상품을 개발하는 등의 노력이 중요하다. 아울러 자사만이 자랑할 수 있는 차별화된 서비스를 개발하는 일도 중요하게 다루어져야 한다.

(6) 동질성 및 이질성

관광상품은 여러 가지의 관광 관련 하위요소들의 결합에 의하여 상품으로 구성된다. 여러 개의 여행사에서 모방에 의하여 구성된 제주도 3박 4일의 여행상품을 그 상품 간의 차이를 쉽게 확인할 수 없다. 모방성을 설명하면서 가정한 상황을 예로 든다면, 제주도에 있는 K, G, H 등의 특급호텔에서의 3박은 호텔명만 다를 뿐이지, 특1급의 등록기준을 준수하고 있는 호텔이기 때문에 시설이나 기대되는 서비스 수준 혹은 제공된 서비스 수준은 고객이 느끼기에 유사할 것이다. 또한 K. A 항공사의 동일수준의 좌석을 이용했다면, 역시 그 차이는 미미하게 느껴질 것이고, 제주도에 있는 관광자원 역시 누구에게나 같은 모습을 연출할 것이다. 그러므로 각 여행사에서 제공하고 있는 유사한 관광상품은 동질적이라고 할 수 있다. 즉 유사한 관광상품은 동질성을 가지고 있다는 것이다

그러나 관광상품은 유형적인 것과 무형의 서비스가 함께 구성되어 상품이 되는 것이다. 그리고 무형적인 서비스는 각 여행사 혹은 관광기업마다 경영이념 혹은 경영철학, 기업의 역사 등 여러 가지 요인에 의하여 각각의 서비스는 동일할 수 없으며, 각각의 관광객 자신의 기준 등의 심리상태에 의하여 관광상품의 품질이 이질적으로 느껴질 것이다. 따라서 관광상품은 각각의 기업에서 제공하는 서비스로 인하여 이질성을 갖는다고 할 수 있다.

이와 같이 관광상품은 동질성과 이질성 등의 상호 상반된 특성을 동시에 가지고 있다. 이것이 의미하는 바는 자못 크다고 할 수 있다. 동질성의 부분은 다분히 관광상품의 유형적인 부분에서 나타나는 것이며, 이질성은 대개의 경우 무형의 서비스에서 나타나는 것이라고 해도 과언이 아니다. 그렇다면 관광상품의 차별화는 결국 무형의 서비스에서 이루어진다고 볼 수 있다. 따라서 경쟁적 우위를 확보할 수 있는 무형의 서비스 개발과 이러한 서비스의 표준화 등에 관심을 기울여야 할 것이다.

(7) 보완성

관광상품은 숙박, 교통, 관광자원, 식음료, 안내, 여행편의시설 등이 결합하여 하나의 상품으로 구성되는 특성을 가지고 있다. 이러한 요인들 중 어느 한 가지가 전혀 없다거나 혹은 심한 불편을 초래한다면 관광상품으로 구성될 수 없을 것이다. 이와 같이 관광상품을 구성하고 있는 여러 가지 하위요소들은 상호 관련성을 가지고 있으며, 이러한 관련성은 결국 상품의 품질을 결정하는 데 상호 영향을 미치게 된다는 것이다. 만일 어떠한 관광상품에서 상품을 구성하고 있는 숙박, 식음료, 자원, 교통, 안내 등의 하위요소들 중 호텔숙소를 제외하고는 모든 면에서 고객만족을 실현하였다면, 그 관광상품은 대체적으로 고객에게 훌륭한 상품으로 기억될 것이다. 이와 같이 관광상품은 그 상품을 구성하고 있는 하위요소들 간에는 상호 보완성을 갖는다.

2. 가격

1) 가격의 개념

유통, 촉진, 생산 등의 마케팅 믹스는 비용을 수반하지만, 가격은 유일하게 수익을 창출하는 중요한 부분이다. 그렇기 때문에 가격은 중요하게 다루어지며, 어떠한 가격전략을 수립하느냐에 따라 관광기업의 수익성은 커다란 차이를 보이게 된다.

가격이란 판매자로부터 제공되는 서비스 혹은 재화에 대하여 구매자가 지급하는 금액을 말하는 것으로 여러 가지 명칭으로 불리고 있다. 즉 거래하는 과정에서 생기는 임대료, 수수료, 이자, 세금, 요금, 보험료, 통행료 등도 모두 가격을 의미하는 것이다.

소비자는 자신의 욕구와 필요를 해소하기 위하여 제품을 구매하게 되는데, 이때 그에 상응하는 대가를 지불하게 된다. 따라서 가격은 시장에서의 제품의 교환가치로 볼 수 있으며, 보다 구체적으로는 구매자들이 특정제품을 구매함으로써 얻게 되는 효용에 부여된 가치라고 할 수 있다.

가격은 제품 · 서비스의 시장수요를 결정하는 요인의 하나이고, 또 기업의 경쟁지위와 시장점유율을 확보하는데도 영향을 미치는 요소이다. 뿐만 아니라 다른 마케팅 요소와는 달리 시장조건의 변화에 따라 신속히 조정할 수 있는 요소이기도 하다.

관광기업에 있어서도 역시 가격은 중요한 마케팅 믹스 요인이 되고 있다. 일반적으로 관광상품은 관광상품을 구매하는 관광객이 상품의 구매로부터 얻을 수 있는 효용의 크기 내에서 관광상품의 가격을 지불하려고 할 것이다. 그러나 관광상품은 그 특성상 개개인의 관광객이 관광상품에서 느끼는 효용의 가치에 차이를 보이게 된다. 왜냐하면 관광상품의 구매는 상품의 내재적인 효용의 가치뿐만 아니라 심리적인 요인이 크게 작용하기 때문이다. 예를 들어 서비스 품질이 좋은 관광상품에 대하여 높은 가격을 지불하려는 의도를 가지고 있는 관광객이 있는가 하면, 이러한 관광상품에 대하여 할인가격으로 구매하려는 관광객이 있는 것이다. 이것은 서비스 가치에 대한 심리적인 요인이 작용하는 것으로 가치지향적인 상품구매가 이루어지는 관광상품에서 빈번하게 나타나는 현상이다. 이것은 관광상품의 가격결정은 다른 상품에 비하여 더욱 더 세심한 주의를 기울여야 함을 의미하는 것이기도 하다.

2) 가격결정의 영향요인

관광객이 특정한 관광상품을 구매할 때, 그들은 제한된 정보와 과거의 경험에 기초하여 상품에 대하여 지각하고 구매하게 된다. 따라서 가격결정에서 가장 중요한 요소는 고객이 가격을 어떻게 인식하고 있으며, 그러한 인식이 어떻게 형성되는가 파악하는 것은 중요하다.

관광상품의 가격결정에 영향을 미치는 요인으로는 일반적으로 원가, 경쟁, 시장수요, 가치지향(고객심리) 등 4가지 요인을 들 수 있다.

원가는 관광상품을 생산하는 데 소요되는 고정비와 변동비의 합인 총비용을 의미하게 된다. 고정비용은 제품의 생산과 관계없이 일정하게 소요되는 비용을 의미하며, 변동비용은 제품 1단위를 생산하는 데 추가되는 비용을 의미한다. 관광상품에 있어서 원가의 비중은 가격정책을 탄력적으로 적용을 할 수 있는가? 혹은 할 수 없는가? 에 중요하게 영향을 미치는 요인이 되고 있다. 원가가 상대적으로 경쟁기업보다 낮은 수준에 있다면, 가격결정을 위한 폭이 넓어지게 되어 경쟁적 우위를 확보하는 데 중요한 요인이 되지만, 원가의 비중이 상대적으로 높은 기업은 가격의 탄력성을 확보하기 어렵기 때문에, 경쟁에서 우위를 확보하기 어려운 요인으로 작용하게 된다. 따라서 합리적인 원가관리의 노력이 필요하게 된다. 특히, 관광상품은 업종에 따라 원가의 비중에 차이를 보이고 있으나, 호텔 · 레크리에이션 시설 등과 같이 고정비의 비중이 높은 경우가 많기 때문에, 고정비용을 절감하는 노력이 우선하여야 한다. 또한 표준화된 무형의 서비스 제공을 통한 원가관리의 노력도 병행되어야 할 것이다.

한편 관광상품은 일반제품보다 비용항목 구성이 복잡하여 원가산출에 어려움을 주는 경향을 보이고 있으므로 정확한 원가산출이 이루어지도록 하여야 한다.

경쟁은 시장에서 활동하는 여러 기업의 활동과 그 활동에 대한 대응으로 나타나며, 적절한 전략을 추구하여 경쟁적 우위의 포지션을 달성하기 위해 노력하는 기업에 의해서 전개된다. 그러므로 경쟁은 유사한 경쟁기업 간에 전략적 우위를 확보하기 위한 포지셔닝 활동이라고 할 수 있다.

관광기업은 서비스 상품의 차별적 우위를 확보하기 위하여 경쟁기업의 가격에 민감하게 반응하게 된다. 그러므로 관광상품의 가격결정은 경쟁기업의 가격정책 혹은 전략을 평가하여 이를 고려하여야 한다. 경쟁관계에 있어서 다른 관광기업보다 선도적인 위치에 있는 기업은 상품의 가격을 보다 높게 책정할 수 있지만, 후발기업의 경우는 선도기업을 추종하는 가격전략 혹은 선도기업과는 차별화된 할인가격정책 등이 이용된다.

관광상품은 계절적인 시장수요에 많은 차이를 보이게 된다. 예를 들어 시장수요가 많은 성수기의 경우는 보다 비싼 가격을 설정하여도 관광객의 필요에 의하여 관광상품을 구매하게 되지만, 비수기의 경우는 수요량이 성수기에 비하여 현격하게 차이를 보이게 됨으로 보다 저렴한 가격을 설정되기도 한다. 이와 같이 관광상품은 시장수요의 차이에 따라 가격정책을 달리하여야 하는 경우가 많으므로 시장수요에 대응한 적절한 가격정책이 수립되어야 한다. 그러므로 시장수요는 관광상품의 가격결정에 중요하게 고려되는 요소이다.

고객심리 또한 가격결정에 중요한 고려사항이 된다. 관광상품은 그 특성상 가치지향적인 구매활동이 이루어지는 특성을 가지고 있다. 즉 자신의 감정적인 측면에 기초한 구매활동이 이루어지는 특성을 가지고 있다는 것이다. 관광상품은 동일한 서비스를 제공하는 것이라 할지라도 시간의 변화, 고객의 심리에 따라 각각의 고객에 지각되는 상품의 품질은 차이를 보이게 된다. 따라서 관광기업은 관광객이 관광상품에 대한 심리적 가치를 어떻게 부여하고 있는지를 확인하여야 하며, 관광객이 느끼는 심리적 효용의 범위에서 가격이 결정되어야 할 것이다. 그러므로 관광상품의 가격결정은 관광상품의 가격과 관련하여 우선적으로 지각되는 속성이 무엇인지를 파악하여야 하며, 이러한 속성들이 가격에 어떻게 영향을 미치는지를 세밀하게 관찰하여야 한다.

이와 같이 관광상품의 가격결정에 영향을 미치는 요인은 여러 가지가 있다. 그리고 가격결정에 영향을 미치는 요인 중 어느 한 가지가 선택되는 것이 아니라, 기업의 내부환경과 외부환경을 면밀히 탐사하여 4가지 요인 중 중요한 요소가 우선 선택되고, 부수적으로 나머지 요인이 충분히 고려된 측면에서 가격을 결정하여야 한다.

3. 유통

1) 유통의 의의

관광상품은 관광객이 구매에 필요한 장소와 구매의 필요성을 느끼는 시간에 획득할 수 없으면 아무런 가치가 없는 것이다. 유통은 필요한 장소와 시간에 관련된 것으로 판매자, 유통관리자 및 중간상 등이 이 유통의 영역에서 활동을 하게 된다.

일반적으로 유통이란 '제품 혹은 서비스의 사용 혹은 소비를 위한 과정과 관련한 조직적 활동의 총체'라고 의미할 수 있으며, 유통경로는 생산자에게서 소비자에게로 제품이나 서비스가 전달되는 경로를 의미한다고 하겠다. 그러므로 유통경로 상에는 많은 중간상들로 구성이 되어 있다.

유통은 그 유용성에서 거래의 효율성과 분업의 원리로 크게 두 가지로 설명할 수 있다.

첫째, 유통업자의 존재는 총 거래수를 감소시킨다. 즉, 유통업자가 많은 생산자로부터 제품과 서비스를 수집하고, 수집된 제품이나 서비스를 보관하여 필요한 시기와 장소에서 소비자에게 분배하는 기능을 담당하게 된다. 따라서 소비자는 구매하려고 하는 제품이나 서비스를 생산하는 모든 생산자와 거래할 필요가 없으며, 유통상을 통하여 필요한 물품을 획득할 수 있다. 따라서 유통업자의 개입을 통하여 거래의 횟수가 감소되기 때문에 거래의 효율성을 높여준다

둘째, 유통경로는 위험부담기능, 정보수집기능, 수급조절기능, 고객접촉기능 등 다양한 기능들을 수행한다. 이를 생산업체가 직접 수행한다면 전문성이 결여될 수밖에 없으며, 고비용 · 저효율 체제가 될 가능성이 높다. 이러한 기능을 유통업체에게 전담시킴으로써 분업에서 얻을 수 있는 전문성과 능률의 효용이 창출될 수 있는 것이다.

2) 관광상품의 유통경로

관광상품도 일반상품의 유통경로와는 약간의 차이는 있으나, 유통경로가 존재하고 있으며, 그 유통경로는 일반적으로 〈그림 4-1〉과 같이 정리할 수 있다.

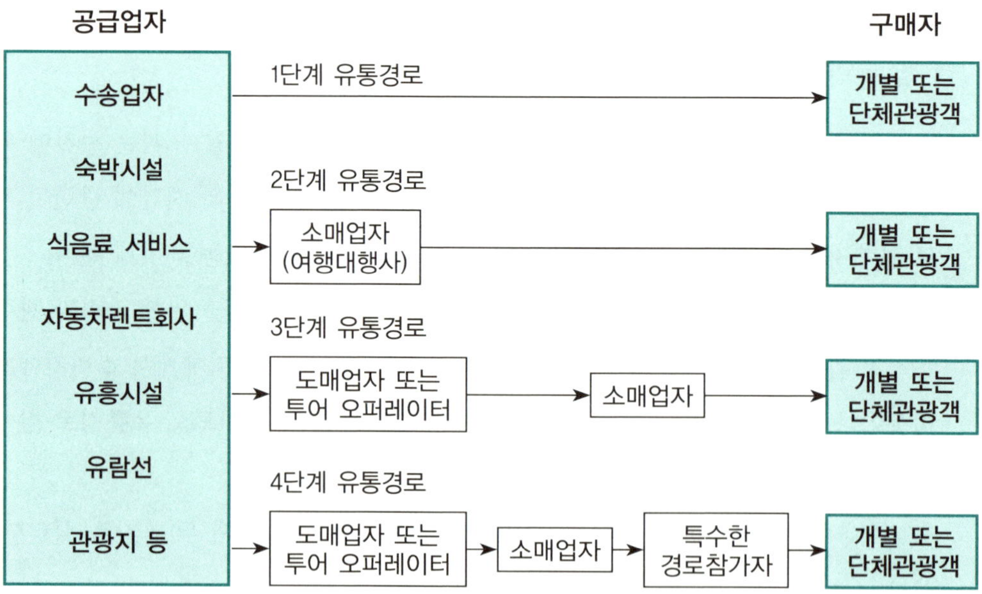

그림 4-1 관광상품의 유통경로

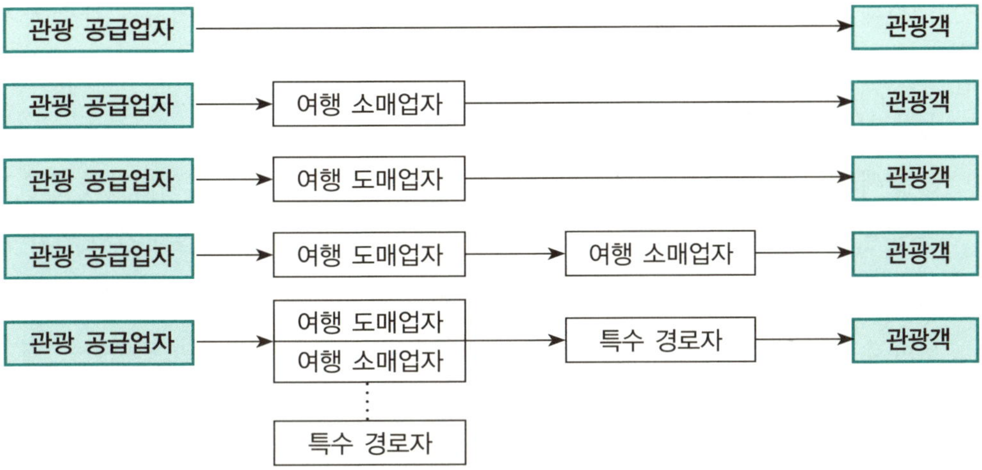

그림 4-2 우리나라 관광상품의 유통경로

〈그림 4-2〉는 우리 나라의 관광상품의 유통경로를 중심으로 구성을 한 것이다. 우리 나라는 여행소매업과 여행도매업의 기능이 명확히 구분되어 있지 않으며, 위와 같은 유통경로가 존재하고 있다. 〈그림 4-2〉에서 보는 바와 같이 관광상품의 유통경로는 크게 다섯 가지의 유통경로를 가지고 있는데, 이들 유통경로의 특성을 간략히 설명하면 다음과 같다.

첫째로 생각해 볼 수 있는 유통경로는 관광공급업자에게서 관광객으로 직접 유통되는 경로를 생각해 볼 수 있다. 이러한 유통경로를 직접유통경로라고 하기도 한다. 직접유통경로는 중간유통업자가 개입이 되지 않는다. 현재의 관광기업은 Fax, 전화, 인터넷 등과 같은 정보통신기술의 발달로 인하여 직접유통경로를 설계하고 운영하고 있으며, 그 중요성이 점차 증대하고 있는 실정이다. 이러한 직접유통경로는 예약의 신속성을 제공하여 줄 뿐만 아니라 고객에게 편리성을 제공하여 주기도 한다. 관광기업에서 자체의 예약관리부를 운영하고 있는 것이 이러한 예이다.

둘째로 관광공급업자와 관광객 사이에 여행소매업자(Retailer)라고 하는 중간상이 개입하는 경우이다. 여행소매업자는 관광공급업자와의 판매대행 계약을 체결하고, 위탁판매를 하게 된다. 예를 들면 항공권 판매대행사, 호텔숙박권 판매대행사와 같은 역할을 하고 있는 여행사가 이에 해당한다고 할 수 있다.

셋째로 여행도매업자(Wholesaler, Tour Operator)가 관광공급업자와 관광객 사이에 위치하여 경로는 구성하는 경우이다. 이러한 경우는 두 번째의 역할과 동일한 기능을 한다.

넷째로 관광공급업자와 관광객 사이에 여행도매업자와 여행소매업자가 유통경로를 구성하는 경우이다. 이러한 경우는 여행도매업자와 여행소매업자 간의 역할에 약간의 차이를 보이게 되는데, 여행도매업자는 상품을 기획 · 구성하는 기능을 주로 담당하고, 여행소매업자는 여행도매업자가 구성한 상품을 대행하여 판매하는 역할을 담당한다.

다섯째로 두 번째와 세 번째의 유통경로에 동일한 특수경로자가 개입이 되는 유통경로를 말한다. 특수 유통경로자라 함은 국제회의업과 이벤트업체, 지상수배업과 같이 유통경로 상에서 특수한 기능을 담당하는 중간상을 의미한다.

4. 촉진

1) 촉진의 의의

제품 또는 서비스가 생산되어 가격이 결정되고, 유통과정을 거치게 되면, 마케팅 관리자는 제품 혹은 서비스에서 보상받으려는 마케팅 목표를 달성하기 위하여 '촉진 믹스(Promotion Mix)' 요소들을 최적의 상태로 혼합하여 제시(안태호, 이의준)하게 된다. 즉 마케터는 마케팅 목표를 달성을 위해 표적시장 내의 잠재고객에게 정보를 제공하고, 설득하고, 구매를 촉진시키기 위하여 촉진믹스를 구성하여 전달하는 것이다. 이와 같이 촉진이란 '판매자가 제품 혹은 서비스에 대하여 잠재고객에게 그들의 태도나 구매행동에 영향을 주기 위한 정보를 제공하여 기업이 목표로 하는 수요수준으로 확대시키기 위한 고객과의 설득적인 커뮤니케이션'이다. 그러므로 촉진은 제품이나 서비스에 대하여 수요를 환기시키려는 목적으로 고객과의 의사소통(Communication)을 보다 효과적으로 하기 위한 활동이라고 할 수 있다.

관광상품에 있어서 촉진믹스는 중요한 의미를 갖는다. 왜냐하면 관광상품은 무형성의 특성으로 인하여 상품에 대한 확신 혹은 신뢰성을 갖기가 어려우며, 무형성의 특성은 동시성, 비보전성 등과 같은 일반제품과는 다른 특성을 보이는 원천이 된다. 이러한 특성은 관광객이 관광상품의 실체를 확인할 수 없을 뿐만 아니라 관광상품 생산현장에 관광객이 공존하고 있으며, 재고가 없이 소멸하는 등의 문제를 야기시키게 된다. 따라서 관광상품의 촉진믹스는 다른 제품의 촉진믹스와는 차이를 보이게 되며, 수요를 환기시키기 위한 촉진믹스의 중요성은 더해지는 것이다.

실체가 없는 관광상품은 그 상품이나 서비스에 대하여 신뢰성을 제공하기 어려운 특성을 가지고 있다. 그렇기 때문에 프로슈어를 칼라색상을 이용하고, 예약 또는 상품안내공간을 포근하게 하며, 정돈된 이미지를 창출할 수 있도록 연출하는 등의 정시판매방법 같은 촉진활동을 활용하고, 또한 생산현장에 존재하고 있는 관광객에게 상품 혹은 서비스의 품질을 보증하기 위하여 세련된 연출이 요구되며, 표준화된 인적인 서비스를 제공하고, 관광객이 상품의 구매에 즉각적인 반응이 나타날 수 있도록 하는 자극적인 메시지를 전달하는 등의 촉진활동을 하게 되는 것이다.

마케팅 믹스 요소 중 촉진믹스는 관광객들에게 관광상품의 특성과 차별화 혹은 기업의 이미지를 제공하는 데 중요한 역할을 수행하는 수단이기 때문에 매우 중요한 활동 중의 하나이다.

한편 판매자와 고객과의 커뮤니케이션은 촉진활동에 의해서만 이루어지는 것이 아니고, 모든 마케팅 믹스 요소가 커뮤니케이션 기능을 담당하고 있기 때문에 보다 효율적인 커뮤니케이션 효과를 얻기 위해서는 이러한 요소들이 잘 조정되고 통제되어야 한다.

2) 관광상품의 촉진믹스

촉진은 관광상품의 판매와 관련한 상품의 가격, 판매의 장소 등에 관한 의사전달과 관련되는 것으로 광고 · 인적판매 · 홍보활동 · 판매촉진 등을 그 내용으로 한다. 이 네 가지 요소를 촉진 믹스(Promotion Mix)라고 하는데, 보다 효율적인 커뮤니케이션 효과를 얻기 위해서는 고객에게 이들 네 가지 요소가 최적의 상태로 믹스되어 제시하여야 그 효과를 기대할 수 있는 것이다. 촉진믹스에 활용되는 네 가지 요소에 대하여 간략히 설명하면 다음과 같다.

광고(Advertising)는 광고주가 제품과 서비스를 대중매체를 이용하여, 제시하고 촉진하는 모든 형태의 커뮤니케이션 수단을 의미하는 것으로, 광고는 소비자에게 상품이나 서비스를 알리고, 설득하여 궁극적으로는 판매증진을 꾀하려는 데 그 목적이 있다고 하겠다.

관광기업은 관광상품이 가지고 있는 무형성, 비보존성, 동시성 등의 특성을 가지고 있기 때문에, 촉진방법에 있어서 일반상품의 그것과는 차이를 보이고 있다. 모리슨은 관광기업의 촉진목적을 정보제공(Informing). 설득(Persuading) 및 회상(Reminding) 등으로 제시하였다(A. M. Morrison). 예를 들어 관광상품은 일반상품에 비하여 정보에 대한 필요성이 매우 높다. 관광상품은 그 상품을 구성하고 있는 호텔의 시설, 관광자원에 대한 정보, 교통편 등에 관하여 많은 정보에 대한 욕구를 가지게 되는 데, 관광과 관련한 광고는 관광객의 이러한 정보욕구를 충족시켜주어야 한다. 또한 관광상품은 실체를 제시할 수 없는 특성 때문에, 관광객에게 상품에 대한 신뢰성에 문제가 야기되기도 한다. 그러므로 이들에게 상품에 대한 신뢰성을 심어줄 수 있도록 설득을 하여야 한다. 설득을 위하여 브로슈어를 선명한 칼라색상으로 제작한다든지 혹은 예약 및 안내카운터를 정결하게 유지한다든지, 편안한 분위기 연출 등이 활용되고 있다.

또한 관광상품은 상품의 판매범위와 시간적으로 제약을 받는 특성을 가지고 있다. 때문에 즉각적인 반응을 일으킬 수 있는 자극적인 문구 혹은 아름다운 자연 혹은 호텔의 외관, 관광지의 상징 등의 풍경을 제시하는 방법이 이용되고 있다. 한편 관광상품은 이성적인 구매보다는 감정적인 구매가 이루어지는 특성을 가지고 있다. 따라서 잠재관광객의 결혼기념일, 생일 등과 같은 특정한 날에 감사의 편지를 보낸다든지 혹은 지속적으로 새로운 관광상품에 대한 안내문을 보내줌으로써, 고객으로 하여금 자신을 중요하게 인식하고 있다는 심리적인 만족과 함께 자신의 기업 혹은 관광상품을 회상하게 하는 등의 목적을 달성하여야 한다는 것이다.

홍보는 광고주가 광고비를 지불하지 않고 매체를 이용한 촉진활동을 의미하게 된다. 그러므로 자신의 상품이나 기업에 대하여 기사화를 한다든지 하여 긍정적인 이미지를 연출하는 활동으로 많이 이용되고 있다. 홍보는 광고와는 달리 기사화 등과 같은 수단으로 대중에게 알려지는 속성상 메시지에 대한 집중도가 매우 높은 장점을 가지고 있다. 여름철에 신문 혹은 잡지 등에서 흔히 볼 수 있는 특급호텔의 숙박 팩키지 프로그램 또는 팩키지 관광 프로그램에 대한 특집기사 등이 좋은 예이다.

판매촉진은 즉각적인 구매행동을 유인하기 위하여 단기적으로 활동되는 수단을 의미하는 것으로 그 범위는 매우 넓다. 관광상품의 판매촉진을 위하여 자주 활용되는 방법은 첫째, 관광객에게 판매촉진하는 수단으로 쿠폰, 현금할인, 경품, 무료견본, 경연대회 및 추첨, 제품전시, 제품보증 등 보상판매등이 있다. 둘째, 중간상에 대한 판매촉진수단으로 박람회, 제품의 무료제공, 광고비 제공, 경품 또는 재구매 공제, 현금환불 등이 있다. 셋째, 제조업자 판매원에 대한 판매촉진수단으로 판매경진대회, 판매원 훈련, 판매원 회의, 판매용구지원, 내부기관지 등이 있다(안영면). 이러한 판매촉진 수단은 상표충성도가 높은 고객에게는 효과가 매우 크지만, 새로운 고객을 견인하는 수단으로는 적합하지 않다.

인적판매는 판매원이 고객을 찾아가 직접 대화를 통하여 구매를 유도하는 모든 활동을 의미한다. 인적판매는 고객과의 직접적인 대면을 통한 쌍방커뮤니케이션이 가능하므로, 고객에 대한 정보제공과 설득 등의 수단에 유연성을 가질 수 있다는 특징이 있다.

위에서 촉진믹스에 대하여 간략히 설명하였는데, 촉진 믹스의 장 · 단점을 요약하여 정리하면 〈표 4-3〉과 같다.

표 4-3 주요 촉진수단의 장단점

촉진수단	장점	단점
광고	• 동시에 많은 고객에게 도달됨. • 1인당 노출비용이 저렴함. • 상표이미지 창출에 유리한 수단이 됨. • 매체선정이 유연하고 선정할 수 있는 매체가 다양함.	• 잠재고객에만 도달하는 것이 아님. • 노출범위가 넓게 되면 마케팅 비판의 주요 표적이 됨. • 노출시간이 짧음. • 고객에게 기억에서 빨리, 쉽게 잊힘.

홍보	• 무료광고의 성격을 지님으로써 추가 비용의 사용없이도 수요를 자극할 수 있음. • 내용에 대한 신뢰도가 높음. • 광고와 달리 메시지에 대한 관심이 높음.	• 메시지 내용의 통제가 어려움. • 상시 이용이 불가능함. • 내용의 반복이 제한적이어서 장기적 촉진이 불가능함. • 메시지가 부정적일 때는 부정적인 영향을 미침.
판매촉진	• 수요자극을 위한 단기적인 가격 인하에 가장 적합함. • 선택할 수 있는 수단이 다양함. • 고객의 다양한 구매행동을 변화시키는데 효과적임. • 다른 촉진수단과 병행하여 사용하기가 용이함.	• 단기적인 영향력만 발휘함. • 상표 충성도를 가진 고객에게는 영향이 크나 새로운 고객의 유인은 어려움. • 가격 관련 수단의 과다 이용은 이미지와 수익에 손상을 줄 수 있음. • 경쟁기업의 모방이 용이함.
인적판매	• 가장 설득력이 높은 촉진수단. • 판촉사원은 직접적으로 구매행동에 영향을 미침. • 쌍방커뮤니케이션이 가능함. • 1대1의 직접대면을 통한 촉진노력의 표적화가 가능함.	• 1인당 접촉비용이 비쌈. • 판촉사원 교육과 동기부여가 어렵고 많은 비용이 소요됨. • 판매인력 확보가 어려움. • 미숙한 판매제시는 부정적 영향을 미침.

자료 : 박중환, 현대호텔마케팅론, 형설출판사.

제5장

관광객 행동분석

제5장

관광객 행동분석

제1절 관광객 행동분석

1. 관광객 행동분석의 개념

우리는 일반제품이나 서비스를 구매하여 소비하는 사람을 소비자라고 부른다. 소비자는 자신의 욕구(Needs)와 욕망(Wants)이 충족되지 못하면 신체적 혹은 정신적으로 결핍상태를 느끼게 되며, 결핍상태가 느껴지면 이를 해소하기 위하여 구매 또는 소비행동을 하게 된다.

일반적으로 소비자 행동이란 '소비자들이 자신의 욕구와 욕망을 충족시켜줄 것으로 기대되는 제품이나 서비스 혹은 아이디어(Idea)에 대한 탐색, 구매, 사용, 평가와 관련한 일련의 행동'을 의미한다고 하겠다. 즉 소비자는 자신이 욕망이 생기면 그 욕망을 충족시키기 위하여 자신의 욕망을 충족시켜 줄 것으로 기대되는 제품들에 대하여 정보를 탐색하게 되고, 이들을 비교 · 분석하여 최적의 제품 혹은 서비스를 구매하여 사용하게 되고, 사용 후에는 그 제품이나 서비스에 대하여 만족 혹은 불만족 등의 평가를 내리게 되는데, 이러한 일련의 과정과 관련된 행동을 소비자 행동이라고 한다. 그러므로 소비자 행동은 경제적인 재화나 서비스를 획득하고 사용하는 데 직접 관련된 개인의 행동 혹은 그 행동을 결정해주는 모든 과정이라고 할 수 있다.

따라서 소비자 행동분석이란 제품 혹은 서비스의 탐색, 구매, 사용, 평가와 관련된 행동에 대하여 조사하고 연구하는 것을 소비자 행동분석이라 할 수 있다. 그러므로 소비자 행동분석은 소비자의 구매와 소비행동에 초점이 맞추어져 있다.

한편 마케터는 마케팅 목표를 달성하기 위하여 마케팅 계획을 수립하고 실행하게 된다. 마케팅 계획과 실행은 근본적으로 판매를 증대시키는 데 있으므로, 구매와 관련된 행동이 주요 분석대상이 되는 것이다. 즉 소비자가 왜, 어떻게 특정제품이나 서비스를 구매하는가?를 규명하려는 것이 소비자 행동분석인 것이다.

2. 관광객 행동분석의 의의

관광객은 관광상품을 소비하는 소비자라는 측면에서 관광객 행동분석 또한 소비자 행동분석의 범주에서 이루어진다고 할 수 있다. 따라서 관광객 행동분석은 관광상품의 구매와 구매의사결정과 관련된 행동을 분석하는 것이라 할 수 있다.

현대사회에서 관광기업은 그들이 마케팅 전략의 성공을 위하여 관광객들의 구매 혹은 구매의사결정과정에 대하여 이해와 관심을 가져야만 한다는 것에 인식을 새롭게 시작하였다. 이러한 관광기업의 인식의 변화는 소비자 정보에 대한 중요성이 더욱 강조되고 있다는 것을 확인시켜 줌과 동시에, 새로운 마케팅 전략의 개발과 마케팅의 효율성에 대한 관심의 정도를 파악하게 하는 중요한 변화라고 할 수 있다. 그리고 이러한 변화는 관광기업의 입장에서 보면 지극히 당연한 것이라 할 수 있다.

관광객은 관광동기와 욕구가 매우 다양하게 나타나고 있으며, 이러한 욕구를 충족시키기 위한 구매행동과 의사결정과정에 많은 차이를 보이고 있다. 그럼 관광객들은 욕구의 다양성과 구매행동의 차이, 의사결정과정의 차이는 왜 나타나는 것인가? 알듯하면서도 매우 어려운 문제이다. 만일 우리가 이러한 문제를 명확히 규명할 수만 있다면, 혹은 관광객이 어떤 동기와 욕구에서 구매를 결정하게 되는가? 관광객의 상품구매에 영향을 미치는 요인은 무엇인가? 구매행동은 어떻게 이루어지는가? 등을 확인할 수 있다면, 관광기업의 마케터는 그들의 마케팅 전략의 개발과 운영에 효율성을 제고할 수 있을 것이다.

이러한 관점에서 관광객 행동분석은 관광객의 구매행동과 의사결정과정을 규명하려는 것으로, 어떠한 의미에서는 관광객의 욕구를 충족시킬 수 있는 수단을 개발하여 판매를 증진하려는 목적을 달성하고자 하는 것이다.

제2절 관광객 행동에 영향을 미치는 요인

관광객은 그들의 욕구와 과거의 경험 등에 따라서 관광행동에 차이를 보이게 된다. 그리고 관광객의 관광행동에 영향을 미치는 요인은 많은 학자들에 의하여 제시되었다. 대표적으로 메이요와 자비스(Edward J. Mayo and Lance P. Jarvis)는 관광객 행동에 영향을 미치는 요인을 개인적인 요인과 사회 · 문화적인 요인으로 크게 두 가지로 분류하였다. 개인적인 영향요인으로는 성격, 동기, 지각, 학습, 태도 등이 있으며, 사회 · 문화적 영향요인으로는 가족, 사회계층, 문화와 하위문화, 준거집단 등이 포함된다고 하였다. 다음의 〈그림 5-1〉은 관광객 영향요인에 대하여 정리한 것이다.

1. 개인적인 영향요인

1) 성격

성격은 개인의 행동성향을 제시하여 개인행동을 이해하고 설명하는 데 매우 커다란 도움을 줄 수 있다. 그동안 심리학자들은 성격에 관하여 많은 노력과 연구를 지속하여 왔는데, 대표적인 성격유형과 행동성향을 살펴보면 다음과 같다(이학종).

가장 보편화된 성격유형의 하나로 외향성(Extrovert)과 내향성(Introvert)을 들 수 있는데, 이들의 성격적 특성은 다음과 같다.

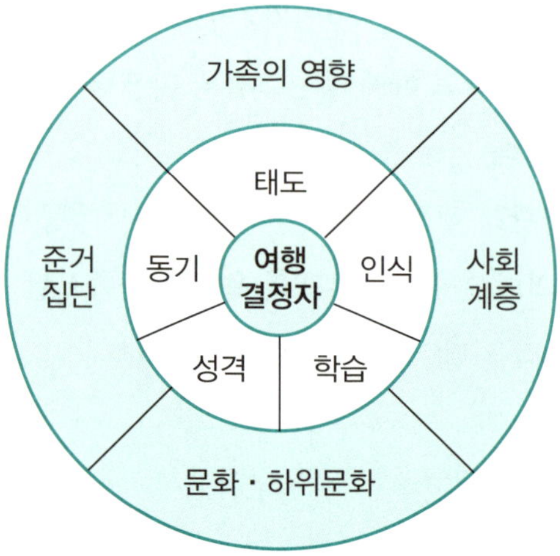

그림 5-1 관광객의 주요 행동영향요인

자료 : Edward J. Mayo and Lance P. Jarvis, The Psychology of Leisure Travel, Boston : CBI Pub. co.

- **외향적 성격** 사람이나 물건을 대상으로 일하기를 좋아한다. 표현력이 비교적 좋다. 소음 등 환경의 물리적 자극이 있을 때 일을 잘 한다. 흥미가 없는 일에는 일을 잘 못한다. 말이 많고 활동적이다. 아침보다 오후에 활기가 더 난다.
- **내향적 성격** 아이디어 중심으로 일하기를 좋아한다. 표현력이 비교적 부족하다. 물리적 자극이 없고 간섭이 없을 때 일을 잘 한다. 꾸준히 주의를 요하는 일을 잘 한다. 조심스럽고 주의깊게 행동한다. 오후보다 오전에 활기가 더 난다.

한편 개인의 성격을 그의 건강과 연관시켜 연구하는 성격유형으로 A형(A Type)과 B형(B Type)을 들 수 있다.

- **A형** 야심이 크고(Ambitious), 경쟁적이며(Competitive), 힘차고(Forceful), 공격적이다(Aggressive). 참을성이 없고(Impatient), 기다리지 못한다. 몇 가지 일을 한꺼번에 빨리 처리함으로써 짧은 시간 내에 많은 일을 하려고 노력한다. 항상 무엇을 하고 있고, 빨리 먹으며, 걸음도 빠르다. 말을 힘차게 하고, 말을 천천히 하는 사람에게 답답하게 느낀다. 과업지향적이고, 항상 마감기일이나 마감시간을 의식한다. A형과 B형의 성격과 행동은 상대적인 특성인 만큼, 위의 특성을 많이 보일수

록 A형 성격과 행동이 강하고, 그렇지 않을수록 B형 성격과 행동을 지니고 있다고 할 수 있다.

성격과 관광행동은 어떠한 연관성이 있을 것이라는 것은 충분히 예측할 수 있다. 여기서 성격과 관련하여 관광객의 관광목적지 선택행동의 특성을 보기로 하자.

프로그(Stanley C. Plog)는 행동 중심적인 관광객(Allocentric)과 사고 중심적인 관광객(Psychocentric) 등 크게 두 가지 형태의 관광객으로 분류하고, 이러한 성향의 관광객사이에 Near-Allocentric, Near-Psychocentrics, Mid-Centric 등 세 가지 유형의 관광객으로 나누어 전체 다섯 가지 유형의 관광객으로 분류하면서 이들의 성격을 다음과 같이 말(Charles Kaiser, Jr. and Larry E. Helber)하였다.

행동 중심적인 관광객은 사회에서 성공한 사람으로 자기확신이 강하며, 고소득과 여행빈도가 많은 사람이라고 하면서, 이들은 잘 알려지지 않은 여행목적지를 선택한다. 그리고 그들은 새로운 경험을 충족시키기 위한 욕구가 강하고, 사람과의 만남과 새로운 문화를 접하는 것에 흥미를 느끼는 성향을 가진 관광객이라고 하였다.

사고 중심적인 관광객는 자기확신이 강하지 못하고, 세속적이며, 소득이 낮고, 잘 알려진 관광목적지를 방문하여 여행의 안전을 추구하는 성향을 가진 관광객이라고 하였다.

프로그(Stanley C. Plog)는 관광객의 성격에 따라서 관광목적지 선택에도 차이를 보이게 된다고 하면서 〈그림 5-2〉와 같이 제시하였다. 〈그림 5-2〉에서 보는 바와 같이 행동 중심적인 여행자는 아프리카, 서태평양과 같은 지역을 관광목적지로 선택하고 있다. 이러한 관광목적지는 잘 알려지지 않은 새로운 경험을 할 수 있고, 다른 관광객들이 잘 찾지 않는 특성을 가진 관광지라 할 수 있다. 관광지 개발단계의 측면에서 본다면, 행동 중심적인 여행자는 도입기 혹은 성장초기의 관광지를 선호한다고 할 수 있다. 한편 사고 중심적인 관광객은 코니 아일랜드와 같이 이미 널리 알려진 관광목적지를 주로 찾는 것으로 나타났다.

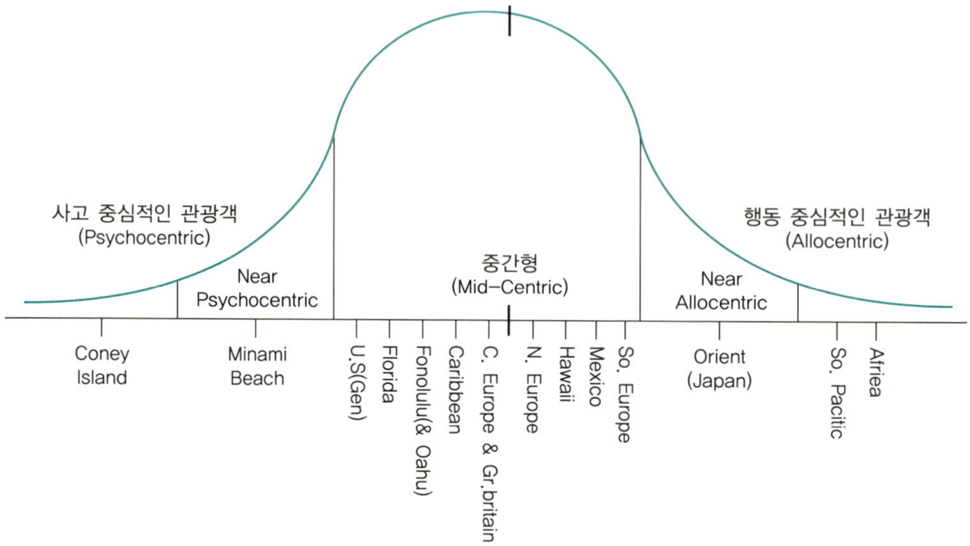

그림 5-2 여행성향에 따른 관광목적지 선택

자료 : Charles Kaiser, Jr. and Larry E. Helber, TOURISM PLANNING & DEVELOPMENT, CBI Pulishing Company, lnc., 1978.

2) 지각

인간은 무수히 많은 환경으로부터의 자극에 노출되어 있고, 그 자극에 대한 반응으로 개인행동의 근본이 형성된다고 할 수 있다. 그러나 인간은 환경으로부터의 자극을 모두 수용할 수 없으며, 수용된 자극에 대해서도 각 개인이 해석을 달리하여 서로 다른 행동특성을 보이게 된다. 따라서 주어진 자극에 대하여 개인이 어떻게 지각하느냐에 따라 행동이 달라지게 된다고 할 수 있다. 이처럼 인간이 동일한 자극에 대하여 서로 다른 행동을 보이게 되는 것은 각 개인의 과거의 경험, 가치관, 성격 등의 차이에 의한 것이다

일반적으로 지각이란 '개인이 환경의 자극으로부터 어떤 의미를 부여하고 이해하는 과정'이라고 할 수 있으며, 지각과정은 크게 세 단계로 나누어 설명할 수 있다.

1단계는 환경의 자극에 대하여 선택적으로 수용하고 지각하는 단계이다. 인간은 노출된 자극에 대하여 모두를 수용할 수 없는 생리적 시스템을 가지고 있다. 자극은 생

리적 시스템에 의하여 감지가 되는 데, 개인의 욕구 혹은 과거의 경험과 태도 등에 의하여 노출된 환경에 대하여 선택적으로 감지되는 것이다. 따라서 개개인의 욕구가 다르고, 태도가 다르고, 과거의 경험이 다르기 때문에 서로 다른 환경자극이 수용되며, 수용의 정도에 있어서도 차이를 보이게 되는 것이다.

2단계는 수용된 자극을 개인의 성격이나 욕구, 과거의 경험, 가치관 등의 자신의 준거체계를 기준으로 자극의 해석하고 의미를 부여하는 단계이다. 이때 개인의 준거체계는 선택적 수용의 단계보다 좀 더 깊은 개입을 하게 된다. 그리고 이 과정에서 해석하고 의미를 부여하는 것은 개인의 준거체계를 보호하고 유지시켜주는 방향으로 수용된 자극을 해석하고, 평가하려는 경향이 있다.

마지막으로 3단계는 수용된 자극에 대하여 원인을 분석하고 해석된 모든 상황을 종합적으로 정리하여 행동의 준비를 하게 되는 단계이다. 이때 원래 수용된 자극보다도 더 많은 정보와 의미를 추가하게 된다.

이와 같은 지각과정은 순서적으로 혹은 기계적으로 일어나는 것이 아니고, 무의식 중에 순식간에 일어나는 상황이기 때문에, 이를 의식하는 경우는 매우 드물다고 할 수 있다.

인간은 지각과정에서 선택적 지각의 오류를 범하는 경우가 많다. 선택적 지각은 환경의 자극을 모두 지각하는 것이 아니라, 개인의 가치관, 욕구, 과거의 경험 등에 의하여 형성된 자신의 준거체계를 보호 · 유지하는 데 일관성이 있는 자극에 대해서만 선택적으로 지각하게 됨으로써 나타나는 오류를 말한다. 이러한 선택적 지각은 환경상황에 대하여 정확한 의미를 부여할 수 없게 된다.

지각은 관광마케팅 관리자에게 중요하게 인식이 되고 있다. 그 이유는 관광마케팅 관리자가 잠재관광객에게 제공하는 마케팅 믹스가 이들에게 어떻게 의미가 부여되고, 해석되고 있는지에 관심이 집중되어 있기 때문이다. 예를 들어 관광기업 혹은 관광상품에 대한 이미지는 어떻게 지각되고 있는지, 품질과 서비스에 대해서는 어떻게 지각되고 있는지는 특정상품 구매행동에 중요하게 영향을 미치기 때문이다. 관광마케팅 관리자는 그들의 마케팅 믹스에 대하여 혹은 경쟁기업의 유사한 마케팅 믹스에 대하여 지각지도를 활용할 수 있다.

3) 학습

학습이란 인간행동의 근본을 형성하는 것으로 반복적인 연습과 훈련을 통하여 비교적 영구적으로 행동의 변화를 유도하는 것이라 할 수 있다. 인간의 학습에 의한 행동변화는 성격, 지각, 동기, 태도, 욕구 등과 같은 행동형성요인의 변화에 의하여 일어나는 것이다. 그러므로 학습은 개인의 준거체계를 변화시키기 때문에 학습에 의한 행동변화는 비교적 영구적인 행동의 변화가 나타난다.

한편 소비자 학습이란 소비자가 소비자로서의 기능을 수행하는 데 필요한 기술이나 지식을 습득하는 것을 말한다. 즉 관광객이 관광상품을 구매하는 장소, 구매하는 방법, 관광상품의 이용방법, 이용 후의 평가방법 등과 관련된 지식이나 기술을 습득하는 것을 말하는 것이다. 그리고 이러한 소비자 학습은 직접적인 경험에 의하여 학습되는 경우도 있지만, 직접적인 경험에 의하여 않고 사고와 통찰(Insight)이라는 과정을 통하여 학습되는 경우도 있다. 그러므로 학습은 의도적인 학습에 의하여 이루어질 수도 있으며 혹은 우연히 학습이 되는 경우도 있다.

관광객 행동분석에 있어서도 학습은 중요한 의미를 가지게 되는데, 관광과 관련하여 일반적으로 학습되어 있는 사항을 예로 들면 다음과 같다.

- 규모가 큰 특급호텔의 서비스는 저급호텔의 그것보다는 품위가 있는 서비스가 제공된다.
- 해외여행은 국내여행을 하는 것보다 시간과 비용 면에서 많이 소요될 것이다.
- 먼 거리를 여행할 때, 승용차를 이용하는 것이 대중교통수단을 이용하는 것보다 시간적으로 절약이 된다.

관광객은 학습을 통하여 관광과 관련한 특정한 자극대상에 대하여 평가를 달리하게 되는 데, 그것은 학습에 의하여 관광객 개인의 가치와 태도가 변화되기 때문이다. 그리고 이것은 관광객이 어떠한 자극대상이 그들의 욕구를 보다 더 충족을 시키는가에 대하여 학습하고 있다는 것을 의미한다. 이러한 소비자 학습은 관광객에게 특정상품에 대하여 어떠한 특정한 태도를 형성하게 하며, 이러한 관광객의 태도는 특정상품에 대한 구매경향에 영향을 미치게 된다.

관광상품은 일반적으로 관여도가 높은 상품으로 알려져 있다. 그것은 관광상품을 구매하기 위하여 관광객은 많은 관광목적지, 목적지의 관광자원, 위락시설, 교통편에 관한 정보획득에 많은 시간과 노력을 기울이게 된다는 것을 의미한다. 이와 같이 관여도가 높은 상품은 대체적으로 학습제재가 학습의 효과를 높이는 데 중요하다. 따라서 관여도가 높고, 무형적인 특성을 가지고 있는 관광상품은 학습의 효과를 높이기 위하여 효과적인 학습제재를 개발 · 제공하여야 한다.

4) 동기

동기란 일반적으로 개인의 행동을 어떤 목적을 위하여 일정한 방향으로 작동시키는 내적 심리상태를 말하는 것으로, 동기는 생리적(Physiological) 또는 심리적(Psychological) 욕구의 결핍 또는 불균형 상태에서 자극에 의하여 나타나는 내적인 심리상태를 말하는 것이다. 이러한 동기는 개인의 욕구에 의하여 발생되고, 그 강도는 욕구의 결핍의 정도에 따라서 직접적인 영향을 받게 되는 것이다. 그리고 욕구결핍에 의한 심신의 불균형 상태는 그것을 해소하는 데 적합한 목적 지향적인 행동을 유도하게 된다.

동기는 무의식의 세계에 있는 욕구가 활성화되어 의식세계로 전환되어 활성화된 욕구라고 할 수 있다. 다음의 설명은 인간의 욕구를 체계적으로 설명한 Maslow의 욕구단계설을 간략히 설명한 것이다.

Maslow는 인간의 욕구를 5단계로 분류하고, 가장 근본적인 1단계 욕구는 자신의 생리적 균형을 유지하는 데 필요한 의식주와 관련한 욕구로서 가장 저점에 위치하고 있다.

2단계는 안전욕구로 육체적 안정과 심리적 안정에 대한 욕구로서 신체적 보호와 안정과 관련한 욕구이다.

3단계는 애정욕구로 대인관계에서 나타나는 욕구로서 상호 간의 친분과 소속감과 관련한 욕구이다.

4단계는 존경욕구로 다른 사람으로부터 인정과 존경을 받고 싶어하는 욕구를 의미한다.

그리고 가장 고점에 위치하고 있는 5단계의 자아실현욕구는 개인이 자신의 능력을 개발하고, 그 능력을 최대한도로 발휘하고 싶어하는 욕구에 해당하는 것으로 자신의 잠재력의 개발과 관련한 욕구를 말한다.

이와 같이 Maslow는 인간의 욕구를 〈그림 5-3〉과 같이 피라미드 구조의 계층적 형태를 형성하고 있다고 하였다. 그리고 생리적 욕구가 어느 정도 충족되면 안전의 욕구가 중요해지고, 점차 상위단계에 있는 욕구가 중요해진다는 것이다. 그러나 인간은 어느 순간에 꼭 한 가지만의 욕구를 추구하지는 않는다는 인간의 기본적 속성을 충분히 반영하고 있지 못하다는 단점을 가지고 있다. 그러나 Maslow의 이론은 실증적인 타당성이 빈약하다 할지라도, 개인의 기본욕구를 정리하고, 욕구 간의 차원적 개념을 제공하여, 개인의 행동동기를 제시하였다는 점에서 많은 도움을 주고 있음에는 틀림이 없다.

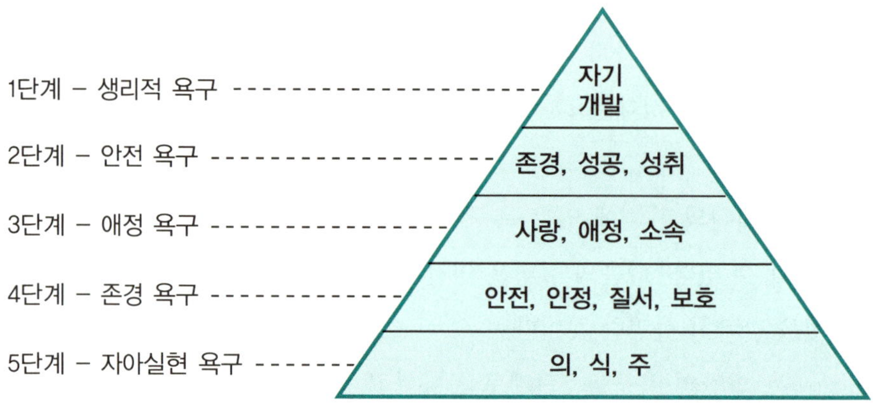

그림 5-3 Maslow의 욕구단계설

동기는 무의식에 존재하고 있는 욕구가 자극에 의하여 구체적으로 무엇이 부족하다는 것을 인식하여 '의식세계로 활성화된 욕구'를 말하는 것이다. 그리고 마케팅에서는 동기를 '특정한 여건 하에서 소비자 행동을 야기시키고, 그 방향을 결정지을 수 있도록 활성화된 상태의 욕구(유동근)'라고 정의하고 있다. 이러한 개념에 입각하여 관광객의 관광욕구와 관광동기와의 관계를 설명한 것이 〈표 5-1〉이다.

표 5-1 관광욕구와 동기와의 관계

욕구	동기(활성화된 욕구)	목표지향적인 행동
안전욕구 애정욕구 존경욕구 자아실현욕구	신체적인 안전 다른 사람과의 결연 사회적 지위표현 자아개발	특정한 관광상품의 구매행동(예, 세익스피어 문학을 이해하기 위한 세익스피어 생가방문을 위한 단체관광상품구매)

자료 : 유동근, 통합마케팅을 재구성.

위의 〈표 5-1〉과 같이 관광동기는 관광객의 관광행동을 규명하는 데 중요하게 활용되는 개념으로 '왜 인간은 관광을 하는가?' 혹은 '왜 그러한 관광행동을 보이고 있는가?' 등을 설명해주는 중요한 요소가 된다는 것이다.

〈표 5-2〉는 제 학자들이 제시한 여행동기를 정리한 것이다.

표 5-2 여행동기의 분류

학자명	유형	여행동기
Mayo & Javis	교육 · 문화적 동기	타국 혹은 타 지역 주민의 이해 및 견문확대, 이벤트 행사 참여
	쾌락추구 동기	일상생활 탈피, 기분전환, 낭만적 경험 추구
	친지 · 조상방문 동기	가족 · 친지 방문, 조상의 생활터전 방문
	기타	기후, 건강, 운동, 경제, 모험, 정신적 만족, 역사적 행사참가, 세계를 알고 싶어하는 욕구.
McIntosh	신체적 동기	휴식, 스포츠 참여, 오락, 유흥, 건강
	문화적 동기	타국의 음악, 예술, 민속, 그림, 종교 등
	사회적 동기	새로운 사람과의 만남, 친구 및 친지 방문
	지위 · 명예 동기	명예에 관한 욕구
PATA	첫째군 : 상냥하고 인정있는 국민, 안락한 설비, 아름다운 자연경관, 적당한 가격 둘째군 : 아름다운 풍습과 생활양식, 좋은 기후, 훌륭한 문화, 독특한 요리 셋째군 : 쇼핑, 이국적인 분위기, 역사적 기반이나 가족관계, 오락시설	

자료 : E. J. Mayo and Javis, L. P., The Psychology of Leisure Travel, Boston : CBI Pub. co., R. W. McIntosh, Tourism Principles, Practices and Philosophies을 재구성.

5) 태도

태도는 환경으로부터의 어떤 자극에 대한 반응의 용의(用意)를 말한다. 즉 개인은 자신의 성격구성을 토대로 하여 환경상황에 대하여 자신의 선호감과 우의감(友誼感) 등의 선유경향(Predisposition)으로 관광상품이나 서비스 등에 대하여 우호적이거나 비우호적으로 가치판단을 내려 반응할 준비상태를 말한다는 것이다.

태도는 소비자 행동연구에 있어서 가장 관심을 끄는 주제 중의 하나로써, 태도는 인지적 요소, 감정적 요소, 행동적 요소 등의 세 가지 요소로 구성되어 있다.

인지적 요소는 태도대상에 대한 구체적인 속성들에 대한 신념들(Beliefs, 주관적인 판단)로 구성되어 있다. 즉 상표, 점포, 제품 등에 대한 신념들이 인지적 요소를 구성하고 있는 것이다. 예를 들어 설악산 국립공원(태도대상)은 경관, 거리, 교통, 숙박시설, 식음료 시설 등과 같은 태도속성을 가지고 있는데, 이러한 태도 속성들에 대하여 개별관광객들이 '설악산의 자연경관은 아름답다', '설악산은 교통소통이 원활하지 못하다', '설악산은 시설이 깨끗하다' 등과 같은 신념으로 구성되어 있다는 것이다.

그러나 '아름답다', '소통이 원활하지 못하다', '시설이 깨끗하다' 등과 같은 신념들은 구체적인 근거에 의하여 제시되는 것이 아니며, 각 신념에 대한 중요성의 정도에 있어서도 차이를 보이게 된다. 따라서 관광기업은 관광상품에 대하여 결정적 속성과 결정적 신념에 관심을 기울여야 한다.

감정적 요소는 태도대상에 대한 전반적인 감정이나 느낌을 말하는 것으로 대체로 인지적 요소를 근거로 하여 형성된다. 앞에서도 언급한 바와 같이 설악산 국립공원과 관련한 경관, 거리, 교통, 숙박시설, 식음료 시설 등의 태도 속성에 대하여 각각의 신념이 야기될 것이고, 이러한 신념들은 종합되어 전반적인 평가로 이어질 것이다. 이러한 종합된 전반적인 평가결과를 감정적 요소라 한다.

행동적 요소는 소비자가 태도 대상에 대하여 구체적으로 보이는 행동성향을 의미하는 것이다.

이러한 구성요소를 가지고 있는 태도는 새로운 제품을 개발하고, 기존제품을 리포지셔닝(Repositioning) 하고, 광고 캠페인을 창안하고, 소비자의 구매행동뿐만 아니라 상표선호도를 예측하기 위한 근거를 제공(유동근, 1997)한다.

한편, 태도는 네 가지 중요한 특성을 가지고 있는데, 첫째, 태도는 그 태도 대상을 갖는다. 태도는 어떠한 대상을 갖고 있으며, 그 대상은 사람, 제품, 상품, 상표와 같은 구체적인 것들도 있으며, 소비자 보호운동, 노사문제 등과 같은 추상적인 개념도 태도 대상이 될 수 있다.

둘째, 태도는 방향(Direction)과 정도(Degree) 및 강도(Intensity)를 갖는다. 즉 태도는 태도 대상에 대하여 호(好) · 불호(不好)의 방향과 태도 대상에 대하여 얼마나 좋아하고, 싫어하는가? 에 대한 정도 및 태도 대상에 대한 표현의 확신과 확신의 강도 등을 갖는다는 것이다. 따라서 태도의 방향, 정도, 강도는 그 제품을 구매하려는 의도를 반영(김성혁)한다고 볼 수 있다

셋째, 태도는 개인의 중요한 가치와 자아 이미지를 중심으로 구심성을 가지고 있으며, 중심적 태도는 주변적 태도에 비해 의사결정에 많은 영향을 미친다.

넷째, 태도는 안정적인 구조를 가지고 있다. 태도는 인지적 요소, 감정적 요소, 행동적 요소로 구성되어 있는데, 이들 세 요소 중 어느 한 요소가 변화되면, 다른 요소들도 변화하여 전체로서 일관성을 갖는 안정적인 구조를 갖는다.

다섯째, 태도는 학습된다. 태도는 직접적인 경험이나 주변 사람들로부터 간접적인 경험에 의하여 학습된다.

2. 사회 · 심리적 영향요인

우리는 위에서 관광객 행동에 영향을 미치는 개인적 영향요인에 대하여 검토하여 보았다. 관광객 행동에 영향을 미치는 요인은 이러한 개인적인 요인 이외에 사회 · 심리적인 요인 즉, 관광객을 둘러싸고 있는 문화, 사회계층, 준거집단, 가족 등도 관광객 행동에 많은 영향을 미친다.

1) 문화

문화는 그 범위와 복합성 때문에 한마디로 정의한다는 것은 매우 어려운 일이다.

그러나 여러 학자들이 정의한 문화라는 것을 정리하여 보면, 문화란 사회집단을 구성하고 있는 구성원 모두가 공유하고 있는 사상, 가치관, 윤리, 도덕, 신념, 예술 등의 총체를 말하는 것으로 각각의 국가, 인종 등의 집단 간 차이를 대변해주는 요인이며, 인간활동에 크게 영향을 미치는 중요한 요소이다.

이러한 하나의 커다란 문화는 여러 개의 하위문화를 가지게 되는데, 하위문화는 구체적으로 한 문화권 내에서 다른 소집단과 차별되는 소집단의 문화를 말한다. 예를 들면, 우리나라의 경우 영남지방의 문화, 호남지방의 문화, 강원지방의 문화 등과 같이 한국이라는 국가의 각 지방의 특성에 따라 여러 개의 하위문화로 나뉜다. 또한 의사집단, 변호사 집단 혹은 농어민 후계자 집단 등의 하위문화가 있을 수 있으며, 연령과 성별에 따라 그리고 그들의 관심과 라이프 스타일의 차이에 따라 그들만이 차별화된 하위문화가 구성되기도 한다. 따라서 하위문화는 동일 문화권 내에서 접촉이 빈번하고, 상호작용이 많은 사람들 사이에서 형성된다고 할 수 있다.

한편 문화는 다수에 의하여 공유되고, 구성원들에게 학습되며, 오랜 시간의 변화와 함께 변화하는 동태적인 특성을 가지고 있기도 하다. 그리고 문화는 물질적 요소와 비물질적 요소를 포함하는데, 비물질적 요소(추상적 요소)는 구성원들이 사용하는 언어, 사회제도, 신념체계, 미학을 포함한다. 언어는 다른 문화에서는 쉽게 이해할 수 없는 관용적인 뉘앙스나 상이한 의미를 갖고, 사회제도는 구성원들의 가치와 행동, 라이프 스타일에 영향을 미친다. 또한 예술분야는 예술적 표현이 가지고 있는 상징적 의미를 결정하여 색채들이 갖는 의미와 아름다움의 기준이 달라진다(유동근). 또한 물질적 요소는 사람들이 창조하여 사용하는 모든 제품과 서비스 등을 말한다. 여기에서 문화의 비물질적 요소는 물질적인 요소에 대한 관광객 선호에 영향을 미친다는 사실이다. 따라서 관광행동연구의 초점 역시 마땅히 추상적 혹은 비물질적 요인에 주어져야만 할 것(김성혁)이다.

관광객으로서의 인간은 하나의 문화집단의 범주에 포함되어 있으며, 그 집단이 공유하고 있는 문화와 하위문화에 영향을 받아 관광활동에 차이를 보이게 된다.

2) 사회계층

대부분의 인간사회는 지위와 명성에 기초하여 몇 개의 집단으로 분류된 계층구조를 가지고 있다. 이러한 사회계층은 관광객 행동에 영향을 미치는 중요한 요인 중의 하나로 인정되고 있다.

한 사회 내에서는 소득, 직업, 지위, 권력 등 여러 가지 측면에서 구성원 각 개인 간에 차이가 발생하게 마련이다. 따라서 사회 구성원들 사이에는 어떠한 계층적인 구조를 가지고 있으며, 사회계층에 따라서 서로 다른 행동양상을 보이게 되는 것이다.

사회계층이란 일반적으로 '직업, 교육수준, 소득 등과 같은 여러 변수들이 종합되어 유사한 사람들의 동질적인 집단'으로 정의할 수 있다. 그러나 사회계층을 어떠한 방법으로 몇 단계로 분류하느냐? 하는 문제는 여러 가지 의견이 있을 수 있다.

예를 들어 사회계층을 상류층, 중류층, 하류층 등의 3단계로 구분할 수도 있으며, 3단계 구분에서 각 단계를 다시 2등분하여 상-상류층, 상-하류층, 중-상류층, 중-하류층, 하-상류층, 하-하류층 등의 6단계로 구분할 수도 있다. 이 밖에도 사회계층을 2단계, 4단계, 5단계, 9단계 등 여러 계층으로 분류할 수 있으며, 어떠한 단계로 분류하느냐? 하는 문제는 다분히 조사목적과 연계되어 수행될 수 있다.

한편 동일한 사회계층에 소속되어 있는 구성원들 사이에는 태도, 가치, 신념 등의 준거체계에 영향을 미치기 때문에, 같은 사회계층에 소속되어 있는 사람은 태도, 가치, 신념에 있어서 동질적인(내부적 동질성) 면을 보이므로 유사한 행동패턴을 자주 보이는 반면에, 다른 사회계층에 소속되어 있는 사람과는 이러한 것들이 이질성(외부적 이질성)을 갖는다. 그러므로 동일한 사회계층에 소속되어 있는 사람들 간에는 관광행동에서 유사한 특성을 보이고, 이것은 마케팅 활동에 유용한 정보를 제공하게 되는 것이다.

사회계층에 따른 여행행동의 관련성에 관해 요약한 내용(정찬종)을 간략히 검토해 보면 다음과 같다.

첫째, 사회계층에 따라 휴일의 분포, 휴가 시기의 선택의 자유 및 금전적 여유 등의 차이로 여행할 수 있는 기반이 다르다는 점이다.

둘째, 사회계층은 여행현상 지각에 강력한 영향을 미친다는 점이다. 중류층은 사고방식이 비물질적이고, 추상적 · 미래지향적이며, 자기확신과 모험심 등에 여행의 가치를 부여하는 반면에 하류층은 사고방식이 구체적이고 감각적 · 현재 중심적이고 과거 지향적이어서 여행에 흥미가 없으며, 여행을 무익한 것으로 지각한다고 볼 수 있다.

셋째, 사회계층에 따라 자녀의 여행경험에 대한 가치부여 정도가 다르다는 점이다. 중류층 이상의 부모는 역사, 정보, 과학에 관해 중요한 것을 배운다는 점에서 박물관 혹은 예술관을 자주 방문하고, 문화나 유적여행 등의 여행경험을 가지는 데 비해, 하류층은 부모들은 사냥, 낚시, 자연에 관한 여행경험을 중시하는 경향이 강하다.

넷째, 사회계층에 따라 여행태도에 차이가 발생한다는 점이다. 상류층은 여행과 외식비용을 많이 투입하고, 여행목적지도 황야와 같은 모험적인 장소를 날씨보다는 장소를 선호하는 데 반하여, 중-하류층, 하류층은 여행목적지로 바다를 선호하고, 장소보다는 날씨에 많은 관심을 보인다.

다섯째, 사회계층에 따라 여행동기도 다르게 나타난다는 점이다. 중-상류층은 교육 및 문화적 동기에 보다 더 영향을 받는 데 비해, 중-하류층은 사회적 우월성에 의한 동기가 크게 작용한다는 것이다.

3) 준거집단

인간의 사회 속에는 인간에 의하여 만들어지는 다양한 준거집단이 존재하게 되며, 이 준거집단은 인간의 행동패턴에 크게 영향을 미치는 것으로 알려져 있다. 그리고 준거집단은 개인이 그 준거집단에 대한 열망이 강하면 강할수록 개인행동에 영향을 미치는 정도는 강하고, 비구성원의 집단보다는 구성원의 집단이 보다 개인에게 영향을 미치는 것이 강하다는 것이 일반적이다.

준거집단이란 '개인이 소속되어 있거나, 소속되기를 희망하는 집단'을 의미한다. 즉 직장동료, 동창 등이 준거집단이 될 수 있으며, 청소년들에게 많은 영향을 미치는 가수 등과 같은 연예인 집단 등도 준거집단이 될 수 있다.

이러한 준거집단은 구성원들 간에 신념, 가치 등을 공유하고 있으며, 이러한 신념과 가치는 결국 개인행동패턴에 크게 영향을 미치게 된다. 예를 들어 의사집단이 인간생명에 대한 존엄성과 관련해서 보여주는 인술이라고 하는 것은 그들 의사들 간에는 유사한 가치와 신념으로 지각되는 것이다. 그것은 결국 인간의 생명을 다루는 의술과 인간의 생명을 함부로 다룰 수 없다는 생명의 존엄성으로 인하여 모든 의사들은 환자의 생명을 지키기 위하여 노력을 기울이게 되는 것이다. 또한 청소년이 모 댄스그룹을 좋아한다고 가정하자. 그들 청소년들은 자기가 좋아하는 댄스그룹의 행동과 생각을 일치시키려고 노력한다. 그래서 그들은 연예인의 헤어스타일, 의상 등을 흉내내고, 그들의 행동과 유사한 행위들을 하는 것이 그것이다. 이러한 현상은 우리는 주위에서 흔하게 볼 수 있다.

이와 같이 준거집단은 개인행동에 중요한 영향을 미치게 된다. 마찬가지로 관광객으로서의 인간의 행동도 준거집단의 영향을 크게 받게 되는 것이다. 즉 관광목적지의 선택, 관광상품의 소비활동, 관광상품의 구매활동 등에서 준거집단이 공유하는 규범과 신념, 가치 등에 의하여 영향을 받게되는 것이다. 그러므로 준거집단이 공유하고 있는 규범이나 신념 등에 관한 정보를 획득 · 처리하는 과정에서 유사한 관광행동 특성을 보이게 되고, 그러한 행동을 학습하게 되는 것이다.

따라서 관광마케팅 계획과 활동에 있어서 준거집단은 중요한 의미를 갖고, 준거집단의 신념과 가치, 행동패턴을 확인한다는 것은 관광마케팅 활동의 효율성을 제고할 수 있다.

지금까지 우리는 관광객 행동에 영향을 미치는 요인에 대하여 정리하여 보았다. 위에서 제시한 영향요인 이외에도 개성, 라이프 스타일, 가족 등과 같은 요인들도 관광행동에 영향을 미치는 중요한 요인으로 인식이 되고 있다.

제3절 관광상품 구매의사결정과정

사람은 자신을 둘러싸고 있는 환경적 혹은 심리적인 요인에 의하여 관광 혹은 여행을 하고 싶다는 욕구가 생성된다. 이때 사람들은 욕구해소를 통한 심신의 안정을 위하여 관광상품을 구매하여 관광을 행하게 된다.

이때 관광상품의 구매는 어떠한 과정을 통하여 구매가 이루어지는 것인가? 를 확인할 수 있다면, 관광상품을 판매하는 관광 관련 기업의 입장에서 매우 유용한 정보로 활용될 수 있을 것이다. 이러한 의미에서 관광객의 관광상품의 구매과정을 검토한다는 것은 마케터에게 효과적인 마케팅 수단과 방법을 제공할 수 있을 것이다.

관광상품의 일반적으로 고관여도 상태에서 구매가 이루어진다는 특성을 가지고 있다. 즉 슈퍼에 들어가서 냉장고에 있는 생수 몇 개를 보고, 그 자리에서 구매하거나 혹은 껌을 진열한 진열대에서 그중 어떠한 한 통의 껌을 골라 사는 것과 같은 구매행동과는 차이를 보이게 된다. 관광객은 관광을 하고자 하는 욕구가 생성되면, 어디로 갈 것인가? 그 곳에는 무엇이 있는가? 어떻게 갈 것인가? 편안하고 깨끗한 숙박시설은 있는가? 등에 대하여 관심을 가지게 되며, 이러한 사항에 대하여 나름대로 정보를 획득하고, 확인한 후에 실제적인 구매가 이루어지는 특성을 가지고 있는 것이다.

따라서 본서에서 제시하는 구매의사결정과정은 고관여도 의사결정과정의 기본모델을 기초로 설명하고자 한다.

일반적으로 고관여도 하에서의 구매의사결정과정은 여행에 대한 필요성 인식의 단계, 정보탐색의 단계, 대안의 평가, 구매의 결정, 구매 후 평가 등의 5단계에 걸쳐서 구매가 이루어진다. 〈그림 5-4〉는 관광상품의 구매의사결정과정을 도식화한 것이다.

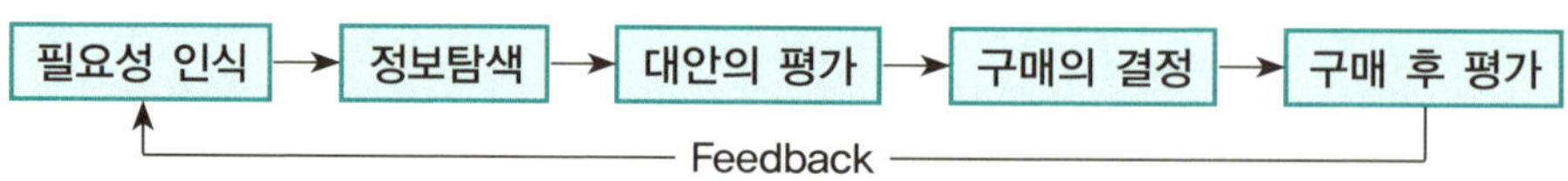

그림 5-4 관광상품의 구매의사결정과정

1. 필요성 인식

필요성 인식이란 자신을 둘러싸고 있는 주변환경의 영향으로 인하여 잠재되어 있던 관광의 욕구가 의식의 세계로 전환되는 단계이다. 즉 자신이 여행을 가고 싶다는 것을 깨닫는 단계인 것이다.

사람들은 일반적으로 욕구가 생성되면, 생리적으로 긴장을 하게 되고, 긴장을 해소하기 위한 행동을 하도록 한다. 그래서 인간은 관광욕구가 생성되면 관광활동을 통하여 긴장을 해소하려는 동기가 형성된다는 것이다. 이와 같이 정신적 · 심리적으로 관광의 욕구가 발생되어 불편함 또는 긴장상태를 알게 되는 단계가 필요성 인식이라고 할 수 있다.

2. 정보탐색

문제의 인식단계에서 관광에 대한 욕구가 생성되면, 욕구충족을 위한 구체적인 행동을 보이게 되는데, 이때 어떠한 관광상품이 가장 바람직하게 욕구를 충족시켜줄 것인가?를 확인하기 위하여 정보를 탐색하게 된다.

정보탐색의 방법에는 내부적 탐색방법, 외부적 탐색방법 혹은 능동적 탐색방법, 수동적 탐색방법 등이 있다.

내부적 탐색은 과거의 경험, 친구 또는 동료, 매체 등에 의하여 학습된 개인적인 지식과 자신의 머리 속에 있는 정보 등을 활용하는 탐색방법을 말한다.

외부적 탐색은 외부자료, 즉 여행잡지, 신문, 여행사, 기타 여행 관련 자료 등 관광상품에 관한 정보를 제공하는 자료를 조사하고, 관찰하는 탐색방법을 말한다.

한편 능동적 탐색은 관광상품에 관한 정보를 수집 · 획득하기 위하여 시간과 노력을 아끼지 않고 적극적으로 탐색하는 방법을 말한다.

수동적인 탐색은 관광상품의 정보탐색을 위하여 많은 노력을 기울이지 않고 일부 제한된 정보, 즉 집에 있는 관련 기사 혹은 서적, 그리고 자신이 가지고 있는 개인적인 지식 등을 관찰 · 획득하는 방법을 말한다.

이와 같은 정보탐색의 과정에서 관광기업은 관광상품에 따른 표적시장에 어떠한 방법으로 자사상품에 대한 정보를 제공할 것인가?에 대하여 깊은 고려를 하여야 하며, 각 표적시장의 잠재적인 구매자들이 원하는 정보가 무엇인지를 파악하여 그들이 원하는 정보를 원하는 장소에서 제공받을 수 있도록 노력하여야 한다.

3. 대안의 탐색

정보탐색이 완료된 후에는 탐색된 정보를 기초로 어떠한 관광상품이 자신의 관광욕구를 가장 잘 충족시켜줄 것인가?를 생각하게 된다. 이때 여러 가지 관광상품에 대한 대안의 탐색과 평가는 기본적으로 관광의 목적, 비용, 시설 등 여러 가지 요인이 작용한다고 볼 수 있는데, 원론적으로 말하자면, 자신이 관광상품을 구매함으로써 얻게되는 편익(Benefit)을 근거로 각각의 관광상품에 대하여 가치를 부여하게 된다는 것이다. 그러므로 관광기업의 입장에서는 표적시장의 잠재관광객의 욕구와 욕망을 반영한 상품의 개발에 주력하여야 하며, 또한 자사의 관광상품에 대하여 올바른 평가를 내릴 수 있도록 자사 상품이 가지고 있는 장점 혹은 타사와 차별화 우위를 강조하여야 할 것이다.

4. 구매결정

관광상품을 구매하려는 관광객은 자신의 욕구를 최대한 충족시켜 줄 수 있는 상품에 대하여 관심을 가지게 된다. 그러므로 관광객은 관광상품의 구매동기와 과거의 경험과 획득된 정보를 토대로 대안을 평가하여 최종적으로 관광상품을 구매하는 것이다.

5. 구매 후 평가

관광객은 관광상품을 구매한 후 관광을 하는 동안부터 관광이 완료되는 시점에 이르기까지 자신이 구매한 상품에 대하여 지속적으로 평가를 내리게 된다. 예를 들면 관광 첫날 만나는 안내원의 태도 그리고 관광을 하는 과정에서 경험하게 되는 교통시설, 숙박시설, 주변의 관광자원 등에 대한 질과 양적인 면에서 평가를 내리게 된다. 그리고 관광을 행한 후, 관광을 하기 전의 기대와 관광을 한 후의 만족을 비교하여 최종적인 평가를 내리게 된다. 이렇게 내려진 평가는 관광객 자신의 경험에 추가되어 다음 관광상품구매에 영향을 미치게 된다.

제6장

관광자원

제6장

관광자원

제1절 관광자원의 의의

1. 관광자원의 의의

우리는 많은 종류의 자원을 이용 · 활용하고, 그 자원이 베푸는 혜택을 누리면서 살고 있으며, 이러한 자원에는 광물자원, 수산자원, 식량자원, 기술자원, 인적자원 등과 같이 그 종류와 범위는 매우 광범위하다고 할 수 있다.

일반적으로 자원은 인간의 욕구를 충족시키는 경제적인 가치를 가진 것으로 인식되고 있다. 그리고 자원은 인간의 기술, 지식, 가치, 시간 등의 변화에 따라서 그 자원의 가치는 변화(그 예는 석탄자원을 들 수 있다. 과거 우리 가정의 난방을 위하여 없어서는 안 되는 중요한 자원인 석탄은 근래에 와서 석유 혹은 대체자원에 의하여 가정용 난방용으로서의 자원의 가치는 많이 상실되었다고 볼 수 있다)되기도 한다. 예를 들어 어떠한 새로운 자원이 나타나기도 하며(63빌딩과 같은 것은 한국에서 제일 높은 빌딩이라는 가치에 의하여 많은 사람에 의하여 회자되면서 중요한 관광자원으로 인정되고 있다), 기존의 자원이 자원으로서의 가치가 줄어들거나(한강의 오염으로 인한 상수원으로서의 가치) 혹은 그 가치가 완전히 상실(역사문화유적이 그 형체가 현재 존재하지 않는 경우)되기도 하는 현상이 나타나기도 하는 것이다.

이상에서 보았듯이, 자원은 여러 가지 요인에 의하여 생성되기도 하고, 소멸되기도 하고, 때로는 그 가치가 증대되기도 하고, 감소되기도 하는 등의 변화가 지속적으로 일어난다. 그러면 이러한 변화가 나타나는 근본적인 원인을 무엇일까? 물론 자연적인 환경에 의하여 나타나기도 하지만, 자원이라고 이름이 인간에 의하여 붙여지는 것이라면, 자원과 그 자원의 가치는 인간에 의하여 결정된다고 볼 수 있다.

우리가 검토해 보려는 관광자원도 역시 자원의 범주에 포함되고, 자원이 가지고 있는 보편적인 특성을 가지고 있다고 할 수 있다.

관광자원은 관광의 주체인 관광객으로 하여금 관광동기나 관광행동을 일으키게 하는 대상물임과 동시에 관광욕구를 충족시켜 주는 목적물을 의미한다. 따라서 관광의 욕구를 불러일으키고, 그 욕구를 충족시켜 줄 수 있는 것은 모두 관광자원이 될 수 있는 것이다. 또한 관광자원은 산, 강, 해안, 문화유적, 사적 등과 같이 형태를 가진 유형의 관광자원이 있는가 하면, 풍습, 관습, 기후, 기술과 같이 형태가 없는 무형의 관광자원도 존재한다. 그러므로 무수히 많은 형태와 종류의 관광자원이 존재한다고 할 수 있다. 그리고 이들 관광자원은 시간, 기술, 자연환경, 인간의 가치관의 변화에 따라서 새로이 생성되기도 하고, 가치가 상실되기도 한다. 예를 들어 어떠한 지역에 인간이 접근할 수 없고, 존재조차 모르고 있는 상황이라면, 이것이 이미 자원이 아닌 것이다. 그러나 인간의 노력과 기술에 의하여 접근이 가능해지고, 그것이 관광객을 유인할 수 있는 것이라면 자원으로 새롭게 탄생되는 것이다. 한편 이미 개발된 자원이 오랜 시간 동안 인간에게 이용되어 오면서 손상되어 인간이 외면하게 되면, 그것은 자원으로써의 가치가 상실되었다고 할 수 있다.

이상의 설명에서와 같이 관광자원은 여러 가지 원인에 의하여 생성되어 가치가 증대되기도 하고, 가치가 점점 상실되어 소멸되기도 한다. 이러한 현상에 근본적인 원인을 제공하는 것은 위에서 언급한 바와 같이 인간에 의한 것이다.

좀 더 구체적으로 관광자원은 무엇을 의미하는가? 여러 학자들의 정의를 살펴보기로 하자.

이장춘은 '관광자원이란 인간의 관광동기를 충족시켜 줄 수 있는 생태계 내의 유형 · 무형의 제 자원으로서 보호 · 보존하지 않으면 가치를 상실하거나 감소할 성질을 내포하고 있는 자원'이라고 하면서 '관광자원은 인간의 관광동기를 충족시켜야 하며, 생태계 내의 유형 · 무형의 여러 자원을 포함하고 있으며, 많은 이용객으로 인한 자원의 훼손 현상과 관광자원 자체가 국민관광복지 향상에 중요하게 영향을 미치고 있다는 현실에 비추어 보호 · 보존을 필요로 한다.'고 하였다.

김병문은 '관광자원이란 관광객의 여행 목적물로서 그 지역의 의식주, 생업, 신앙, 연중행사 및 무형의 전통적 풍속이나 관습의 총칭'이라고 정의하면서, 관광의 욕구를 충족시켜 줄 수 있는 유형 · 무형의 것으로 관광주체의 장소이동의 목적물이 되는 객체 즉, 그 대상물을 관광자원이라고 하였다.

한편 律田承은 '관광자원이란 관광의 주체인 관광객의 관광동기 내지 관광의욕을 목적물로 삼는 관광대상'라고 하였다.

이상의 학자들의 정의를 고찰하여 보면, 관광자원을 정의하는 데 있어서 몇 가지 공통적인 내용을 확인할 수 있었는데, 그 내용을 정리하면 다음과 같다.

첫째, 관광자원은 관광객의 관광동기와 욕구를 일으키게 하는 유형 · 무형의 제 자원이다.

둘째, 관광자원은 관광객의 욕구를 충족시켜주는 유형 · 무형의 제 자원이다.

셋째, 관광자원은 관광객의 관광동기와 욕구를 충족시켜주므로 관광객을 유인하는 견인력과 매력성을 갖는다.

넷째, 관광자원은 보존과 보호를 함으로써 가치가 유지되거나 향상되는 특성을 가지고 있다.

다섯째, 관광자원은 인간의 가치관 변화에 따라 자원의 내재적 가치(본질가치)와 이용가치가 변화하게 된다. 즉 관광자원은 사회적 변화와 시간의 흐름에 따라 가치에 변화를 가지는 특성을 가지고 있다.

여섯째, 관광자원은 장소적 이동을 할 수 없는 고정성을 갖는다.

이상의 특성을 기초로 관광자원을 정의하여 보면, 관광자원이란 '관광주체의 관광활동의 목적물로 문화적 · 사회적 · 위락적 · 교육적 가치를 지닌 대상물'이라고 할 수 있다.

위의 정의에서 의미하고 있는 관광주체는 이미 알고 있는 바와 같이 관광객을 의미한다. 관광객은 관광활동을 일으키게 하는 기능, 즉 관광대상을 찾는 주체적인 성격을 갖는다. 그리고 관광객은 자신이 구성된 사회적 · 문화적 · 경제적 또는 환경적 변화에 따라, 그리고 자신의 가치관 혹은 관광에 관한 인식의 변화에 따라 관광욕구를 해소하는 방법이 달라지게 된다. 그러므로 관광자원을 이용하는 형태와 패턴이 달라지게 되어, 궁극적으로는 관광자원에 대한 가치를 평가하는 기준이 변하게 되는 것이다.

'관광활동의 목적물'이란 관광객의 관광활동의 주된 목적물을 의미하는 것으로, 이 목적물에는 유형 · 무형의 소재가 모두 포함한다. 그리고 마지막으로 '문화적 · 사회적 · 위락적 · 교육적 가치를 지닌 대상물'이란 관광객을 견인할 수 있는 능력을 스스로 가지고 있으며, 관광객의 관광활동의 여러 가지 욕구를 충족시킬 수 있는 가치가 있는 것이어야 한다는 것이다. 또한 관광자원은 관광객에게 자아개발을 위한 활동의 장(場)이 되는 긍정적인 역할을 강조한 개념이라 할 수 있다.

한편 우리는 관광자원과 관광대상물을 동일한 개념으로 사용하는 경우가 많은데, 관광자원과 관광대상물을 요약 · 설명하면 다음과 같다.

표 6-1 관광자원과 관광대상

관광자원	관광대상물
- 관광객에게 관광동기와 관광행위를 유발하는 대상으로서의 자원을 말한다. - 관광욕구의 대상이 되고 관광행동을 만족시키는 가치를 지닌 유형 · 무형의 모든 대상이다 - 범위의 무한정과 관광의 다양화로 확대되고 있다. - 관광자원은 전부 관광대상이다.	- 관광대상은 관광자원과 관광시설로 구성되며, 관광욕구를 충족시키는 관광행동의 대상물 전체를 말한다. - 관광욕구충족의 기능과 관광객 유인 기능을 갖는다.

자료 : 채서일, 관광사업개론, 백산출판사.

오늘날 우리 인간은 여러 형태의 환경적 자극에 의하여 일상생활을 떠나고 싶은 관광욕구가 생기고, 그 관광욕구를 해소하기 위하여 다양한 형태의 관광자원을 찾고 있으며, 그 행위가 일반대중의 보편적인 활동으로 인정이 될 정도로 빈번하게 일어나고 있다. 이것은 인간 스스로가 삶의 질을 향상시키고자 하는 욕구에서 나타나는 현상으로 이러한 인간의 노력은 매우 자연스러운 것이며, 무엇과도 바꿀 수 없는 권리이기도 한 것이다. 따라서 관광자원은 인간의 삶의 질 개선이라는 측면에서 지속적으로 이용 가능하여야 한다. 바꾸어 말하면 보존과 보호를 통하여 우리 후손들도 오늘의 관광자원을 이용하여 그들의 삶의 질을 향상할 수 있도록 배려하여야 한다는 것이다.

2. 관광자원의 분류

관광자원은 앞에서도 전술한 바와 같이 유형적인 형태, 무형적인 형태 혹은 자연적인 것과 인위적인 것 등 매우 다종다양하고, 광범위하여 학자들 간에도 그 견해를 달리하고 있다.

그러나 관광자원은 2가지 방법에 의하여 구분하여 분류할 수 있는 데, 하나는 형태의 유무에 의한 방법과 생성과정에 의한 방법이다. 형태의 유무에 의한 분류는 유형관광자원과 무형관광자원으로 나눌 수 있고, 생성과정에 의한 분류는 자연적으로 이루어진 것은 자연관광자원, 인위적으로 이루어진 것은 인문(문화)관광자원으로 구분(김병문)된다.

다음은 제 학자들이 제시한 관광자원의 분류방법을 정리하여 보고자 한다.

1) 이장춘의 분류

그는 관광자원을 크게 유형관광자원과 무형관광자원으로 분류하고, 유형관광자원에는 자연관광자원과 인문관광자원으로 분류하였다. 그리고 무형관광자원은 인적관광자원과 비인적관광자원으로 분류하여 정리하였다. 〈표 6-2〉는 이장춘의 관광자원 분류를 나타낸 것이다.

표 6-2 이장춘의 관광자원 분류

대분류	소분류	세부분류
유형관광자원	자연관광자원 인문관광자원	자연보전특별지구, 자연보전지구, 휴양지보전지구 문화관광자원, 산업관광자원
무형관광자원	인적관광자원 비인적관광자원	

자료 : 이장춘, 관광자원학, 대왕사.

2) 김병문의 분류

김병문은 관광자원의 분류기준을 자원의 생성과정에 기초하여 자원을 분류하였는데, 그는 관광자원을 크게 자연적 관광자원과 인위적 관광자원으로 분류하고, 인위적 관광자원을 다시 문화관광자원, 사회관광자원, 산업관광자원으로 분류하여 설명하였다. 〈표 6-3〉은 김병문의 관광자원 분류를 나타낸 것이다.

표 6-3 김병문의 관광자원 분류

대분류	소분류	세부분류
자연관광자원		산악, 구릉, 호소, 하천, 계곡, 폭포, 고원, 평원, 지질, 해안, 동식물, 온천, 눈, 빙하, 안개 등
인위적관광자원	문화관광자원	- 유형문화재(건축물, 미술공예품, 고고자료), 무형문화재(예능, 공예기술), 기념물(유적, 경승지, 천연기념물), 민속자료(유형민속자료, 무형민속자료)
	사회관광자원	- 취락형태, 사회형태[도시구조, 제 제도(諸 制度), 사회시설, 국민성, 민족성], 생활형태(인정, 풍속, 생활양식, 식사, 의복, 관습, 주거형태, 전통적 스포츠)
	산업관광자원	- 농림업관계(농장, 농원, 목장, 농산물 가공시설, 농원관계시설, 임업관계시설) 어업관계(어획법, 해산물 가공시설, 양식법, 양식시설), 공업관계(공장시설, 기계설비, 생산과정, 공업기술연구소, 공장입지, 공업제품, 종사원, 후생시설 기타 공업관계시설), 산업시설(견본시, 전시회, 상품진열관, 토산품 판매)

자료 : 김병문, 관광지리학, 형설출판사.

3) 한국관광공사의 분류

1983년 국민관광종합개발계획 수립시 한국관광공사에서 분류한 관광자원의 유형은 〈표 6-4〉와 같다.

표 6-4 한국관광공사의 관광자원 분류

대분류	소분류	세부분류
유형관광자원	자연관광자원	천연자원, 천문자원, 동식물
	문화적관광자원	고고학적 유적, 사적, 사찰공원
	사회적관광자원	풍속, 행사, 생활, 예술, 교육, 스포츠
	산업적관광자원	공업단지, 유통단지, 광업소, 농장, 목장, 백화점
	관광레크리에이션자원	캠프장, 수영장, 놀이공원, 어린이공원
무형관광자원	인적관광자원	국민성, 풍속, 관습, 예절 등
	비인적관광자원	고유종교, 사상, 철학, 역사, 음악, 가곡 등

자료 : 김정옥, 관광자원관리론, 대왕사.

4) 미국 ORRRC(Outdoor Recreation Resources Review Commission)의 분류(1962년)

미국 ORRRC는 레크리에이션 자원을 물리적 자원특성, 개발과 관리의 실태, 이용, 행동패턴 등에 근거하여 분류하였다.

표 6-5 미국 ORRRC의 레크리에이션 자원분류

구분	특징	시설 · 활동의 종류	입지	이용시기	비고
고밀도 위락지역	대단위투자가 필요하며, 행락활동의 범위가 다양함. 집 약적 개발	도로망, 주차지구, 일광욕, 인공호수, 운동장, 음주지역	대도시와 인접, 도시공원 내에 위치	1일 및 주말 이용(연중)	도 · 시 또는 국가관리의 형태가 대부분
일반옥외 위락지역	이용밀도가 고밀도 위락지역보다 낮으며, 규모와 활 동유형이 상당히 큼,	캠핑, 피크닉, 낚시, 등반, 야외운동	공원 및 산림지, 스키장, 호수, 계곡, 해안, 수렵지	휴가, 주말	민간과 공동기관이 운영 · 관리

자연환경 지역	자연을 있는 그대로 유도하는 지역, 대규모.	하이킹, 수렵, 캠핑, 피크닉, 카누, 관광	도립공원, 국립공원	주말, 휴가	민간소유지의 개발이 권장. 공공소유지가 대부분
독특한 자연지역	경관이 수려한 지역, 자연경관이 유명한 지역	관광, 관찰, 학습과 같은 소극적 행락활동.	경관, 명소	주말, 휴가	경관적 가치를 갖는 동일한 지역을 관리하는 공공기구가 필요
원시지역	자연 자체, 야생상태	사냥, 관찰, 야생경험	원격지, 국립공원	휴가	국가가 자연보호적 측면에서 관리
역사 · 문화지역	주요역사, 문화적 유적	역사유적	도시, 지역별 골고루 분포	평일, 주말, 휴가	공공기관, 민간, 국가가 관리

자료 : 김정옥, 상게서.

이상에서 살펴본 바와 같이 관광자원의 분류는 여러 학자들이 서로 다르게 나타나고 있다. 그러나 실제적인 내용상으로는 유사함을 알 수 있다. 즉 관광자원은 크게 자연적 관광자원, 문화적 관광자원, 산업적 관광자원, 기술적 관광자원, 위락적 관광자원 등으로 분류할 수 있다.

제2절 관광자원의 종류

1. 자연적 관광자원

자연환경의 영향으로 생성된 것으로 인간의 관광활동의 대상이 되는 것을 자연적 관광자원이라고 한다. 즉 자연적 관광자원은 자연의 상태가 인간에게 관광동기를 일으키고, 관광의 욕구를 충족시켜주는 것이다.

이러한 자연자원은 관광자원 중에서 가장 일반적인 형태라고 할 수 있으며, 우리나라의 경우 가장 비중이 높은 관광자원의 유형이라고 할 수 있다.

자연자원은 그 형태와 종류에 있어서도 매우 다양하게 나타나는데, 산지, 하천, 평야, 호소, 계곡, 해안, 도서, 온천, 동·식물, 지질, 토양 등의 요소들이 자연자원을 형성하는 중요한 요소이다. 이러한 자연자원은 산악관광자원, 내수면 관광자원, 온천관광자원, 동굴관광자원, 해양관광자원 등으로 대분하여 분류할 수 있다.

1) 산악관광자원

산악관광자원은 산지를 구성하고 있는 절묘한 기암괴석, 아름답고 깨끗한 계곡, 울창한 수림, 산림의 변화, 동·식물 등으로 구성되어, 그 자체가 신비롭고 아름다운 경관미를 가지고 있어 관광객을 유인하는 매력성을 갖는다. 그리고 산지지형의 특성으로 인하여, 경관의 감상을 위한 관상용 관광지 혹은 등산, 하이킹, 스키 등의 각종 스포츠 활동 장소 혹은 희귀한 동·식물을 연구하는 교양·학술을 위한 방문지 등 여러 가지 형태의 관광활동이 이루어지는 특성을 가지고 있다.

우리나라의 경우는 1967년 지리산 국립공원을 처음 지정한 이래 지금까지 20개의 국립공원이 지정되어 관리되고 있는데, 이 국립공원 중에서 15(지리산, 계룡산, 속리산, 설악산, 한라산, 내장산, 가야산, 덕유산, 오대산, 주왕산, 북한산, 치악산, 소백산, 오대산, 월출산 국립공원)개가 산악 중심으로 구성되어 있을 정도로 그 비중이 매우 높다.

국립공원은 국민의 관심이 높은 지역으로 자국의 경관을 대표하는 지역을 선정하여 지정하게 된다. 그리고 이 국립공원은 국민의 관광활동욕구를 충족시켜주는 중요한 기능을 담당하고 있다. 우리나라의 국립공원의 현황은 〈표 6-6〉과 같다.

표 6-6 국립공원 현황

공원명	위치	면적(KM2)	지정일
지리산	전북, 전남, 경북	440,485	67.12.29
경주	경북	138,160	68.12.31
계룡산	충남	61,148	68.12.31
한려해상	전남, 경남	510,323	68.12.31
설악산	강원	373,000	70.3.24
속리산	충북, 경북	283,400	70.3.24
한라산	제주	149,000	70.3.24
내장산	전북, 전남	76,032	71.11.17
가야산	경북, 경남	80,163	72.10.13
덕유산	전북, 경남	219,000	75.2.1
오대산	강원	298,500	75.2.1
주왕산	경북	105,582	76.3.30
태안반도	충남	328,990	78.10.20
다도해해상	전남	2,344,910	81.12.23
북한산	서울, 경기	78,450	83.4.2
치악산	강원	182,090	84.12.31
월악산	충북, 경북	284,500	84.12.31
소백산	충북, 경북	320,500	87.12.14
변산반도	전북	157,000	88.6.11
월출산	전남	41,880	88.6.11
무등산	광주	75,245	2013.3
태백산	강원	70,052	2016

2) 내수면 관광자원

내수면 관광자원은 하천과 호소를 중심으로 이루어진 관광자원으로 연, 지, 급류, 폭포, 협곡 등을 형성하여 관광객을 유인하는 중요한 관광자원이다. 내수면 관광자원은 수상 레크리에이션 활동 및 낚시, 수상스키, 요트, 보트 등의 스포츠 활동의 장소로 매우 유용하며, 하천 주변의 수려한 경관은 많은 관광객을 유인하는 중요한 관광자원이 되고 있다.

우리나라의 하천은 길이가 짧고, 발원지의 해발고도가 높기 때문에 상류지역은 경사가 급하고, 유속이 빠르며, 침식이 왕성하여 수상 레크리에이션을 하기에 적합한 환경을 가지고 있는 반면에, 중 · 하류지역은 하폭이 넓고, 유속이 느려 백사장이 많이 발달하여 상류지역과는 다른 유람 혹은 청소년의 수상활동에 좋은 장소를 제공하고 있어 다양한 수상관광활동을 할 수 있다.

수도 서울을 관통하고 있는 한강, 특히 북한강의 춘천 · 청평 · 팔당 호수지역 및 남한강의 대청댐 주변은 수상 레크리에이션 활동이 활발하게 이루어지고 있다. 또한 인제의 내린천과 영월의 동강도 중요한 수상 레크리에이션 활동장소라고 할 수 있다. 이와 같이 우리나라 주요 4대 하천은 국민의 수상레크리에이션 활동장소로 각광을 받고 있다.

3) 온천관광자원

온천은 일반적으로 지하수가 지열에 의하여 더워져서 용출되는 샘을 말하는 것으로 온천지역은 예로부터 보양, 휴식, 휴양을 위한 관광활동 장소로 많이 이용하여 왔으며, 오늘날에는 보양, 휴식, 휴양을 위한 온천관광은 물론 레크리에이션과 같은 활동성을 겸한 관광활동도 할 수 있는 장소로 변화되면서 레크리에이션 시설이 확대되는 실정이다.

이에 따라 온천지역은 요양 온천지와 관광 온천지로 대별되는데, 그 주요 특성을 설명하면 〈표 6-7〉과 같다.

표 6-7 요양 온천지와 관광 온천지의 특성

구분	요양온천지	관광온천지	
		숙박기지 · 유흥형	야외레크리에이션 · 휴양형
위치 · 교통	산간 · 고원에 위치하여 교통이 불편	대도시와 직결되는 교통망이 형성	산악, 해안, 고원에 위치하여 교통이 편리
환경	뛰어난 자연경관, 소박한 취락경관	인공화, 과밀화	수려한 경관
발달 정도	전통적 온천지가 대부분	신흥온천지가 대부분	전통적 온천지가 많다.
자본형태	그 고장의 토착자본이 중심	외래자본의 진출에 의하여 형성	외래자본의 진출에 의해 발달
온천의 성격	공통탕이 많고, 내탕이 있고, 효능이 탁월	공통탕 또는 인탕(引湯)을 가지며, 사유의 것으로 되어 있다. 효능은 무시되고 있는 것이 일반적이다.	공통탕 도는 인탕을 가지고 있으며, 사유의 것으로 되어 있다. 효능은 무시되고 있는 것이 일반적이다.
숙박형태	자취나 반자취인 경우가 많다. 저요금이며, 장기체제의 내방객이 많다(1주일 이상).	숙식을겸하는경우가많으며, 요금이 비싸다. 단기체재(당일이나 1박)	저요금, 단기체재(수일체재)
이용객층	농민, 무직, 노인층이 다수로 단독이나 소그룹 고정객	회사원, 단체, 중년층, 장년층, 소그룹 형태의 학생	회사원, 청소년층이 주류, 소그룹이나 가족동반 형태
입탕권	도내, 인접군에서 오는 지방시장을 갖는 것이 특징	대도시의 관광시장을 가지고 있고, 전국적으로 광역화되어 있다.	대도시의 관광시장을 가지고 있다.
관광산업	여관 외의 일용식료, 잡화점이 많고, 관광산업의 지위가 낮다. 겸업의 형태가 많고, 상술이 발달되지 않아 서비스가 미약하다.	여관, 호텔, 토산품점, 식당 외에 유흥시설이 많다. 관광산업지위가 높고, 전문화되어 있다.	여관, 토산품점, 식당들은 많으나, 유흥시설은 적고, 관광산업의 지위는 중간 정도이다.
노동력	가정노동 중심이다.	고용 능력이 크다	중간 정도
개발경향	산책로	레저시설이 잘 되어 있다. 숙박시설이 대형화되어 있고, 부대시설이 충실하다.	스키장, 골프장, 별장지가 개발되어 있다.

자료 : 김정옥, 상게서.

4) 동굴관광자원

동굴은 형성원인에 따라 자연동굴과 인공동굴로 구분할 수 있는 데, 자연동굴은 생성원인에 따라 용암동굴, 석회동굴, 해식동굴로 구분된다.

용암동굴의 생성은 지하 깊은 곳에 있던 암장이 지표에 분출하면서 시작된다[이것을 용암(Lava)이라고 한다]. 이 때 용암이 화구에서 산지사면을 따라 정상에서 흘러내릴 때, 그 용암류는 공기와 마찰되어 내부는 그대로 방향을 계속하여 유출하게 된다. 이렇게 하여 내부에는 길다란 공동을 형성하게 되는 데, 이것을 용암동굴이라고 부른다(김병문). 우리나라는 강원도 철원지역과 울릉도, 제주도 지역이 용암지대에 해당하는 데, 제주도의 만장굴은 그 길이에 있어서 세계 최장의 길이를 자랑하고 있다.

석회동굴은 석회암이 지중에 있을 때 빗물이 구조선이나 절리를 따라 지하로 스며 석회암을 용식시킴으로 석회동을 형성하게 된다. 이때 천장에서 하부로 매달리면서 형성된 점적석을 종유석이라 부르고, 석회동 바닥에서 상부로 향하여 형성된 유침석을 석순이라 부른다(김병문). 우리나라는 성류굴, 고씨동굴, 용담굴, 관음굴, 고수동굴 등이 잘 알려져 있다.

해식동굴은 해안에서 끊임없이 일어나는 파도에 의하여 만들어진 동굴을 말한다. 특히, 해안이 암석으로 형성되었을 경우 계속되는 파도는 암석을 침식하게 되고, 또 절리나 균열이 생기면 이 부분은 다른 부분보다 빨리 파괴 · 침식되어 동굴을 형성한다(김병문). 해식동굴로 대표적인 것은 제주도의 산방굴, 정방굴을 비롯하여 울릉도와 독도 등의 지역에도 발달되어 있다.

동굴은 일반적으로 관광객의 관광욕구를 충족시켜 주지만, 학술적인 측면에서 많은 연구자료를 제공한다는 점에서 보존 혹은 보호의 가치가 우선되기도 한다. 더욱이 동굴은 주변의 산악, 하천, 계곡 등 주변의 수려한 자원과 함께 연계하여 개발되면 관광자원으로서의 가치는 증대될 것이다.

5) 해양관광자원

우리나라는 반도국가로 3면이 바다로 둘러싸여 있는 관계로 해양관광자원이 풍부하여 이들 자원의 개발 가능성과 잠재력은 매우 높다고 할 수 있다. 특히 약 3,000개가 넘는 섬과 11,000km가 넘는 해안선은 그 관광잠재력을 말해주는 대표적인 증거라고 할 수 있다. 해양관광자원은 그 특성상 해상교통을 이용하여 주변의 경관을 감상하는 관광의 형태가 있는가 하면, 요트, 보트, 해수욕, 스킨스쿠버, 수중탐험 등과 같은 해양 스포츠를 즐기는 형태가 있을 수 있다. 오늘날의 관광형태는 참여형의 적극적인 관광활동이 이루어지고 있는 특성을 고려할 때, 관광객이 직접 참여하여 즐길 수 있는 관광자원의 개발이 무엇보다도 중요하다 하겠다.

2. 문화적 관광자원

문화란 '한 집단이 공유하고 있는 사상, 윤리, 가치, 신념, 철학 등의 총체를 의미하는 것'으로 이러한 문화의 산물로서 나타나는 생활양식과 정신세계 등을 나타내는 유 · 무형의 자원을 말하는 것이다. 특히, 문화관광자원은 역사적, 예술적 가치가 큰 것으로 한 민족 혹은 국가의 위상을 확인할 수 있는 중요한 유산이 되는 것이다.

우리나라는 문화재 보호법에 의하여 문화재를 유형문화재, 무형문화재, 기념물, 민속자료 등으로 분류하여 관리 및 보존을 하고 있다.

유형문화재는 성벽, 서적, 회화, 공예품, 석탑, 조각, 기타 유형의 문화적 소산으로서 우리나라의 역사상 혹은 예술상 가치가 큰 것과 이에 준하는 고고자료를 말한다. 그 중 중요한 것은 보물로 지정하고, 보물 중에서 그 가치가 현저하고 인류문화의 견지에서 특출하고 희귀한 것을 국보로 지정하여 보존 · 보호하고 있다.

무형문화재는 연극, 음악, 공예기술, 무용, 기타 무형의 문화적 소산으로서 역사상 혹은 예술상의 가치가 큰 것을 말한다. 또한 중요한 기능을 보유한 사람을 지정하여 이를 전승하고 보존하게 하는데, 이를 인간문화재라고 한다.

기념물은 고분, 패총, 기타 사적지, 경승지, 동물, 식물, 광물 등 우리나라의 역사적 · 학술적 · 예술적 가치가 큰 것을 기념물로 지정하여 보존 · 보호하고 있다.

민속자료는 의식주, 생업, 신앙, 연중행사 등에 관한 풍속 · 관습과 이에 사용되는 의복, 기구, 가옥 등으로 국민생활의 추이를 이해하는 데 없어서는 안 되는 것을 민속자료라고 한다.

표 6-8 주요 문화관광자원

구분	주요자원
유형문화재	국보 : 남대문, 원각사지 10층석탑, 북한산 진흥왕 순수비, 법주사 사자석 등 보물 : 동대문(홍인지문, 보신각종, 원각사비)
무형문화재	연주 : 인형극, 가면극, 산대놀이, 봉산탈춤, 오방대별신굿종이 음악 : 예제악, 연례악, 대취파, 산조, 시조, 농악, 민요 무용 : 탈춤, 바라춤, 승무 공예기술 : 도자기 공예, 금속 공예, 죽세 공예
기념물	사적 : 경주 포석정, 수원성, 부여 부소산성(등의 역사적 기념물) 사적 및 명승 : 경주 불국사 경내, 내물왕릉, 속리산 법주사 일원, 가야산 해인사 일원(등 자연풍경과 역사의 자취가 있는 곳) 명승 : 거제 해금강, 해남 대둔산 일대, 명주군 소금강(순수한 자연경관만 있는 곳) 천연기념물 : 달성의 측백나무, 합천 백조 도래지, 서울 통의동 백송
민속자료	유형민속자료 무형민속자료

3. 사회적 관광자원

문화관광자원은 자원이 시각적으로 감상할 수 있는 유형적인 용구(用具)문화의 속성이라고 하면, 사회적 자원은 그 용구문화를 창조해 낼 수 있는 사회 규범적인 무형의 생활양식을 뜻한다(김정옥). 따라서 사회적 관광자원은 한 사회의 풍속, 생활, 예술, 종교, 철학, 스포츠, 음악, 무용, 사회형태, 인정, 예절 등과 같은 사회적 제도나 풍습 등이 주된 자원으로 구성되어 있다. 따라서 민속행사, 향토축제 · 향토특산물 등은 물론 서울종합운동장, 올림픽 공원 등과 같은 각종 스포츠 · 레저시설, 세종문화회관, 국회의사당 등의 교육 · 사회공공시설, 풍기 인삼, 한산 모시, 대구 사과, 통영의 나전칠기 등은 중요한 사회적 자원이 되고 있다.

〈표 6-9〉는 강원도 시 · 군의 주요 향토 문화제를 정리한 것이다. 이 이외에도 전

국적으로 많은 향토 문화제가 열리고 있다. 예를 들면, 경주에서 열리는 경주 문화제, 부여 · 공주에서 열리는 백제 문화제 등이 그것이다.

표 6-9 강원도의 주요 향토문화제

구분	문화재명	시기(월)	주요행사
춘천시	소양제 의암문화제	10 4	봉의제전 추모제
원주시	치악문화재	10	동악제
강릉시	단오제 율곡제	6 10	국사성황제 이율곡제향
동해시	무릉제	10	풍어제
태백시	태백제	10	단군제
속초시	설악제	10	산신제
삼척시	죽서문화제	6	삼원제
홍천군	한서문화제	10	추모제
횡성군	태풍문화제	10	태풍대제
영월군	단종제	4	단종제향충신제
평창군	노성제	10	충의제
정선군	정선아리랑제	10	충신제
철원군	태봉문화제	10	태봉제
화천군	용화축전	10	용화산신제
양구군	양록제	10	풍년제
인제군	합강문화제	9	합강제
고성군	수성문화제	10	수성제
양양군	현산문화제	7	추모제

4. 산업적 관광자원

산업적 관광자원은 현대의 기술문명의 발달과 함께 새롭게 각광을 받고 있는 자원으로 한 국가의 기술 수준을 확인시켜주는 중요한 요소이다. 따라서 산업화 · 기계화 · 과학화 등의 분야에서 앞서 있는 선진국은 산업적 관광자원을 비교적 풍부하게 가지고 있으며, 이들 자원을 활용하여 각국의 관광객을 연수 혹은 기술이전, 교육 등의 프로그램을 만들어 관광의 부가가치를 증대시키고 있다.

산업관광자원은 농 · 림 · 수산업과 관련한 기술 및 산업시설, 공업 및 첨단산업과 관련한 생산시설 및 기술, 생산공정, 유통시설, 전람회, 전시회, 사회공공시설 등의 주요 산업관광자원으로 활용되고 있다. 우리나라의 경우, 대표적인 산업적 관광자원은 세계시장에서 그 기술력을 인정받고 있는 삼성전자, 현대전자 등과 같은 반도체 공장, 세계적인 규모와 품질을 자랑하는 포항제철, 조선소, 그리고 서울 강남의 삼성동에 위치한 무역전시장 및 전시행사 등 많은 산업적 관광자원을 가지고 있다.

5. 위락적 관광자원

오늘날 관광객은 다양한 관광욕구를 가지고 있으며, 이들은 그러한 관광욕구를 충족시키는 행위에 적극적으로 참여하고 있고, 가치지향적인 관광활동을 하고 있는 것이 대표적인 특징이라고 할 수 있다. 이러한 관광활동에 기인하여 관광객의 다양한 욕구를 충족시키기 위하여 여러 가지 형태의 위락적 관광활동공간 혹은 시설이 마련되었는데, 이러한 현상은 다른 관광자원에 비하여 비교적 최근의 일이라고 할 수 있다. 그리고 위락적 관광자원은 현대관광 현상에 비추어 볼 때, 그 성장속도는 매우 빠를 것이라 짐작된다.

우리나라의 대표적인 위락적 관광자원은 용인 에버랜드, 어린이 대공원, 드림랜드, 서울랜드, 롯데월드 어드벤쳐, 63빌딩 등을 들 수 있으며, 이들 이외에 많은 위락적 관광자원이 존재하고 있으며, 개발 또한 지속적으로, 다양하게 이루어질 것이다.

제3절 관광목적지 선택속성

이 절은 관광목적지로서의 관광자원의 이해를 도모하기 위하여 정리한 것이다. 관광목적지는 각각의 관광자원이 모여서 하나의 관광지 혹은 관광단지가 되어 관광욕구를 충족시킬 수 있는 관광장소가 되어 많은 사람들이 이러한 관광목적지를 방문하여 관광활동을 하게 되는 것이다.

관광객이 관광목적지를 선택하는 데는 경제적인 요인, 사회 · 문화적인 요인, 환경적인 요인 등 많은 요인이 작용하게 된다. 관광객은 이러한 여러 가지 요인을 검토하여 자신의 관광욕구를 최적으로 만족시켜 줄 수 있는 관광목적지를 선택하여 관광을 행하게 되며, 관광을 행하는 과정에서 관광객들의 욕구를 충족시켜주는 요인이 많으면 많을수록 그 관광목적지의 가치는 증대된다고 볼 수 있다.

그러면 관광객이 관광목적지를 선택하는 데 있어서 중요하게 고려되는 요인은 무엇일까? 아마도 많은 것들이 생각될 것이다. 예를 들면, 운송기관, 도로, 거리, 소득, 관광자원의 매력성, 숙박시설, 위락시설, 안내, 지역주민 등 무수하게 많은 요인들이 있을 것이다. 그리고 관광객은 이러한 요인들을 검토하여 관광목적지를 최종적으로 결정하게 된다.

그러나 그러한 모든 요인들이 똑같은 비중을 차지하는 것은 아니며, 어떠한 요인들은 관광객에게 중요하게 인식이 되는 것이 있는가 하면, 어떠한 요인들은 선택의 과정에서 중요성이 낮은 요인들도 있다.

이러한 관점에서 관광객이 관광목적지를 선택하는 데 중요하게 고려되는 요인이 무엇인지를 확인한다는 것은 매우 중요한 일인 것이다. 그러므로 우리는 여기서 관광목적지를 선택하는 데 중요하게 고려되는 요인들을 실제 조사사례를 통하여 살펴보기로 하자.

1. 관광목적지 선택속성

관광객들의 관광지 선택은 어떤 부분적인 단서, 즉 어떤 특정한 매력속성에 의해 형성된 이미지와 같은 것에 의해서 관광지의 선택에 영향을 받는다(김원인). 다시 말하면, 관광지에 대한 개인의 이미지 형성 및 선호속성들은 각각의 장소가 갖는 공간 환경의 특징을 반영하는 매력속성들이 될 수 있으며, 의사결정권자로 하여금 관광지를 선택하게 하는 유인요인이 된다.

버카트와 메드릭(Bukart & Medlik)은 관광지 선택유형에 관한 연구에서 특정한 사회적 · 물리적 환경 속에서 인간은 성장하게 되므로, 그 사회에서 형성된 공통적이며 일반적인 위락활동의 선호유형을 가지게 된다고 제시하였고, 브라운과 로스(Brown & Ross)는 잠재관광객들의 다양한 위락경험에 대한 욕구에 의해서 위락장소에 대한 선호가 형성된다고 주장하였다. 구체적으로 관광목적지를 선택하는 데 있어서 여러 학자들이 제시한 관광목적지의 선택속성들을 구체적으로 살펴보기로 하자.

해리스(Harris)는 관광객들이 관광지 선택을 위한 의사결정을 할 때, 선호하는 관광지의 공간환경의 속성으로 안전하고 위생적인 음식, 시설, 분위기, 아름다운 경관, 비용의 적정성, 환대, 쾌적한 기후, 생활양식, 쇼핑기회, 원활한 의사소통, 유흥, 예술 · 박물관의 유무 등 13개의 제시하였다. 칼슨(Carlson)은 관광객들의 관광지 선택속성으로 역사 · 문화 · 교육, 즐거움 · 휴식 · 일상탈출, 타인과의 교류 · 색다른 생활양식의 경험, 자연경관, 안락함, 편리함, 쇼핑 · 소비 · 음식 · 접근성 · 수용력, 새로운 경험, 특이함 · 유일성, 자녀 지향적인 활동, 예술 · 문화, 호기심 · 색다름, 스포츠 활동, 동반집단 활동의 유무, 상거래 상태, 계획 · 조직 등 16가지의 속성을 추출하였다. 피잠과 뉴만(Pizam, Neumann & Reichel)은 관광객 만족에 관한 연구에서 숙박시설, 식음료시설, 근접성, 자연적 경관 및 매력성, 비용, 오락 · 편의시설, 환대성, 관광정보의 타당성 등이 관광지 선택에 있어서 만족도 요인에 영향을 미치는 주요한 속성이라고 밝혔다. 메디슨과 월(Mathieson & Wall)는 위락 및 관광시설, 관광지의 물리적 · 사회적 · 정치적 환경, 내부적인 접근성 등이 관광지 선택에 영향을 미치는 주요한 속성이라고 밝혔다. 유안과 맥도날드(Yuan & McDonald)는 관광지에서의 비용,

인위적인 시설, 생태계, 접근성, 이용 가능한 활동유형 등이 관광지를 선택하게 하는 속성이라고 밝혔다.

한편 한국의 관광학자들이 제시한 관광목적지 선택속성을 보면, 김원인은 롯데월드, 드림랜드, 서울랜드 등 오락관광지를 대상으로 관광매력 속성에 대한 인지도와 선호도에 관한 연구에서 비일상적인 경험을 통한 기분전환, 긴장해소, 체험을 통한 산교육의 효과, 접근성, 새롭고 아름다운 경관 감상, 다양하고 볼 만한 동식물, 지난날의 추억 · 향수, 비일상적이고 재미있는 특별한 놀이활동, 친구 · 친지 · 가족과의 우의 · 사랑증진, 특별하고 좋은 음식, 즐겁고 다양한 쇼핑기회, 경제적인 여가 시간의 활용, 안전하고 쾌적한 매력적인 장소 등 12개의 관광지 선택 의사결정 기준이 되는 속성을 설정하였고, 김성혁 · 안대희는 주제공원의 이용 전 중요도와 이용 후 만족도를 연구하면서 29개의 하위항목을 이용하여 친절성, 휴식 · 휴양, 내부분위기, 여흥, 시설의 편의성, 가격 등 6개의 주제공원 선택행동에 관한 속성을 밝혔다. 정성채는 노인층과 청소년층을 대상으로 관광지 선호 프로필을 연구하면서 문헌연구와 실증연구를 통해 친절, 안전, 쉽게 갈 수 있는 곳, 기후, 가격의 저렴성, 경관, 편의시설, 휴식, 가족관광의 편의성, 음식, 역사 · 문화유산, 휴양 · 리조트 시설, 레크리에이션이나 여가시설, 유흥시설의 다양성 등 27개의 관광지 선호요인을 설정하였다.

이와 같이 여러 학자들의 관광목적지 선택속성을 검토해 본 결과, 관광지의 유형에 따라 관광목적지의 선택속성에 약간의 차이를 보이고 있다는 것을 알 수 있다. 이를 정리한 것이 〈표 6-10〉이다.

표 6-10 관광목적지 선택속성요인

연구자	관광지 선택속성
Harris (1972)	안전하고 위생적인 음식, 시설, 그리고 분위기, 아름다운 경관, 비용의 적정성, 환대(歡待), 쾌적한 기후, 생활양식, 쇼핑기회, 원활한 의사소통, 밤의 유흥(遊興), 예술 · 박물관의 유무 등 13개 속성 설정.
Carlson (1976)	역사 · 문화 · 교육, 즐거움, 휴식, 일상탈출, 타인과 교류, 색다른 생활양식의 경험, 자연경관, 안락함 · 편리함, 쇼핑 · 소비 · 음식, 접근성 · 수용력, 새로운 경험, 특이함 · 유일성, 자녀 지향적인 활동, 예술 · 문화, 호기심, 색다름, 스포츠 활동, 동반집단 활동의 유무, 상거래 상태, 계획 · 조직 등 16가지의 속성 설정.

Pizam, Neumann & Reichel (1978, 1979)	숙박시설, 식·음료시설, 근접성, 자연적 경관 및 매력성, 비용, 오락·편의시설, 환대성, 관광정보의 타당성 등이 관광지 선택에 영향을 미치는 주요한 속성.
Mathieson & Wall(1983)	위락 및 관광시설, 관광지의 물리적·사회적·정치적 환경, 내부적인 접근성 등이 관광지 선택에 영향을 미치는 주요한 속성.
Yuan & McDonald(1990)	관광지에서의 비용, 인위적인 시설, 생태계, 접근성, 이용 가능한 활동유형 등이 관광지를 선택하게 하는 속성.
김원인 (1994)	비일상적인 경험을 통한 기분전환, 긴장해소, 체험을 통한 산 교육의 효과, 목적지까지 용이한 도달, 새롭고 아름다운 경관 감상, 다양하고 볼 만한 동식물, 지난날의 추억·향수, 비일상적이고 재미있는 특별한 놀이활동, 친구·친지·가족과의 우의, 사랑증진, 특별하고 좋은 음식, 즐겁고 다양한 쇼핑기회, 경제적인 여가 시간의 활용, 안전하고 쾌적한 매력적인 장소 등 12개의 관광지 선택의사 결정기준이 되는 속성 설정.
김성혁·안대희 (1995)	29개의 하위항목을 이용하여 친절성, 휴식, 휴양부문, 내부분위기 부문, 여흥부문, 시설의 편의성 부문, 가격 부문 등 6개의 주제공원 선택행동에 관한 속성 설정.
정성채 (1997)	친절함, 안전함, 쉽게 갈 수 있는 곳, 기후가 좋음, 값이 쌈, 경관이 좋음, 편의시설 존재 여부, 휴식을 취할 수 있음, 가족관광에 좋음, 음식이 좋음, 역사·문화 유산이 있음, 휴양·리조트 시설의 존재 여부, 레크리에이션이나 여가시설의 존재 여부, 유흥시설이 다양하게 갖춰짐 등 27개의 관광지 선호요인 설정.

2. 사례분석

1) 조사방법의 개관

관광객의 특성에 따른 관광지 선택행동에 관한 조사를 위하여 다음과 같은 설문지를 구성하였다.

첫째, 선행연구를 통해서 관광객들이 중요하게 인식하는 관광지 선택속성을 도출하여 제시하고, 선택속성의 중요도 요인 및 만족도 요인 크기를 리커트 7점 척도를 이용하여 비교하였다.

둘째, 관광객의 관광행태에 대한 일반적 특성을 분석하기 위해서 관광목적, 동반형태, 체제일수, 비용, 교통수단 등 12가지 변수를 설정하였다.

셋째, 관광객들의 인구 통계적 사항으로 성별, 연령별, 직업별 등 6가지의 변수로 설문지를 구성하였다.

설문조사는 개인면접을 통한 직접 자기기입 방법을 통해서 측정상의 오류를 최소화하였고, 설문대상은 오대산국립공원, 용평리조트, 이효석 '메밀꽃 필 무렵'의 봉평 등 자연 및 인문관광자원이 비교적 풍부하고 면적이 넓은 강원도 평창지역 방문 관광객을 대상으로 하였다.

2) 조사결과

(1) 표본의 인구 통계적 특성 및 일반적인 특성분석

본 연구는 강원도 평창군, 즉 용평리조트, 휘닉스 파크, 오대산 국립공원, 봉평 등 평창군 일대를 방문한 관광객을 대상으로 연구하였는데, 그들의 인구 통계적인 특성과 관광행동에 대한 일반적인 특성을 파악하기 위해서 성, 연령, 학력, 직업, 소득, 거주지(이상 인구 통계적 특성), 방문목적, 방문횟수, 동반형태, 동반자수, 방문기간(이상 일반적 특성)으로 구분하여 빈도분석을 실시하였다.

표본에 대한 인구 통계적 특성에 대한 결과는 〈표 6-11〉과 같고 일반적 특성에 대한 결과는 〈표 6-12〉와 같다.

표 6-11 표본의 인구통계적 특성

구분		빈도수	%	구분		빈도수	%
성별	남 여	136 114	54.4 45.6	학력별	고졸 이하 전문 · 대졸 대학원 이상	70 174 6	28.0 69.6 2.4
연령별	20세 미만 20~29세 30~39세 40~49세 50세 이상	8 149 50 32 11	3.2 59.6 20.0 12.8 4.4	직업별	회사원 자영업 공무원 학생 기타	147 38 15 20 30	58.8 15.2 6.0 8.0 12.0
소득별	100~149만 원 150~199만 원 200만 원 이상 기타	167 46 23 14	66.8 18.4 9.2 5.6	거주지별	경기도 서울 충청도 강원도 기타	60 117 7 50 16	24.0 46.8 2.8 20.0 6.4

표 6-12 표본의 일반적인 특성분석

구분		빈도수	%	구분		빈도수	%
방문목적	관광	175	70.0	동반형태	가족동반	72	28.8
	공적 업무	16	6.4		친구동반	99	39.6
	친구 · 친지방문	31	12.4		직장동료	34	13.6
	기타	28	11.2		기타	45	18.0
방문횟수	1회	64	25.6	방문기간	당일	32	12.8
	2회	24	9.6		1박 2일	68	30.4
	3회	28	11.2		2박 3일	42	16.8
	4회	12	4.8		3박 4일	56	22.4
	5회 이상	122	48.8		4박5일 이상	44	17.6
동반자수	1~5명	195	78.0	여행비용	10만 원 이하	115	46.0
	6~9명	33	13.2		10~20만 원	97	38.8
	10명 이상	22	8.8		20만 원 이상	38	15.2
교통수단	대중교통	90	36.0	방문계절	봄	46	18.4
	자가용	131	52.4		여름	87	34.8
	관광버스	29	11.6		가을	44	17.6
	기타	0	0.0		겨울	23	9.2
					연중	50	20.0
사전 방문지	영월, 정선	67	26.8	사후 방문지	영월, 정선	61	24.4
	동해안	98	39.2		동해안	76	30.4
	치악산(원주)	65	26.0		치악산(원주)	85	34.0
	기타	20	8.0		기타	28	11.2
구매한 농특산물	감자	34	13.6	농특산물 구매장소	농가	40	16.0
	옥수수	28	11.2		고속도로변	34	13.6
	버섯, 고추, 꿀	20	8.0		국도변 판매장	19	7.6
	황태	44	17.6		5일장터	44	17.6
	한우고기	21	8.4		관광지 내	68	27.2
	산나물	48	19.2		기타	45	18.8
	더덕	55	22.0				

(2) 관광지 선택속성에 있어서 중요도 요인 및 만족도 요인

본 조사의 목적은 관광지 선택속성의 중요도와 만족도의 차이분석 및 상관관계를 규명하는 데 초점이 맞추어져 있으며, 여러 학자들의 선행연구를 통해서 중복되는 선택속성과 평창 지역의 특성상 중요하다고 인정되는 속성 10가지로 정리하여 조사하였는데 그 결과는 〈표 6-13〉과 〈표 6-14〉와 같다.

표 6-13 관광지 선택속성에 있어서 중요도 요인

관광지 선택속성 중요도 요인	평균	편차	순위
자연적인 풍경 및 경관(f1)	6.38주)	0.98	(1)
거주민들의 친절성(f10)	6.14	1.11	(2)
관광정보 이용의 용이성(f9)	5.78	1.26	(3)
인문적인 관광시설(f7)	5.71	1.20	(4)
접근의 용이성(f8)	5.56	1.41	(5)
관광지의 식음료시설(f6)	5.47	1.17	(6)
관광지의 숙박시설(f5)	5.45	1.31	(7)
관광지의 레크리에이션시설(f2)	5.10	1.50	(8)
역사적 · 문화적 관광자원(f4)	5.09	1.44	(9)
관광지의 유흥 및 오락시설(f3)	4.79	1.55	(10)

주) 평균값은 4를 기준으로 1로 갈수록 '매우 중요하지 않음'을, 7로 갈수록 '매우 중요함'을 나타냄.

표 6-14 관광지 선택속성에 있어서 만족도 요인

관광지 선택속성 만족도 요인	평균	편차	순위
자연적인 풍경 및 경관(f1)	5.83주)	1.07	(1)
거주민들의 친절성(f10)	5.08	1.41	(2)
관광지의 식음료시설(f6)	4.37	1.28	(3)
관광지의 숙박시설(f5)	4.35	1.29	(4)
인문적인 관광시설(f7)	4.14	1.21	(5)
관광지의 유흥 및 오락시설(f3)	3.96	1.24	(6)
역사적 · 문화적 관광자원(f4)	3.95	1.13	(7)
관광지의 레크리에이션시설(f2)	3.90	1.36	(8)
관광정보 이용의 용이성(f9)	3.82	1.43	(9)
접근의 용이성(f8)	3.66	1.46	(10)

주) 평균값은 4를 기준으로 1로 갈수록 '매우 만족하지 않음'을, 7로 갈수록 '매우 만족함'을 나타냄.

(3) 관광지 선택속성에 있어서 중요도 요인과 만족도 요인 간의 차이 분석

본 조사의 첫 번째 연구목적은 선행연구를 통해서 도출된 관광객의 관광지 선택속성에 있어서 '중요도 요인과 만족도 요인 간의 차이를 규명하는 것인데, 분석결과 모든 요인에서 중요도 요인의 평균값이 만족도 요인의 평균값보다 높게 나타나 모든 요인에서 통계적으로 유의적인 차이를 보였으며, 이는 결과적으로 관광객들은 모든 관광지 선택속성요인에 대하여 중요하게 인식하고 있지만 중요하게 인식하는 만큼의 만족은 하지 못하고 있다고 볼 수 있다. 그 결과는 〈표 6-15〉와 같다.

표 6-15 관광지 선택속성에 있어서 중요도 요인과 만족도 요인 간의 차이 분석

관광지 선택속성 요인	평 균	표준편차	T-값 P-유의도
	중요도 요인 만족도 요인	중요도 요인 만족도 요인	
자연적인 풍경 및 경관(f1)	6.3760[주)] 5.8320	0.981 1.068	4.75 0.000***
관광지의 레크리에이션 시설(f2)	5.0960 3.9040	1.500 1.359	7.00 0.000***
관광지의 유흥 및 오락시설(f3)	4.7920 3.9600	1.552 1.240	4.59 0.000***
역사적 · 문화적 관광자원(f4)	5.0880 3.9520	1.443 1.128	6.37 0.000***
관광지의 숙박시설(f5)	5.4480 4.3520	1.310 1.291	6.88 0.000***
관광지의 식음료시설(f6)	5.4720 4.3680	1.175 1.280	7.46 0.000***
인문적인 관광시설(f7)	5.7120 4.1440	1.204 1.210	9.56 0.000***
접근의 용이성(f8)	5.5600 3.6640	1.411 1.459	9.38 0.000***
관광정보 이용의 용이성(f9)	5.7760 3.8160	1.263 1.433	10.78 0.000***
거주민들의 친절성(f10)	6.1440 5.0800	1.105 1.412	7.23 0.000***

주) 평균값은 4를 기준으로 1로 갈수록 '매우 중요(만족)하지 않음'을, 7로 갈수록 '매우 중요(만족)함'을 나타냄. *** $p<0.01$

(4) 관광객 특성에 따른 중요도 요인에 대한 차이 분석

본 조사의 두 번째 연구목적은 관광객의 특성, 즉 인구 통계적 특성 및 일반적인 특성에 따라서 관광지 선택속성의 중요도 요인의 차이를 규명하는 것이다. 연구결과,

인구 통계적 특성에서는 성별, 학력별, 직업별, 거주지별로, 일반적인 특성에서는 방문 목적별, 방문 횟수별, 동반자 형태별, 동반자 수별, 방문 기간별로 몇 개의 선택속성에서 통계적으로 유의적인 차이를 보였다. 구체적인 결과를 요약하면 다음과 같다.

❶ 인구 통계적 특성에 따른 중요도 요인의 차이 분석

■ 성별

관광객의 성별에 따라서 중요도 요인에는 어떠한 차이가 있는가를 알아보았다. 그 결과 10개의 선택속성 중에서 관광지의 숙박시설과 관광지의 식음료시설 요인에서 통계적으로 유의한 차이를 보였다. 평균값 비교에서는 여자가 남자보다 중요도 요인을 높게 평가한 것으로 나타났다.

표 6-16 성별에 따른 중요도 요인에 대한 차이 분석

인구통계적 특성 / 중요도 요인	성 별		T-값 P-유의도
	남(n=136)	여(n=114)	
관광지의 숙박시설(I5)	5.3824 (1.120)	5.5263 (1.513)	8.123 0.005***
관광지의 식음료시설(I6)	5.3971 (1.024)	5.5614 (1.337)	5.424 0.021**

주) 평균값은 4를 기준으로 1로 갈수록 '매우 중요하지 않음'을, 7로 갈수록 '매우 중요함'을 나타냄. ( ) 안의 수치는 표준편차를 나타낸다. * $p<0.1$, ** $p<0.05$, *** $p<0.01$

■ 학력별

관광객의 학력에 따라서 중요도 요인에는 어떠한 차이가 있는가를 알아보았다. 그 결과 10개의 선택속성 중에서 관광지의 숙박시설과 관광지 접근의 용이성 요인에서 통계적으로 유의한 차이를 보였다. 추후 검증결과에서는 대체적으로 전문대 · 대졸이 중요도 요인을 높게 평가하였고, 대학원졸 이상은 낮게 평가한 것으로 나타났다.

표 6-17 학력에 따른 중요도 요인에 대한 차이 분석

인구 통계적 특성 / 중요도 요인	학 력 별			Duncan Multiple	F-값 P-유의도
	고 졸 (n=70)	전문대 · 대졸 (n=174)	대학원졸 (n=6)		
관광지의 숙박시설(I5)	5.0000	5.6552	4.6667	1-2	3.8338 0.0243**
접근의 용이성(I8)	5.3143	5.7126	4.0000	2-3	2.9653 0.0553*

주) 평균값은 4를 기준으로 1로 갈수록 '매우 중요하지 않음'을, 7로 갈수록 '매우 중요함'을 나타냄. 1=고졸, 2=전문대 · 대졸, 3=대학원; * p<0.1, ** p<0.05, *** p<0.01

■ 연령별

관광객의 연령에 따라서 중요도 요인에는 어떠한 차이가 있는가를 알아보았다. 그 결과 10개의 선택속성 모든 요인에서 통계적으로 유의한 차이를 보이지 않았다. 즉 연령에 상관없이 대체적으로 중요도 요인을 높게 평가하였다.

■ 직업별

관광객의 직업에 따라서 중요도 요인에는 어떠한 차이가 있는가를 알아보았다. 그 결과 10개의 선택속성 중에서 관광지의 숙박시설 요인에서만 통계적으로 유의한 차이를 보였는데, 대체적으로 회사원과 자영업 집단이 중요도 요인을 높게 평가하였고, 학생과 주부, 노인 등 기타집단은 낮게 평가한 것으로 나타났다.

표 6-18 직업별에 따른 중요도 요인에 대한 차이 분석

인구 통계적 특성 / 중요도 요인	직 업 별					Duncan Multiple	F-값 P-유의도
	회사원 (n=147)	자영업 (n=38)	공무원 (n=15)	학생 (n=20)	기타 (n=30)		
관광지의 숙박시설(I5)	5.6351	5.5789	5.5714	5.0000	4.6000	5-2, 5-1	5.4480 0.0531*

주) 평균값은 4를 기준으로 1로 갈수록 '매우 중요하지 않음'을, 7로 갈수록 '매우 중요함'을 나타냄. 1=회사원, 2=자영업, 3=공무원, 4=학생, 5=기타; * p<0.1, ** p<0.05, *** p<0.01

■ 소득별

관광객의 소득에 따라서 중요도 요인에는 어떠한 차이가 있는가를 알아보았다. 그 결과 10개의 선택속성 모든 요인에서 통계적으로 유의한 차이를 보이지 않았다. 즉 소득에 상관없이 대체적으로 중요도 요인을 높게 평가하였다.

■ 거주지별

관광객의 거주지에 따라서 중요도 요인에는 어떠한 차이가 있는가를 알아보았다. 그 결과 10개의 선택속성 중에서 관광지의 숙박시설과 관광정보이용의 용이성 요인에서 통계적으로 유의한 차이를 보였다. 추후 검증결과에서는 각 요인에 따라서 조금의 차이는 있지만, 대체적으로 서울에 거주하는 관광객 집단이 중요도 요인을 높게 평가하였고, 충청도 거주자는 낮게 평가한 것으로 나타났다.

표 6-19 거주지별에 따른 중요도 요인에 대한 차이 분석

인구 통계적 특성 / 중요도 요인	거주지별					Duncan Multiple	F-값 P-유의도
	경기도 (n=60)	서울 (n=117)	충청도 (n=7)	강원도 (n=50)	기타 (n=16)		
관광지의 숙박시설(I5)	5.1000	5.86305	4.6667	5.2000	4.7543	5-2, 1-2, 4-2	2.7165 0.0232**
관광정보 이용의 용이성(I9)	5.3667	5.8644	5.0000	6.2800	5.4221	5-4, 1-4	2.3762 0.0429**

주) 평균값은 4를 기준으로 1로 갈수록 '매우 중요하지 않음'을, 7로 갈수록 '매우 중요함'을 나타냄. 1=경기도, 2=서울, 3=충청도, 4=강원도, 5=기타지역; * $p<0.1$, ** $p<0.05$, *** $p<0.01$

❷ 일반적 특성에 따른 중요도 요인의 차이 분석

■ 방문목적별

관광객의 목적에 따라서 중요도 요인에는 어떠한 차이가 있는가를 알아보았다. 그 결과 10개의 선택속성 중에서 관광지의 레크리에이션 시설과 관광지 거주민의 친절성 요인에서 통계적으로 유의한 차이를 보였다. 추후 검증결과에서는 각 요인에 따라서 약간의 차이가 있었는데, 구체적으로 살펴보면, 관광지의 레크리에이션 시설요인

에서는 친목회 등 기타집단이 중요도 요인을 높게 평가하였고, 공적 업무집단은 낮게 평가하였으며, 관광지 거주민의 친절성 요인에서는 대체적으로 모든 집단에서 높게 평가하였는데, 관광을 목적으로 한 집단만이 낮게 평가하였다.

표 6-20 방문목적별에 따른 중요도 요인에 대한 차이 분석

일반적인 특성 / 중요도 요인	방문목적별				Duncan Multiple	F-값 P-유의도
	관광 (n=175)	공적 업무 (n=16)	친구. 친지 (n=31)	기타 (n=28)		
관광지의 레크리에이션 시설(I2)	5.2273	3.5000	4.8000	5.5000	2-3, 2-1, 2-4	4.0585 0.0087***
거주민들의 친절성(I10)	5.9773	6.8750	6.2667	6.6429	1-4, 1-2	2.9842 0.0340**

주) 평균값은 4를 기준으로 1로 갈수록 '매우 중요하지 않음'을, 7로 갈수록 '매우 중요함'을 나타냄. 1=관광, 2=공적 업무, 3=친구.친지, 4=기타; * p〈0.1, ** p〈0.05, *** p〈0.01

■ 방문횟수별

관광객의 방문횟수에 따라서 중요도 요인에는 어떠한 차이가 있는가를 알아보았다. 그 결과 10개의 선택속성 중에서 관광지의 레크리에이션 시설, 관광지의 유흥 및 오락시설, 관광지의 숙박시설, 관광지의 식음료시설, 인문적인 관광시설, 접근의 용이성, 관광정보 이용의 용이성 요인에서 통계적으로 유의한 차이를 보였다. 추후 검증결과에서는 각 요인에 따라서 약간의 차이는 있지만, 대체적으로 방문횟수가 증가할수록 중요도 요인을 높게 평가하였다.

표 6-21 방문횟수별에 따른 중요도 요인에 대한 차이 분석

일반적인 특성 / 중요도 요인	방문횟수별					Duncan Multiple	F-값 P-유의도
	1회 (n=64)	2회 (n=24)	3회 (n=28)	4회 (n=12)	5회~ (n=122)		
관광지의 레크리에이션 시설(I2)	4.1875	5.1667	4.7857	5.6667	5.5738	1-5, 1-4	5.5749 0.0004***
관광지의 유흥 및 오락시설(I3)	4.0938	4.9167	4.1429	5.5000	5.2131	1-5, 3-5	4.0497 0.0041***

관광지의 숙박시설(I5)	5.1250	4.5833	5.0714	5.1667	5.9016	2-5, 3-5, 1-5	4.4168 0.0023***
관광지의 식음료시설(I6)	5.0313	5.0833	5.3571	4.8333	5.8689	1-5, 2-5	4.0299 0.0042***
인문적인 관광시설(I7)	5.4688	5.0000	5.4286	5.5000	6.0656	2-5, 1-5	3.1353 0.0172**
접근의 용이성(I8)	5.0938	4.4167	5.5000	5.3333	6.0656	2-5, 1-5	5.5609 0.0004***
관광정보 이용의 용이성 (I9)	5.5000	5.0833	5.7857	6.6667	5.9672	2-5, 2-4	2.4958 0.0464**

주) 평균값은 4를 기준으로 1로 갈수록 '매우 중요하지 않음'을, 7로 갈수록 '매우 중요함'을 나타냄. 1=1회, 2=2회, 3=3회, 4=4회, 5=5회 이상; * p〈0.1, ** p〈0.05, *** p〈0.01

■ 동반형태별

관광객의 동반형태에 따라서 중요도 요인에는 어떠한 차이가 있는가를 알아보았다. 그 결과 10개의 선택속성 중에서 인문적인 관광시설, 접근의 용이성 요인에서만 통계적으로 유의한 차이를 보였다. 추후 검증결과에서는 각 요인에 따라서 약간의 차이는 있지만, 대체적으로 가족 및 단독여행 등 기타집단에서 중요도 요인을 높게 평가하였고, 직장동료집단은 중요도 요인 평가가 낮게 나타났다.

표 6-22 동반형태에 따른 중요도 요인에 대한 차이 분석

일반적인 특성 / 중요도 요인	동반자 형태별				Duncan Multiple	F-값 P-유의도
	가 족 (n=72)	친 구 (n=99)	직장.동료 (n=34)	기타 (n=45)		
인문적인 관광시설(I7)	5.7222	5.8163	5.0588	5.9565	3-2, 3-4	2.1685 0.0952*
접근의 용이성(I8)	5.7500	5.2857	5.2353	6.0870	2-4	2.2727 0.0836*

주) 평균값은 4를 기준으로 1로 갈수록 '매우 중요하지 않음'을, 7로 갈수록 '매우 중요함'을 나타냄. 1=가족, 2=친구, 3=직장동료, 4=기타; * p〈0.1, ** p〈0.05, *** p〈0.01

■ 동반자 수별

관광객의 동반자수에 따라서 중요도 요인에는 어떠한 차이가 있는가를 알아보았다. 그 결과 10개의 선택속성 중에서 인문적인 관광시설, 관광정보이용의 용이성 요인에서만 통계적으로 유의한 차이를 보였다. 추후 검증결과에서는 각 요인에 따라서 약간의 차이는 있지만, 대체적으로 각 집단마다 중요도 요인을 높게 평가하였다.

표 6-23 동반자 수별에 따른 중요도 요인에 대한 차이 분석

일반적인 특성 / 중요도 요인	동반자 인수별			Duncan Multiple	F-값 P-유의도
	1~5명 (n=195)	6~9명 (n=33)	10명~ (n=22)		
인문적인 관광시설(I7)	5.8367	5.2500	5.2727	–	2.4964 0.0866*
관광정보 이용의 용이성(I9)	5.8980	5.1875	5.5455	2–1	2.4329 0.0920*

주) 평균값은 4를 기준으로 1로 갈수록 '매우 중요하지 않음'을, 7로 갈수록 '매우 중요함'을 나타냄.
1=1~5명, 2=6~9명, 3=10~ ; * p〈0.1, ** p〈0.05, *** p〈0.01

■ 방문기간별

관광객의 방문기간에 따라서 중요도 요인에는 어떠한 차이가 있는가를 알아보았다. 그 결과 10개의 선택속성 중에서 자연적인 풍경 및 경관, 관광지의 레크리에이션 시설, 관광지의 유흥 및 오락시설, 관광지의 숙박시설, 관광지의 식음료시설, 인문적인 관광시설 요인에서 통계적으로 유의한 차이를 보였다. 추후 검증결과에서는 각 요인에 따라서 약간의 차이는 있지만, 대체적으로 당일 집단과 5일 이상 집단에서 중요도 요인을 높게 평가하였고, 2박 3일 집단에서는 중요도 요인 평가가 낮게 나타났다.

표 6-24 방문기간별에 따른 중요도 요인에 대한 차이 분석

일반적인 특성 / 중요도 요인	방문기간별					Duncan Multiple	F-값 P-유의도
	당일 (n=32)	1박2일 (n=68)	2박3일 (n=42)	3박4일 (n=56)	5일~ (n=44)		
자연적인 풍경 및 경관(I1)	6.6250	6.3684	5.8095	6.5357	6.5455	3-2, 3-4, 3-5, 3-1	2.4705 0.0482**
관광지의 레크리에이션 시설(I2)	5.0000	4.5526	4.6190	5.5357	6.0000	2-4, 2-5, 3-4, 3-5, 1-5	4.9563 0.0010***
관광지의 유흥 및 오락시설(I3)	4.5625	4.1316	4.667	5.2857	5.5909	2-4, 2-5	4.4557 0.0022***
관광지의 숙박시설(I5)	5.8750	5.0526	4.9048	5.9286	5.7273	3-5, 3-1, 3-4, 2-5, 2-1, 2-4	3.6753 0.0074***
관광지의 식음료시설(I6)	5.7500	5.0526	5.2381	5.7857	5.8182	2-4, 2-5	2.7686 0.0304**
인문적인 관광시설(I7)	6.1250	5.2895	5.3810	6.0357	6.0455	2-4, 2-5, 2-1	3.1757 0.0161**

주) 평균값은 4를 기준으로 1로 갈수록 '매우 중요하지 않음'을, 7로 갈수록 '매우 중요함'을 나타냄. 1=당일, 2=1박2일, 3=2박3일, 4=3박4일, 5=5일~ ; * $p<0.1$, ** $p<0.05$, *** $p<0.01$

(5) 관광객의 특성에 따른 만족도 요인에 대한 차이 분석

본 조사의 세 번째 연구목적은 관광객의 특성, 즉 인구 통계적 특성 및 일반적인 특성에 따라서 관광지 선택속성의 만족도 요인에는 어떠한 차이가 있을까? 를 규명하는 것인데, 그 결과 인구 통계적 특성에서는 성별, 연령별, 소득별, 거주지별 특성별로, 일반적인 특성에서는 방문목적별, 동반자 형태별, 동반자 인수별, 방문기간별로 몇 개의 선택속성에서 통계적으로 유의적인 차이를 보였다.

❶ 인구 통계적 특성에 따른 만족도 요인의 차이분석

■ 성별

관광객의 성별에 따라서 만족도 요인에는 어떠한 차이가 있는가를 알아보았다. 그 결과 10개의 선택속성 중에서 자연적인 풍경 및 경관, 관광지의 숙박시설, 관광지의 식음료시설, 접근의 용이성, 관광정보 이용의 용이성 요인에서 통계적으로 유의한 차이를 보였다. 평균값 비교에서는 대체적으로 여자가 남자보다 만족도 요인을 높게 평가한 것으로 나타났다.

표 6-25 성별에 따른 만족도 요인에 대한 차이 분석

만족도 요인 \ 인구 통계적 특성	성별		T-값 P-유의도
	남(n=136)	여(n=114)	
자연적인 풍경 및 경관(M1)	5.7206 (1.157)	5.9649 (0.944)	4.188 0.043**
관광지의 숙박시설(M5)	4.1912 (1.136)	4.5439 (1.440)	2.832 0.095*
관광지의 식음료시설(M6)	5.3971 (1.024)	5.5614 (1.337)	5.424 0.021**
접근의 용이성(M8)	3.6471 (1.290)	3.6842 (1.649)	4.376 0.039**
관광정보 이용의 용이성(M9)	3.8971 (1.283)	3.7193 (1.601)	3.006 0.085*

주) 평균값은 4를 기준으로 1로 갈수록 '매우 만족하지 않음'을, 7로 갈수록 '매우 만족함'을 나타냄. ( ) 안의 수치는 표준편차; 1=남, 2=여; * p〈0.1, ** p〈0.05, *** p〈0.01

■ 학력별

관광객의 학력에 따라서 만족도 요인에는 어떠한 차이가 있는가를 알아보았다. 그 결과 10개의 선택속성 모든 요인에서 통계적으로 유의한 차이를 보이지 않았다. 즉 학력에 상관없이 대체적으로 만족도 요인을 중간 정도로 평가하였다.

■ 연령별

관광객의 연령에 따라서 만족도 요인에는 어떠한 차이가 있는가를 알아보았다. 그 결과 10개의 선택속성 중에서 관광지의 식음료시설, 거주민들의 친절성 요인에서만 통계적으로 유의한 차이를 보였다. 추후 검증결과에서는 대체적으로 20세 미만과 50대 집단이 만족도 요인을 높게 평가하였고, 30대와 40대 집단은 낮게 평가한 것으로 나타났다.

표 6-26 연령별에 따른 만족도 요인에 대한 차이 분석

인구 통계적 특성 / 만족도 요인	연령별					Duncan Multiple	F-값 P-유의도
	~19세 (n=8)	20~29 (n=149)	30~39 (n=50)	40~49 (n=32)	50~ (n=11)		
관광지의 식음료시설 (M6)	5.7500	4.5067	3.8000	3.8125	5.8000	3-2, 3-1, 3-5, 4-2, 4-1, 4-5, 2-1, 2-5	5.6821 0.0003***
거주민들의 친절성 (M10)	5.5000	5.3867	4.6800	4.0625	5.4000	4-2, 3-2	3.9616 0.0047**

주) 평균값은 4를 기준으로 1로 갈수록 '매우 만족하지 않음'을, 7로 갈수록 '매우 만족함'을 나타냄.
1=~19세, 2=20~29세, 3=30~39세, 4=40~49세, 5=50~ ; * p<0.1, ** p<0.05, *** p<0.01

■ 직업별

관광객의 직업에 따라서 만족도 요인에는 어떠한 차이가 있는가를 알아보았다. 그 결과 10개의 선택속성 모든 요인에서 통계적으로 유의한 차이를 보이지 않았다. 즉 직업에 상관없이 대체적으로 만족도 요인을 중간 정도로 평가하였다.

■ 소득별

관광객의 소득에 따라서 만족도 요인에는 어떠한 차이가 있는가를 알아보았다. 그 결과 10개의 선택속성 중에서 관광지의 레크리에이션 시설요인에서만 통계적으로 유의한 차이를 보였다. 추후 검증결과에서는 대체적으로 만족도 요인을 높게 평가하였는데, 100만 원에서 149만 원 집단만이 낮게 평가한 것으로 나타났다.

표 6-27 소득별에 따른 만족도 요인에 대한 차이 분석

인구 통계적 특성 / 만족도 요인	소득별				Duncan Multiple	F-값 P-유의도
	100~149 (n=167)	150~199 (n=46)	200~ (n=23)	기타 (n=14)		
관광지의 레크리에이션 시설(M2)	3.6667	4.43043	4.4545	4.5714	1-2	2.8029 0.0428**

주) 평균값은 4를 기준으로 1로 갈수록 '매우 만족하지 않음'을, 7로 갈수록 '매우 만족함'을 나타냄. 1=100~149, 2=150~199세, 3=200~, 4=기타 ; * p<0.1, ** p<0.05, *** p<0.01

■ 거주지별

관광객의 거주지에 따라서 만족도 요인에는 어떠한 차이가 있는가를 알아보았다. 그 결과 10개의 선택속성 중에서 관광지의 자연적인 풍경 및 경관, 관광지의 숙박시설 요인에서만 통계적으로 유의한 차이를 보였다. 추후 검증결과에서는 경기도 집단이 만족도 요인을 높게 평가하였고, 충청도 집단은 낮게 평가한 것으로 나타났다.

표 6-28 거주지별에 따른 만족도 요인에 대한 차이 분석

인구 통계적 특성 / 만족도 요인	거주지별					Duncan Multiple	F-값 P-유의도
	경기도 (n=60)	서울 (n=117)	충청도 (n=7)	강원도 (n=50)	기타 (n=16)		
자연적인 풍경 및 경관 (M1)	6.2667	5.8814	4.6667	5.4400	5.7286	3-1, 4-1	2.8007 0.0199**
관광지의 숙박시설(M5)	4.6000	4.3051	3.6667	4.4000	3.5286	5-1	2.0562 0.0757*

주) 평균값은 4를 기준으로 1로 갈수록 '매우 만족하지 않음'을, 7로 갈수록 '매우 만족함'을 나타냄. 1=경기도, 2=서울, 3=충청도, 4=강원도, 5=기타; * p<0.1, ** p<0.05, *** p<0.01

❷ 일반적 특성에 따른 만족도 요인의 차이 분석

■ 방문목적별

관광객의 방문목적에 따라서 만족도 요인에는 어떠한 차이가 있는가를 알아보았다. 그 결과 10개의 선택속성 모든 요인에서 통계적으로 유의한 차이를 보이지 않았다. 즉 방문목적에 상관없이 대체적으로 만족도 요인을 중간 정도로 평가하였다.

■ 방문횟수별

관광객의 방문횟수에 따라서 만족도 요인에는 어떠한 차이가 있는가를 알아보았다. 그 결과 10개의 선택속성 중에서 역사적 · 문화적 관광자원, 관광지의 숙박시설, 인문적인 관광시설, 접근의 용이성, 관광정보 이용의 용이성 요인에서 통계적으로 유의한 차이를 보였다. 추후 검증결과에서는 대체적으로 방문 횟수가 증가할수록 만족도 요인을 낮게 평가한 것으로 나타났다.

표 6-29 방문횟수별에 따른 만족도 요인에 대한 차이 분석

일반적인 특성 / 만족도 요인	방문횟수별					Duncan Multiple	F-값 P-유의도
	1회 (n=64)	2회 (n=24)	3회 (n=28)	4회 (n=12)	5회~ (n=122)		
역사적 · 문화적 관광자원 (M4)	4.0625	4.7500	4.0714	4.0000	3.7049	5-2	2.4639 0.0487**
관광지의 숙박시설(M5)	4.4688	4.4167	5.1429	5.1667	4.0164	5-3	3.2339 0.0147**
인문적인 관광시설(M7)	4.2188	5.4167	4.4286	4.0000	3.8033	5-2, 4-2, 1-2, 3-2	5.4651 0.0004***
접근의 용이성(M8)	3.6250	4.3333	4.3571	3.6667	3.3934	5-3	2.0160 0.0965*
관광정보 이용의 용이성 (M9)	4.0625	4.7500	4.0000	4.1667	3.4262	5-1, 5-2	2.9617 0.0225**

주) 평균값은 4를 기준으로 1로 갈수록 '매우 만족하지 않음'을, 7로 갈수록 '매우 만족함'을 나타냄. 1=1회, 2=2회, 3=3회, 4=4회, 5=5회~; * p〈0.1, ** p〈0.05, *** p〈0.01

■ 동반형태별

관광객의 동반형태에 따라서 만족도 요인에는 어떠한 차이가 있는가를 알아보았다. 그 결과 10개의 선택속성 중에서 관광지의 레크리에이션 시설, 거주민들의 친절성 요인에서만 통계적으로 유의한 차이를 보였다. 추후 검증결과에서는 가족, 친구집단이 만족도 요인을 높게 평가하였고, 친목회 등 기타집단은 낮게 평가한 것으로 나타났다.

표 6-30 동반형태에 따른 만족도 요인에 대한 차이 분석

일반적인 특성 / 만족도 요인	동반자 형태별				Duncan Multiple	F-값 P-유의도
	가 족 (n=72)	친 구 (n=99)	직장동료 (n=34)	기타 (n=45)		
관광지의 레크리에이션 시설 (M2)	4.9167	5.4286	5.1765	4.5217	4-2	2.4655 0.0655*
거주민들의 친절성 (M10)	4.3611	3.8980	3.8824	3.2174	4-1	3.5212 0.0172**

주) 평균값은 4를 기준으로 1로 갈수록 '매우 만족하지 않음'을, 7로 갈수록 '매우 만족함'을 나타냄. 1=가족, 2=친구, 3=직장동료, 4=기타; * p<0.1, ** p<0.05, *** p<0.01

■ 동반자 수별

관광객의 동반자 수에 따라서 만족도 요인에는 어떠한 차이가 있는가를 알아보았다. 그 결과 10개의 선택속성 중에서 관광지의 레크리에이션 시설, 관광지의 식음료 시설, 거주민들의 친절성 요인에서만 통계적으로 유의한 차이를 보였다. 추후 검증결과에서는 대체적으로 낮은 만족도를 나타냈는데 상대적으로 볼 때, 1~5명 집단이 만족도 요인을 높게 평가한 것으로 나타났다.

표 6-31 동반자 수별에 따른 만족도 요인에 대한 차이 분석

일반적인 특성 / 만족도 요인	동반자 인수별			Duncan Multiple	F-값 P-유의도
	1~5명 (n=195)	6~9명 (n=33)	10명~ (n=22)		
관광지의 레크리에이션 시설 (M2)	5.2245	4.3750	4.8182	2-1	2.7740 0.0664*
관광지의 식음료시설(M6)	4.0408	3.3750	3.4545	-	2.3629 0.0984*
거주민들의 친절성(M10)	4.5408	4.0000	3.3636	3-1	5.2845 0.0063***

주) 평균값은 4를 기준으로 1로 갈수록 '매우 만족하지 않음'을, 7로 갈수록 '매우 만족함'을 나타냄. 1=1~5명, 2=6~9명, 3=10~ ; * p<0.1, ** p<0.05, *** p<0.01

■ 방문기간별

관광객의 방문기간에 따라서 만족도 요인에는 어떠한 차이가 있는가를 알아보았다. 그 결과 10개의 선택속성 중에서 관광지의 레크리에이션 시설, 관광지의 유흥 및 오락시설, 관광지의 숙박시설, 관광지의 식음료시설, 인문적인 관광시설, 접근의 용이성, 관광정보 이용의 용이성, 거주민들의 친절성 요인에서 통계적으로 유의한 차이를 보였다. 추후 검증결과에서는 대체적으로 낮은 만족도를 나타냈는데 상대적으로 볼 때, 방문기간이 증가할수록 만족도 요인을 낮게 평가한 것으로 나타났다.

표 6-32 방문기간별에 따른 만족도 요인에 대한 차이 분석

일반적인 특성 / 만족도 요인	방문기간별					Duncan Multiple	F-값 P-유의도
	당 일 (n=32)	1박2일 (n=68)	2박3일 (n=42)	3박4일 (n=56)	5일~ (n=44)		
관광지의 레크리에이션 시설(M2)	4.1875	4.4474	3.5714	3.6071	3.4545	5-2, 3-2, 4-2	3.1490 0.0168**
관광지의 유흥 및 오락시설(M3)	4.4375	4.2105	3.5714	3.9286	3.5909	-	2.0544 0.0911*
관광지의 숙박시설 (M5)	4.5625	4.8158	3.6190	4.4643	3.9545	3-4, 3-1, 3-2, 5-2	3.9436 0.0048***
관광지의 식음료시설 (M6)	4.3125	4.8421	3.5238	4.3929	4.3636	3-5, 3-4, 3-2	3.9400 0.0048***
인문적인 관광시설(M7)	4.1875	4.5526	3.7143	4.0000	4.0000	3-2	2.0321 0.0972*
접근의 용이성(M8)	4.2500	4.1579	2.8571	3.3214	3.5909	3-2, 3-1, 4-2	4.1162 0.0037***
관광정보 이용의 용이성(M9)	4.0625	4.2632	3.3333	3.2857	4.000	4-2, 3-2	2.8469 0.0269**
거주민들의 친절성 (M10)	5.4375	5.3421	4.2381	4.8571	5.4545	3-2, 3-1, 3-5	3.2284 0.0148**

주) 평균값은 4를 기준으로 1로 갈수록 '매우 만족하지 않음'을, 7로 갈수록 '매우 만족함'을 나타냄. 1=당일, 2=1박2일, 3=2박3일, 4=3박4일, 5=5일~ ; * p<0.1, ** p<0.05, *** p<0.01

(6) 관광지 선택속성에 있어서 중요도 요인과 만족도 요인 간의 상관관계

본 조사는 관광객의 특성에 따라서 관광지 선택속성에 있어서 중요도 요인 및 만족도 요인 간에 어떠한 차이가 있는가를 주요한 조사목적으로 알아보았다. 그 결과 이상과 같은 관광지 선택속성에서 집단들 간의 차이가 나는 것으로 조사되었는데, 이상과 같은 연구결과를 도출할 수 있도록 측정된 중요도 요인과 만족도 요인 간에는 어떠한 관련성이 있는가를 알아보았다. 〈표 6-33〉의 결과와 같이 중요도 요인과 만족도 요인 간의 일대일 대응에는 3가지 요인에서는 정(+)의 상관관계가 존재하고 2가지 요인에서는 부(-)의 상관관계가 존재하는 것을 알 수 있다.

표 6-33 중요도 요인과 만족도 요인 간의 상관관계 분석

중요도 \ 만족도	M1	M2	M3	M4	M5	M6	M7	M8	M9	M10
I1	.2224**	-	-	-.1512*	-	.1908**	-	-	-	.2983***
I2	-	.1154	-	-.1689*	-	-	-	-	-	-
I3	-.1478*	-	-.0421	-.1809**	-	-	-	-.2162***	-.2204**	-
I4	-	-	-	.1907**	-.1554*	-	-	-.2579***	-.1793**	-.1698*
I5	-	-	-	-.1763**	.0634	-	-.2395***	-.1569*	-.1919**	-
I6	-	-	-	-.2384***	-	.0927	-.2014**	-	-.1587*	-
I7	-	-	-	-.2063**	-	-	-.1541*	-.2301**	-.3068***	-
I8	-.2261**	-	-	-.2770***	-	-	-.3123***	-.2409***	-.3434***	-.2211**
I9	-	-	-	-.2001**	-	-	-.2005**	-.1813**	-.1343	-
I10	-	-	-	-	-	-	-	-	-	.1631*

* p<0.1, ** p<0.05, *** p<0.01

(7) 결론

본 조사는 시대의 흐름에 따라서 다양해진 관광객들의 욕구변화에 초점을 맞추어 잠재관광객들이 관광지를 선택할 때, 어떠한 속성을 중요시 고려하는가를 밝히고, 관광객의 특성집단에 따라서 중요도 요인 및 만족도 요인에는 어떠한 차이가 있는가를 밝혀내는 데 그 목적을 두었다. 따라서, 첫째, 관광지 선택행동에 관한 기존의 연구를 고찰하여 10개의 관광지 선택속성을 도출하였다.

둘째, 관광지 선택속성에 있어서 중요도 요인 및 만족도 요인의 전체적인 순위를 알아보았다. 그 결과 관광지 선택속성에 있어서 중요도 요인은 자연적인 풍경 및 경관, 거주민들의 친절성, 관광정보 이용의 용이성, 인문적인 관광시설 등의 순으로 나타났고, 만족도 요인은 자연적인 풍경 및 경관, 거주민들의 친절성, 관광지의 식음료 시설, 관광지의 숙박시설 등의 순으로 나타났다.

셋째, 관광지 선택속성에 있어서 중요도 요인 및 만족도 요인 간에는 어떠한 차이가 있는가?를 분석해 본 결과, 10개의 속성 모두에서 유의적인 차이가 있는 것으로 조사되었다. 이는 결과적으로 관광객들이 모든 관광지 선택속성에 대해 관광 전 중요하게 생각하고 있는 정도와 관광 후 만족하는 정도가 차이가 난다는 것을 의미한다.

넷째, 잠재관광객의 인구 통계적인 특성 및 일반적인 특성집단에 따라 관광지 선택속성에 있어서 중요도 요인 및 만족도 요인에는 어떠한 차이가 있는가를 알아보았다. 그 결과 중요도 요인에서는 인구 통계적 특성에서 성별, 학력별, 직업별, 거주지별 특성별로, 일반적인 특성에서는 방문목적별, 방문횟수별, 동반자 형태별, 동반자 수별, 방문기간별로 몇 개의 선택속성에서 통계적으로 유의적인 차이를 보였고, 만족도 요인에서는 인구 통계적 특성에서 성별, 연령별, 소득별, 거주지별로, 일반적인 특성에서는 방문목적별, 동반자 형태별, 동반자 수별, 방문기간별로 몇 개의 선택속성에서 통계적으로 유의적인 차이를 보였다.

다섯째, 이상과 같은 연구결과를 도출할 수 있도록 측정된 관광지 선택속성에 있어서 중요도 요인과 만족도 요인 간에는 어떠한 관련성이 있는가를 알아보았다. 그 결과 중요도 요인과 만족도 요인 간에는 3가지 요인에서 정(+)의 상관관계가 존재하고 2가지 요인에서 부(−)의 상관관계가 존재하는 것을 알 수 있다.

이상과 같은 연구결과를 토대로 몇 가지 시사점을 제시해 보면 다음과 같다.

첫째, 관광객 특성에 따른 관광지 선택속성에 있어서 중요도 요인의 평균값을 보면, 자연적인 풍경 및 경관, 거주민들의 친절성, 관광정보 이용의 용이성, 인문적인 관광시설이 높은 평균값을 나타냈다. 따라서 대체적으로 이들 선택속성에 대해서는 관광객의 특성집단에 관계없이 비차별적이면서 집중적인 마케팅 전략이 필요하다고 하겠다.

둘째, 관광객 특성에 따른 관광지 선택속성에 있어서 중요도 요인에서 통계적으로 유의적인 차이를 보이는 선택속성과 관광객 특성집단을 보면, 관광지 숙박시설, 인문적인 관광시설 속성이 11개의 특성집단 중에서 6개, 4개의 특성집단에서 유의적인 차이가 났다. 따라서 이들 선택속성에 대해서는 각 특성집단의 성격을 파악하여 차별적인 마케팅 전략수립이 요구된다고 하겠다.

셋째, 관광객 특성에 따른 관광지 선택속성에 있어서 만족도 요인의 평균값을 보면, 자연적인 풍경 및 경관, 거주민들의 친절성, 관광지의 식음료시설, 관광지의 숙박시설 등의 순으로 높은 평균값을 나타냈다. 그러나 중요도 요인의 평균값과 비교해 보면, 전반적으로 낮은 평균값을 나타내고, 특히 자연적인 풍경 및 경관, 거주민들의 친절성은 특성집단 간에 차이가 없는 것에 주목한다면, 이들 선택속성에 대해서는 관광객의 특성집단에 관계없이 관광객들의 만족도를 향상시키는 차원에서 종합적인 집중적 마케팅 대책이 필요하다고 하겠다.

넷째, 관광객 특성에 따른 관광지 선택속성에 있어서 만족도 요인에서 통계적으로 유의적인 차이를 보이는 선택속성과 관광객 특성집단을 보면, 레크리에이션 시설, 숙박시설, 식음료시설 속성이 11개의 특성집단 중에서 5개의 특성집단에서 유의적인 차이가 났고, 또한 이들 선택속성의 중요도 요인과 비교해 보면 상대적으로 높은 순위를 보이고 있다. 따라서 이들 선택속성을 관광객 만족과 관광지 홍보차원에서 효과적으로 활용할 필요가 있다.

제7장

관광개발

제7장

관광개발

제1절 관광개발의 의의

1. 관광개발의 개념

오늘날의 관광개발은 기본적으로 인간의 관광활동의 편의를 제공하고, 관광의 효과를 증진시키려는 목적으로 수행되기 때문에, 관광자원의 개발과 관광편의시설의 개발이 개발활동의 주요대상이 되는 것이다. 즉, 관광주체인 관광객의 욕구를 충족시키기 위한 관광활동의 장소를 제공하는 것과 관광객의 관광활동의 편익을 증진시키기 위한 관광매체의 개발을 의미한다고 할 수 있다. 그러므로 관광개발은 관광현상의 주체, 객체, 매체 및 그들 상호 간의 관계를 전반적으로 향상시키고 성장시키려는 노력의 일환으로 받아들여진다.

이러한 관점에서 김병문은 '관광개발이란 자연 및 인문관광자원에 인공시설을 가하여 자원자체가 내재하는 관광가치를 높여 관광객 유치에 기여하고, 또 관광객이 욕구충족을 위한 활동공간을 마련하기 위하여 효과적으로 토지계획을 세우고, 관광객의 관광활동을 원활하게 하기 위하여 여러 시설을 알맞게 배치시키는 배치계획을 말한다'고 하면서 '관광개발을 통한 관광지가 되기 위해서는 관광대상, 즉 관광자원이 있어야 하고, 관광시설이 정비되어야 한다'고 강조하여, 관광개발은 관광자원과 관광시설의 개발 및 정비를 주요활동으로 강조하였다.

구체적으로 관광개발의 대상은 자연 및 인문관광자원의 개발, 관광기반시설의 확충, 편의시설의 개발, 관광마케팅 정보시스템의 확립, 관광통계시스템의 확립, 각종 서비스의 개선을 예시하고 있으며, 박석희는 이를 좀 더 세분화하여 자연 및 인문자원개발은 자연, 문화, 산업, 사회적 관광자원의 신규개발과 문화재의 수집, 진열전시, 보수, 복원, 증축 등을, 기반시설확충은 철도, 전철, 객차, 케이블카, 도로, 자동차주차시설, 항만시설과 여객선, 공항시설과 항공기 등의 개선과 개발을, 편의시설은 숙박시설, 요식시설, 휴게실, 오락시설 및 스포츠, 각종 판매시설, 안내 및 여객알선 시설 등의 개발을, 기타 서비스 개선은 관광종사원들에 대한 자질 향상, 어학실력 향상, 에티켓을 위한 교육 및 훈련, 시설개선과 또한 관광루트의 형성을 통한 관광지의 결합, 지역주민에 대한 계몽 등 그 개발의 내용을 상세히 설명하고 있다.

위에서 살펴본 바와 같이 관광개발은 관광자원과 편의시설에 인간이 지닌 기술과 자본, 인력, 시간 등을 투입하여 자원이 지닌 잠재력을 개발하여 관광객의 편익과 만족을 제공하고, 궁극적으로는 인간의 삶의 질을 향상시키는데 그 근본적인 목적이 있다고 하겠다. 그리고 지역주민에게는 그들이 가지고 있는 관광자원의 가치를 극대화시킬 수 있으며, 이를 통하여 경제적인 부가가치를 향상시킬 수 있을 뿐만 아니라, 그들의 우수한 그리고 전통적인 문화 · 역사 혹은 자연경관의 아름다움을 타 지역주민 혹은 타국의 국민에게 알려줌으로써 자긍심을 가지게 할 수 있다.

이상의 내용을 정리하여 관광개발의 개념을 정의한다면, 관광개발은 '관광잠재력이 있는 특정지역에 대하여 관광잠재력의 현재화 및 지속 가능한 개발을 통한 관광객의 관광욕구 충족 및 관광자원의 가치의 증진을 위한 활동의 총체'라고 할 수 있다.

위의 정의에서 '관광잠재력이 있는 특정지역'이란 자연 혹은 인문자원이 매력성을 가지고 있는 지역으로 관광객을 유인하기에 충분한 자원의 가치를 가지고 있는 지역을 의미한다. 또한 '관광잠재력의 현재화'란 자본과 기술, 인력, 시간, 노력 등을 투입하여 관광욕구충족 및 관광자원의 가치를 증진시키는 일련의 활동전체를 의미하는 것으로, 현재를 살아가고 있는 사람들에게 관광활동을 위한 공간의 제공 및 활동의 편의성을 제공한다는 의미를 담고 있으며, 지속 가능한 개발이란 개발활동이 우리가 살아가는 환경에 부정적인 영향을 미칠 수 있기 때문에, 개발에 따른 환경의 피해를 최소화하여 우리 후손들에게 현재의 환경상태를 그대로 물려주어, 후손들도 그 혜택을 누릴 수 있는 개발이 되어야 함을 전제한 것이다. 그리고 개발의 범위는 관광자원의 개발과 편의시설의 개발 및 개선의 활동 모두를 포함한다. 한편 '관광욕구충족 및 관광자원의 가치증진'은 관광개발의 목적을 명시한 것이라 할 수 있다. 여기서 관광욕구충족의 대상은 현재를 살아가는 관광객이다. 그러나 지속 가능한 개발이 내포하고 있는 바와 같이 현재의 관광객만을 위한 지나친 개발은 후손들이 그 피해를 감내해야 하며, 그들의 관광욕구를 충분히 반영하기 어려운 환경이 될 수도 있다. 그러므로 후손들이 그들 자신을 위한 개발의 여지 및 환경의 보존과 보호는 수반되어야 할 것이다. 이와 같은 관점에서 관광가치증진을 위한 활동 역시 지속적으로 준비되고, 계획되어야 함도 내포하고 있다.

2. 관광개발의 의의

관광개발은 경제적, 사회적, 문화적, 환경적 측면에서 많은 영향을 미친다는 것은 제2장에서 검토한 바 있다. 즉, 관광개발은 지역주민에게 경제적 혜택을 제공할 수 있을 뿐만 아니라, 국가적인 차원에서는 외래 관광객의 유치를 통하여 외화획득을 실현시킬 수 있는 훌륭한 도구가 될 수 있는 것이다. 또한 문화적인 교류를 통한 관광배출지역과 수용 간의 상호 간의 이해증진, 전통문화의 계승 및 발전, 지역환경에 대한 관심증대 및 보호 · 보존의식 고취, 국토의 효율적 활용 및 국토의 균등개발 등 타 산업분야에서는 찾아볼 수 없을 정도로 국민에게 물리적 · 정신적인 측면에서 긍정적인 역할이 기대되는 분야이다.

그러면 구체적으로 관광개발의 목표는 어떻게 설정하는 것이 좋은가? 어떠한 개발을 통하여 위에서 열거한 여러 가지 긍정적인 효과를 극대화시킬 수 있을 것인가?

우선 McIntosh는 관광개발의 목표를 다음과 같이 제시하고 있다.

첫째, 관광개발의 경제적 편익과 효과에 의한 지역주민의 생활수준향상의 기반을 제공한다.

둘째, 사회간접자본의 개발 및 관광객과 지역주민 모두를 위한 레크리에이션 시설을 제공한다.

셋째, 각 지역의 관광개발 목적에 부합하는 여러 가지 편의시설을 개발한다.

넷째, 관광개발과 관련한 이해자 집단(지방정부, 지역주민, 관광개발관련기관)들의 문화적 · 사회적 · 경제적 역할과 일치하는 개발계획을 수립한다.

다섯째, 관광객의 만족을 최적화 한다.

위에서 제시한 관광개발의 목표는 관광객과 지역주민생활의 질적인 향상을 도모하는 데 그 근본적인 목적이 있다. 그러나 관광개발은 그 개발의 과정 및 운영에 있어서 관광개발자와 지방자치단체 혹은 지역주민 등이 상호이해가 상충하는 부분이 발생하게 되며, 이것은 개발의 목표달성을 저해하는 중요한 원인이 되기도 한다. 따라서 관광개발의 목표를 효과적으로 달성하기 위해 기본적 · 윤리적 측면에서 반듯이 기본이념이 전제되어야 한다. 그리고 이러한 이념은 다른 사업분야의 개발과 비교하여 관광개발만이 가지는 특수성과 관광개발의 사회적 · 문화적 · 경제적 · 환경적 측면에서 야기될 수 있는 긍정적 · 부정적인 영향을 고려하여 제시되어야 함은 물론이다.

이와 관련하여 관광자원개발의 이념을 여섯 가지로 제시하였는데, 공공성에 바탕을 둔 공익성의 이념, 관광개발과정상의 민주성, 능률성과 효과성을 합친 개념에서의 효율성, 사회적 형평에 기초하여 가치와 기회의 균등배분을 기본정신으로 하는 형평성, 지역의 정서와 성격에 부합하는 지역성, 지역의 전통문화의 보존과 복원을 우선순위로 하는 문화성 등이 그것이다. 관광자원개발은 관광개발과정에서 중요하고, 많은 비중을 차지하고, 관광개발과 관광자원개발의 유사성을 비교할 때, 위의 개념은 그대로 적용될 수 있다.

또한 그는 관광자원개발의 목적을 정책적인 측면을 고려하여 제시하고 있는데, 참고하면 다음과 같다.

첫째, 자국의 역사성 · 문화성 · 국토성 · 지역성에 기초한 관광자원의 개발 · 보존 · 이용 · 관리를 할 수 있는 국토관광공간을 재편성하는 데 있다.

둘째, 관광자원개발은 관광지 내의 사적, 고유 문화재 및 천연기념물 등 여러 자원을 합리적이고 효과적인 방법에 의하여 학술적인 연구와 정보적 교육에 제공함으로써 문화의 발전과 국민정신의 순화를 기하는 데 있다.

셋째, 관광자원개발은 국민들의 여가생활 및 복지편익증진을 통한 삶의 질 향상에 기여하고, 자국의 삶의 모습과 자연경관 · 문화경관을 소개하여 외국관광객에게 문화전파를 가능케 하는 데 그 목적이 있다.

넷째, 관광자원개발은 지역사회를 부유하게 하고, 고용구조를 개선시키며, 건전한 관광문화창출에 기여한다.

제2절 우리나라 관광자원의 개발현황

1. 관광개발의 방향

우리나라는 국제적으로는 국제관광여건이 변화되고, 국내적으로는 국민의 관광욕구가 증대됨에 따라 국제관광수요에 적극대응하고, 국민관광의 질 · 양적 수요에 대응하기 위하여 많은 노력을 기울이고 있다. 특히 관광지 간의 연계루트 설정 및 관광상품의 다변화 및 문화상품개발 등을 포함하고 있다. 그러므로 위 계획을 관광자원의 개발이라는 측면에서만 보면, 자원의 가치를 향상시키고, 관광객의 욕구를 보다 충족시키며, 관광산업의 기반 제공 및 낙후된 지역사회의 개발을 도모하여 소득증대와 고용효과를 제고하는 방향으로 계획의 기본이 설정되었다고 할 수 있다. 따라서 전국관광 종합개발계획은 다음과 같은 방향으로 요약될 수 있을 것이다.

첫째, 환경 친화적인 관광지 개발 유도

둘째, 관광지의 유형구분과 유형별 특화사업전개

셋째, 관광지 개발에 대한 민자유치 촉진

넷째, 부처별로 분산 개발되는 다양한 관광시설에 대한 통합적 관광개발 운영체계 확보

2. 관광개발 현황

1) 관광단지

관광단지라 함은 관광산업의 진흥을 추진하고, 관광객의 다양한 관광 및 휴양을 위하여 각종 관광시설을 종합적으로 개발하는 관광거점지역으로서 관광진흥법에 의하여 지정된 곳이다. 1999년 6월 현재 사업추진 중인 단지는 총 7개 지역으로 제주 중문, 경주 보문, 해남 화원, 원주 월송, 김천 온천, 평창 봉평, 경주 감포 관광단지이며, 계획중인 지역은 1개 지역으로 제주도의 성산포 관광단지이다.

한편, 관광단지의 개발 활성화를 위해 정부는 사회간접자본시설에 대한 민간투자법상 사회간접자본시설로 관광단지를 규정하여 민자를 적극 유치케 하고 있으며, 세제상의 혜택을 주기 위하여 지방세법의 규정에 의거하여 취득세와 등록세를 50% 감면하며, 조세감면규제법상의 규정에 의하여 특별부가세의 100분의 50에 해당하는 세액을 감면해 주고 있다. 〈표 7-2〉는 관광단지 중 일부의 현황이다.

표 7-2 관광단지의 현황

단지명	위치	개발기간	개발주체
보문	경북 경주시 신평동 천군동 일원	1974~2001	경북관광개발공사
중문	제주도 서귀포시 중문동, 색달동 일원	1978~2001	한국관광공사
해남오시아노	전남 해남군 회원면 주광리 회봉리 일대	1992~1994	한국관광공사
동부산	부산 기장군 기장읍 시랑리 일대	2005~2006	부산도시공사
강동	울산북구 산하동 무룡동 · 정자동 일원	2009~2014	미정
여수화양	전남 여수 화양면 장수리 등	2006~2008	일상해양산업
안동문화	전남 해남군 화원면 주광리, 화봉리 일원	2005~2004	한국관광공사
감포	경북 경주시 감포읍 대본리, 나정리 일원	1997~2005	경북관광개발공사

원주월송	강원도 원주시 지정면 월송리 일원	1995~2005	(주)한솔개발
김천온천	경북 김천시 부항면 파천리 일원	1997~2004	(주)우촌개발
성산포	제주도 남제주군 성산읍 성산리 일원	1997~2001	제주도
평창봉평	강원도 평창군 봉평면 면온리, 무이리, 진조리 일원	1994~2004	(주)보광

2) 관광지

관광지는 관광자원이 풍부하고, 관광객의 접근이 용이하며, 개발제한요소가 적어 개발이 가능한 지역과 관광정책상 관광지로 개발하는 것이 필요하다고 판단되는 지역을 대상으로 관광객의 관광활동에 필수적인 주차장, 상·하수도, 식음료대, 벤치 등 공공 및 편익시설을 공공사업으로 추진하고, 그 외 이용관광객의 편의를 위한 각종 유희시설과 숙박 및 상가시설은 민간자본을 유치하여 개발하는 사업이다. 정부에서는 이러한 관광지를 확대 개발함으로써 국민이 자유롭고 쾌적하게 이용할 수 있는 관광환경을 조성함은 물론, 관광을 통하여 국민의 복지수준을 향상시키는 복지관광 정책의 일환으로 활용하고 있다.

전국의 관광지는 〈표 7-3〉과 같이 176개소에 이르고 있으며, 2012년도 관광지 개발은 〈표 7-4〉와 같다.

표 7-3 전국 관광지 지정 · 관리 현황

시 · 도	지정개소	관광지명
부산	3	태종대, 황령산, 해운대
인천	2	서포리, 마니산,
경기	13	용문산, 대성, 소요산, 신륵사, 평택호, 공릉, 한탄강, 산정호수, 산장, 수동, 장흥, 백운계곡, 임진각
강원	40	춘천호반, 고씨동굴, 무릉계곡, 망상해수욕장, 화암약수, 고석정, 송지호, 장호해수욕장, 팔봉산, 삼포 · 문암, 옥계, 파로호, 맹방해수욕장, 구곡폭포, 속초해수욕장, 주문진해수욕장, 삼척해수욕장, 간현, 연곡해수욕장, 청평사, 초당, 화진포, 오색, 광덕계곡, 홍천계곡, 후곡약수, 석현, 등명, 방동약수, 용대, 영월, 화천온천 외 7개소

충북	22	양산파경, 수안보온천, 단양팔경, 무극, 장계, 칠금, 충온온천, 능암온천, 교리, 온달, 돈산온천, 수옥정, 능강, 금월봉, 속리산레저, 만뢰산, 계산 외 8개소
충남	26	대천해수욕장, 구드레, 신정호, 삽교호, 태조산, 예당, 무창포, 덕산온천, 곰나루, 용연저수지, 아산온천, 금강하두둑, 칠갑산도림온천, 천안온천, 춘장대해수욕장, 마곡온천, 안면도, 마곡사, 죽도, 각원사, 공주문화 외 5개소
전북	21	남원, 은파, 사선대, 방화동계곡, 금마저수지, 운일암, 반일암, 석정온천, 금강호, 위도해수욕장, 성수온천, 모악산, 김제온천, 상송온천, 죽림온천, 용산외 5개소
전남	28	담양호, 장성호, 영산호, 화순온천, 우수영, 토말, 성기동, 회동, 존진, 지리산온천, 도곡온천, 도림사, 대관해수욕장, 율포해수욕장, 성두도, 나주호, 지석강, 월출산온천, 대구도요지, 불갑사 외 8개소
경북	32	백암온천, 성류굴, 장사해수욕장, 포항송도, 오전약수, 가산산성, 경천대, 문장대온천, 경산온천, 울릉도, 청도온천, 치산, 청운, 경주양남, 도산온천, 의성탑산온천, 문경온천, 영주순흥, 영일만, 대진해수욕장, 임하댐, 청도용암온천 외 10개소
경남	22	부곡온천, 충남도남, 당항포, 표충사, 미숭산, 수승대, 오목대, 합천호, 합천보조댐, 중산, 금서, 가조, 농월정, 벽계, 장목, 송정, 마금산온천, 곡안온천 외 4개소
제주	12	용머리, 만장굴, 김녕해수욕장, 돈내코, 함덕해안, 협재해안, 제주남원, 토산, 봉개휴양림, 미천굴, 묘산봉, 송악산 외 3개소
합계	226	

3) 관광특구

관광특구는 관광지 또는 외국인 관광객이 주로 이용하는 지역 중에서 시 · 도지사의 신청에 의하여 문화관광부 장관이 지정(관광진흥법 제67조)하게 된다.

관광특구의 지정신청 요건(관광진흥법 시행규칙 제59조)은 다음과 같다.

첫째, 지정하고자 하는 지역 안에 접객시설, 쇼핑, 상가시설, 휴양 · 오락시설, 숙박시설, 공공편익시설, 관광안내시설 등이 포함되어 있어 외국인 관광객의 다양한 관광수요를 충족시킬 수 있을 것.

둘째, 통계전문조사기관의 조사결과 당해 지역의 최근 1년간의 외국인 관광객이 10만 명 이상일 것.

셋째, 지정하고자 하는 지역이 다른 지역과 바다 · 산림 · 하천 또는 도로 등에 의하여 명확히 구분될 것.

이상의 요건이 충족되면 관광특구를 지정할 수 있다. 이와 같이 관광특구로 지정되면, 특구 내의 관광사업체, 공중위생업소 및 식품접객업소에 대한 영업제한이 완화되고, 관광진흥개발기금이 우선 지원되며, 특수지역에 대한 해외홍보 등을 지원받을 수 있다. 〈표 7-5〉는 관광특구의 지정현황을 정리한 것이다.

표 7-5 관광특구의 지정현황

시·도	명칭	대상지역	면적 (km^2)	지정일자	비고
서울	이태원, 명동 · 남대문 · 북창로, 동대문 패션타운, 종로 · 청계천, 잠실, 강남	용산구 이태원동, 한남동 지역, 명동 회현동, 소공동, 무교동, 다동, 종로 1-6가, 서린 · 관철동 등 일부지역	5.0	97.9.25~ 2014.12.18. 까지 5회 지정	
부산	해운대	해운대구 우동, 중동, 송정동 일부 지역	5.30	94.8.31	해운대해수욕장 인근지역
	용두산, 자갈치	중구 부평동, 광복동, 남포동 전지역, 중앙동, 동광동, 대청동, 보수동 일부	1.08	2008.5.14	
대전	유성	유성구 봉명동, 구암동, 장대동, 궁동, 어은동, 도룡동 일부 지역	5.86	94.8.31	유성온천 및 EXPO 과학공원
경기	동두천	동두천시 생연4동, 보산동, 상봉암동 일부 지역	0.40	97.1.18	동두천시의 쇼핑 · 위락지구 및 소요산 입구지역
	고양	고양시 일산 서구, 동구 일부 지역	3.94	2015.8.6	
	평택시 송탄	평택시 신장동, 송북동, 지산동, 서정동 일부 지역	0.49	97.5.30	평택시 송탄지역의 중심부
	수원 화성	경기도 수원시 팔달구, 장안구 일대	1.83	2016.1.15	
	통일동산	경기도 파주시 탄현면 성동리, 법흥리 일원	3.1	2019.4.30	
강원	대관령	강릉, 동해시, 평창군 및 횡성군 일부 지역	564.18	97.1.18	강릉 · 동해시의 해변지역 및 평창 · 횡성군의 일부
	설악	속초시 전역 및 고성군 토성면, 양양군 강현면, 양양읍 일부 지역	148.58	94.8.31	속초 · 설악지역
충북	수안보 온천	충주시 상모면 온천리, 안보리 일부 지역	9.22	97.1.18	수안보온천지구 및 일부 개발가능지역

	속리산	보은군 내속리면 사내리, 상판리, 중판리, 갈목리 일부 지역	43.75	97.1.18	법주사 집단시설지구 및 일부개발가능지역
	단양	단양군 단양읍, 매포읍 일원	4.45	2005.12.30	
충남	아산시 온천	아산시 온천1동, 2동, 권곡동, 모종동, 득산동, 방축동 등 일부 지역	3.71	97.1.18	온양, 도고, 아산온천지역
	보령 해수욕장	보령시 신흑동, 남포면, 웅천읍 일부 지역	2.52	97.1.18	대천, 무창포 해수욕장 및 죽도
전북	무주 구천동	무주군 실천면 삼공리, 심곡리 무풍면 삼거리 일부 지역	7.61	97.1.18	무주리조트 및 일부 개발가능지역
	정읍 내장산	정읍시 내장동, 쌍암동, 용산동, 신정동 일부 지역	3.50	97.1.18	내장산 집단시설지구 및 용산관광지구
전남	구례	구례군 산동면, 마산면, 광의면, 토지면 일부 지역	78.02	97.1.18	온천, 화업, 천은, 연곡사 집단시설지구 등
	목포	북항, 유달산, 원도심, 삼학도, 갓바위, 평화광장 일원	6.90	2007.9.28	
경북	경주시	경주시 서부동, 동부동, 북부동, 성동동, 황오동, 황남동, 조서동 등 시내중심지역, 신평동, 손곡동, 하동, 구정동 등 불국지구 일원	32.65	94.8.31	경주시내 중심지역, 보문지구 및 불국사 입구지역
	백암온천	울진군 온정면 온정리, 소태리 일부 지역	1.74	97.1.18	온정 도시계획지역
	문경	문경시 문경읍 · 가은읍 마성면, 농암면 일대	1.85	2010.1.18	
	포항, 영일만	영일대해수욕장, 환호공원, 송도송림, 운하관,죽도시장, 시내 실개천 일대	2.41	1019.8.12	
경남	부곡온천	창녕군 부곡면 거문리, 부곡리, 사창리 일부 지역	4.82	97.1.18	부곡온천지구
	미륵도	통영시 미수1 · 2동, 봉평동, 도남동, 산양읍 일부 지역	32.90	97.1.18	미륵도, 오비도, 월명도
제주	제주도	부속도서를 제외한 제주도 전역	1,809.31	94.9.31	제주도 지역

4) 자연공원

자연공원은 자연자원과 유적, 휴양자원 등 공원자원을 포함하고 있는 수려한 자연경관지를 보전함과 동시에 합리적 이용을 도모함으로써 국민의 보건휴양 및 정서생활의 향상을 기하고 후손에게 영구히 계승시키기 위하여 지정한 일정구역으로 국립공원, 도립공원, 군립공원 등으로 구분되어 있다. 〈표 7-6〉과 〈표 7-7〉은 1999년 현재 도립공원과 군립공원을 정리한 것이다.

표 7-6 도립공원 현황

공원명	위치	면적(km^2)	지정년월일
금오산	경북 구미, 칠곡, 김천	37.910	70.6.1
남한산성	경기 광주, 하남, 성남	36.,447	71.3.17
모악산	전북 김제, 완주, 전주	42.220	71.12.2
무등산	광주, 전남, 담양, 화순	30.230	72.5.22
덕유산	충남 예산	21.045	73.3.6
칠갑산	충남 청양	32.542	73.3.6
대둔산	전북 완주	38.100	77.3.23
낙산	강원 양양	9.100	79.6.22
마이산	전북 진안	16.900	79.10.16
가지산	경남 양산, 울산, 밀양	104.799	79.11.5
조계산	전남 승주	27.380	79.12.26
두륜산	전남 해남	33.390	79.12.26
선운산	전북 고창	43.700	79.12.27
팔공산	대구, 경북 칠곡, 군위, 경산, 영천	122.073	80.5.13
대둔산	충남 논산, 금산	24.856	80.5.22
문경세제	경북 문경	5.300	81.6.4
경포	강원 강릉	9.471	82.6.26
청양산	경북 봉화, 안동	48.760	82.8.21
연화산	경남 고성	28.717	83.9.29
태백산	강원 태백	17.440	89.5.13
팔영산	전남 고흥	9.881	98.7.30
천관산	전남 장흥	7.954	98.10.13
연인산	경기 가평	37.691	2005.9.15
신안갯벌	전남 신안	144.00	2008.6.5
무안갯벌	전남 무안	37.12	2008.6.5

마라해양	제주도 서귀포시	49.755	2008.9.19
성산 일출해양	제주도 서귀포시	16.156	2008.9.19
추자	제주도 제주시	95.292	2000.8.15
서귀포 해양	제주도 서귀포시	19.540	2008.9.19
우도해양	제주도 제주시	25.863	2000.8.31
수리산	경기 안양, 안산, 군포	6.963	2000.8.31
제주 곶자왈	제주도 서귀포시	1.547	2011.12.30
벌교갯벌	전남 보성군	23.068	2016.1.28
불갑산	전남 영광	6.89	2019.1.10

표 7-7 군립공원 현황

공원명	위치	면적(km²)	지정년월일
강천산	전북 순창군 팔덕면	15.694	81.1.7
천마산	경기 남양주시 화동읍, 진접면, 호평면	12.714	83.8.29
보경사	경북 포상 송라면	8.509	83.10.1
불영계곡	경북 울진군·읍 서면, 근남면	25.140	83.10.5
덕구온천	경북 울진군 북면	6.053	83.10.5
상족암	경남 고성군 하일면, 하이면	5.106	83.11.10
호구산	경남 남해군 이동면	6.584	83.11.12
고소성	경남 하동군 악양면, 화개면	3.144	83.11.14
봉명산	경남 사천시 곤양면, 곤명면	2.645	83.11.14
거열산성	경남 거창군 거창읍, 마리면	4.252	84.11.17
기백산	경남 함양군 안의면	2.011	83.11.18
황매산	경남 합천군 대병면, 가회면	17.988	83.11.18
웅석봉	경남 산청군·읍, 금서, 삼장, 단성	18.200	83.11.23
신불산	경남 울산 울주군 상북면, 삼남면	11.660	83.12.2
운문산	경북 청도군 운문면	16.200	83.12.29
화왕산	경남 창원군 창녕읍	31.283	84.1.11
구천계곡	경남 거제시 신현읍, 동부면	5.871	84.2.4
입곡	경남 함안군 산인면	0.995	85.1.28
비슬산	대구 달성군 옥포면, 유가면	13.000	86.2.22

제주조각	제주 남제주군 안덕면	0.370	86.5.30
장안산	전북 장수군 장수읍	6.380	86.8.18
빙계계곡	경북 의성군 춘산면	0.840	87.9.25
고복저수지	충남 연기군 서면	1.949	90.1.20
아미산	강원 인제군 인제읍	3.982	90.2.23
명지산	경기 가평군 북면	12.730	91.10.9
방어산	경남 진주시 지수면	2.588	93.12.16
대이리	강원 삼척시 신기면	6.590	96.10.25
월성계곡	경남 거창군 북상면	0.650	2002.4.25
병방산	강원도 정선군 정선읍	0.5	2011.9.30

5) 농촌휴양자원

농촌휴양자원은 풍부한 관광휴양자원을 농업과 연계 · 개발하여 증가하는 국민의 여가 수요를 농촌공간으로 유치하여 도시와 농촌의 교류를 촉진하고, 농민의 소득증대와 지역개발을 도모하기 위하여 추진하는 사업이다. 정부는 사업비의 일부를 융자지원하고 있다.

7) 자연휴양림

자연휴양림은 도시화 · 산업화에 따라 증가하는 산림휴양수요에 대처하고, 산림의 소득경영의 일환으로 산촌주민의 소득증대를 도모하고 신비로운 자연의 혜택을 누리게 하여 국민의 건전한 정서함양과 아울러 자연의 고마움을 체험할 수 있게 하려는데, 개발의 근본적인 목적이 있다고 하겠다. 자연휴양림은 기본시설로 진입로, 주차장, 산책로, 잔디밭, 야영장, 관광, 벤치, 운동시설, 급수대, 오물처리장, 숲속 수련장 등의 시설을 갖추며, 특수시설로는 임산물 판매장, 낚시터, 수렵장, 산지 과수원, 조수 사육장 등의 설치가 가능하다.

8) 생태계 보전지역

21세기에는 인간의 간섭이 없는 자연 그대로의 모습을 간직한 관광자원이 절실히 필요할 것으로 예측되기 때문에, 수려한 자연경관과 원시림, 멸종 위기의 야생동식물의 서식지, 자생지 등을 생태보전지역으로 관리하여 생태관광자원으로 활용하려는 것이다.

생태관광자원은 생태계의 훼손이 없이 자연현상의 능동적인 관찰과 체험을 통하여 관광의 즐거움을 얻음과 동시에 자연 생태계의 중요성을 깨닫게 하여 청소년 등의 정서함양 및 자연체험학습, 지역주민의 소득증대에도 기여할 것으로 기대하고 있다.

현재 생태계 보전지역은 철새 도래지역인 낙동강 하구언, 졸참나무, 서어나무, 신갈나무 구상나무 군락이 있는 지리산, 한냉고습한 고원늪지지대로 희귀식물이 서식하는 대암산, 국내최대의 원시적 자연늪지인 창녕우포늪, 울주군의 산지늪지인 무제치늪 등이 지정되어 관리되고 있다.

제8장

관광사업의 세계

제8장

관광사업의 세계

제1절 관광사업의 의의

관광사업은 '관광활동을 하는 사람을 대상으로 관광활동의 과정에서 요구되는 서비스를 제공하는 모든 활동의 총체'로 그 범위와 내용을 명확히 규정하기는 매우 어렵다. 이것은 관광이라는 말 자체가 때로는 관광사업 혹은 관광산업을 포괄하는 의미로 사용되기도 하고, 관광행위와 관련하여 제공되는 서비스는 많은 업종이 패키지화(Packaging)되어 판매되는 복합성의 성격을 가지고 있는 것 등에서도 잘 알 수 있다. 또한 관광사업은 영리 혹은 국민복지라고 하는 공익적인 차원에서 수행되기도 하고, 관광사업의 결과는 인간의 정신적인 부문과도 밀접한 관련을 갖고 있는 등 관광사업의 범주를 쉽게 정의하기는 쉽지 않은 일이다.

이러한 원인으로 인하여 관광사업은 학자 혹은 관련 단체에 따라서 다양하게 정의되고 있는 실정이다. 〈표 8-1〉은 관광사업에 대한 정의를 정리한 것이다.

표 8-1 관광사업의 정의

학자 혹은 단체	관광사업의 정의
田中喜一	관광사업이란 관광활동을 유발하는 여러 가지 부문에 대한 조화로운 발달을 도모하는 각종 관련 시설과 교통정비 및 자연적 · 문화적 관광자원에 대한 개발 · 보호 · 보존함과 물론 이들의 이용을 촉진함으로써 나타나는 경제적 · 사회적 효과를 얻기 위해 알선 · 선전 등을 행하는 조직적인 인간활동이다.
井上萬壽藏	관광사업이란 관광왕래에 대처하여 이를 수용 · 촉진하기 위하여 행하는 인간의 모든 활동이다.
김진섭	관광사업은 관광수요를 창출하고, 이들의 다양한 관광행동에 대응한 사업활동을 통하여 다각적인 효과를 거두려는 인류의 평화와 복지증진을 위한 사업이다.
관광진흥법	관광객을 위하여 운송 · 숙박 · 음식 · 운동 · 오락 · 휴양 또는 용역을 제공하거나 기타 관광에 부수되는 시설을 갖추어 이를 이용하게 하는 업을 말한다.

위의 정의에서 보는 바와 같이 관광사업의 개념은 관점에 따라서 다양한 면이 나타나고 있다. 예를 들어 효과와 내용을 강조하여 관광사업을 정의하는 측면이 있는가 하면, 관광왕래의 적극적인 수용과 촉진을 강조하여 정의하는 측면도 있다. 또한 관광사업을 관광수용과 다각적인 효과 그리고 관광사업의 효과 중에서 인류의 공영을 특히 강조하여 정의하는 측면이 있기도 하다. 이렇듯 관광사업으 개념은 어떠한 관점에서 정의하느냐에 따라 그 범위와 내용에서 많은 차이가 나타날 수 있는 성격을 보이고 있는 것이다. 한편, 관광진흥법은 관광사업의 내용과 범위 그리고 운영에 대해서는 구체적으로 규정하였으나, 관광정책을 집행하는 측면에서 집행의 범위와 효율성이 강조되어 관광사업의 범위를 한정할 수밖에 없는 한계를 내포하는 등 관광사업을 바라보는 관점에 따라서 다소의 차이를 보이고 있다.

이러한 개념의 차이는 관광사업의 특성에 견주어 볼 때 당연하다고 할 수 있다. 위의 학자들의 정의에 입각하여 관광사업의 의의를 정리하면 다음과 같다.

첫째, 관광사업은 관광왕래에 대처하는 모든 활동의 총체라 할 수 있다.

둘째, 관광사업은 제3차 서비스산업에 속하는 것으로 무형의 서비스를 생산하여 관광객에게 편익과 만족을 제공하는 사업이다.

셋째, 관광사업은 재무적인 측면에서 볼 때, 업종에 따라 다소의 차이는 있으나 일반적으로 회수기간이 길고, 인적인 서비스에 대한 의존성이 높다. 예를 들어 호텔기업과 같은 경우는 대체적으로 8~12년 이상의 회수기간이 소요되는 것으로 나타난다.

넷째, 관광사업은 부가가치가 타 산업에 비하여 높은 산업에 속한다.

다섯째, 관광사업은 관련 사업분야들이 조화로운 결합이 이루어질 때, 시너지 효과를 극대화시킬 수 있다.

여섯째, 관광사업은 경제적인 부가가치뿐만 아니라, 긴장과 피로를 해소시켜줌으로써 건강한 사회를 유지시키는데 긍정적인 역할을 담당하고 있다.

제2절 관광사업의 종류

관광사업은 관광과 직·간접적으로 영향을 미치는 모든 사업을 관광사업이라고 할 수 있을 것이다. 그리고 이러한 접근방식은 넓은 의미에서 관광사업을 정의하려는 시각이다. 이러한 광의의 개념규정은 여행이란 일상생활과 관련 없이 정주지를 이탈하여 다시 정주지로 돌아오는 동안의 모든 체험과정의 총체이므로 관광산업이란 관광활동에 전부 혹은 일부를 공헌하는 사업(정찬종)을 모두 포함하여야 한다는 시각에 기인한 것이라고 할 수 있다. 그러므로 광의의 관광사업은 숙박시설과 교통기관 등과 같이 관광객과 직접적인 관련을 가지는 사업과 쇼핑센터 혹은 농산물 생산 등과 같은 관광과 간접적으로 관련을 가지는 사업 등을 총망라하여 관광사업에 포함할 수 있다.

그러나 광의의 관광사업은 지나치게 넓게 관광사업의 범위가 확대된다는 측면에서 그 실체를 확인할 수 없기 때문에, 관광활동과 직접적으로 관련이 있는 업종만을 관광사업으로 포함하려는 시각도 있다. 그 대표적인 사례가 관광진흥법이라고 할 수 있다. 아래의 표는 미국의 관광사업과 우리나라의 관광사업의 범위를 나타낸 것이다. 〈표 8-2〉와 〈표 8-3〉에서 보는 바와 같이 미국과 한국의 관광사업은 교통기관에만 차이가 있을 뿐 유사한 특성을 보이고 있다.

표 8-2 미국 상무성 관광산업 표준산업분류표

SIC 코드	관광사업	SIC 코드	관광사업
4011	철도	5561	레크리에이션 차량딜러
4111	공항 · 도시 간의 버스운송	5812	식음료업
4119	관광버스 · 리무진 전세버스	5813	식음료업(식사를 제공하지 않는 음식점)
4121	택시 캅(Taxi Cab)	5846	카메라 필름판매업
4131	지방고속도로를 이용한 여객운송	5947	선물 및 기념품판매업
4142	여객운송 대절서비스	6052	외화교환업
4173	버스터미널시설 이용서비스	7011	호텔, 모텔 등의 숙박업
4459	관광유람보트, 주유보트	7032	스포츠 및 레크리에이션 캠프업
4481	심해관광여객운송	7033	캠핑 사이트
4489	해상운송	7514	여객용 렌트카 대여업
4493	마리나	7922	극장
4511	항공운송	7929	밴드, 오케스트라 및 여흥업
4512	항공운송(정기편)	7948	경마
4521	항공운송(부정운송)	7993	동전으로 작동하는 오락기구
4581	항공운송과 관련한 서비스	7996	유원지
4724	여행업	7999	기타 오락/레크리에이션 서비스
4725	투어 오퍼레이터	8412	박물관 및 화랑
4729	여객운송 수배업	8422	식물원 및 동물원
5541	레크리에이션 자동차 취급업	8941	직업적인 스포츠 클럽

자료 : 하헌국, 이종호, 관광사업론, 학문사, 1998.

표 8-3 1991년 기준 한국표준사업분류체계상의 관광사업

대분류	소분류
G. 도소매 및 소비자용품수리업	50. 자동차 판매, 수리 및 차량연료소매업 51. 도매 및 상품중개업 52. 소매 및 소비자용품수선업
H. 숙박 및 음식점업	55. 숙박 및 음식점업
I. 운수, 창고 및 통신업	60. 육상운송 및 파이프라인운송업 61. 수상운송업 62. 항공운송업 63. 여행알선 및 운수 관련 서비스업 64. 통신업
J. 금융업	65. 금융업 66. 보험 및 연금업 67. 금융 및 보험 관련 서비스업

K. 부동산, 임대 및 사업서비스업	70. 부동산업 71. 기계장비 및 소비용품임대업 72. 정보처리 및 기타 컴퓨터운용관련업 73. 연구 및 개발업 74. 기타 사업 관련 서비스업
L. 공공행정, 국방 및 사회보장행정	75. 공공행정, 국방 및 사회보장행정
M. 교육서비스업	80. 교육서비스업
N. 보건 및 사회복지사업	85. 보건 및 사회복지사업
O. 기타 공공, 사회 및 개인 서비스업	90. 위생 및 유사 서비스업 91. 회원단체 92. 오락, 문화 및 운동 관련 산업 93. 기타 서비스업
P. 가사서비스업	95. 가사서비스업
Q. 국제 및 기타 외국기관	99. 국제 및 기타 외국기관

자료 : 관광산업연구회, 관광사업경영론.

한편, 우리나라는 관광진흥법과 동법 시행령에서는 관광사업의 육성과 발전의 효율성을 위하여 그 범위를 한정하고 있다. 〈표 8-4〉는 법규에 의한 관광사업의 종류를 정리한 것이다.

표 8-4 법규에 의한 관광사업의 종류

관광사업의 종류	내용
여행업	일반여행업, 국내외여행업, 국내여행업
호텔업	관광호텔업, 수상관광호텔업, 가족호텔업, 한국전통호텔업, 호스텔업, 소형호텔업, 의료관광호텔업, 의료관광호텔업
관광객이용시설업	전문휴양업, 제1종 종합휴양업, 제2종 종합휴양업, 일반야영장업, 자동차야영장업, 관광유람선업, 관광공연장업, 쿠르즈업, 외국인관광 도시민박업, 한옥체험업
국제회의업	국제회의시설업, 국제회의기획업
카지노업	카지노업
유원시설업	종합유원시설업, 일반유원시설업, 기타유원시설업
관광편의시설업	관광유흥음식점업, 관광극장유흥업, 관광식당업, 외국인전용 유흥음식점업, 관광순환버스업, 관광팬션업, 관광궤도업, 관광면세업, 관광지원서비스업, 여객자동차터미널시설업

자료 : 관광진흥법 시행령 및 시행규칙

제3절 관광사업의 특성

오늘날 관광사업은 교통수단의 발달, 국민경제의 향상, 가처분 소득의 증대, 국제교역의 증대, 가치관의 변화, 노동시간의 단축, 여가 시간의 증대, 대중매체의 발달 등으로 대량관광(Mass Tourism)의 시대와 함께 성장을 지속하면서, 그 역할과 기능의 중요성은 더욱 증대되고 있는 실정이다. 그것은 관광이 경제, 사회, 문화, 환경 등에 미치는 영향에서도 확인할 수 있다.

앞에서도 검토한 바와 같이 관광사업은 그것이 영리나 비영리를 목적으로 하는 사업이든, 사익적 혹은 공익적인 목적으로 하는 사업이든 간에 넓은 의미에서 관광사업이라고 하였다. 그리고 이러한 사업은 관광이라는 특수한 활동과 관계를 가지고 있기 때문에 일반산업과 많은 점에서 차이를 보이고 있다.

이러한 관점에서 관광기업은 다른 여타의 기업과 어떠한 차이가 있으며, 그 특성이 무엇인가를 확인하는 것은 관광사업을 이해하는 데 큰 도움이 될 것이다. 다음은 관광기업만이 가지는 대표적인 특성을 요약 · 정리한 것이다.

1. 복합성 및 전체성

관광활동에 관하여 거주지에서 관광목적지 그리고 다시 거주지로 돌아오는 여정을 분석해 보면, 그 자체는 매우 역동적이고 복합적으로 수행되고 있음을 알 수 있다. 즉 관광객이 관광활동 상에서 이용할 수 있는 여행업, 숙박업, 관광객이용시설업, 교통 관련업 및 기타 제 업종 등이 상호 복합적으로 연계되어 관광활동이 가능하게 되는 복합성을 특성을 보이고 있다. 그리고 관광사업은 여러 업종들이 모여서 구성되는 전체로서의 하나, 즉 하나의 관광상품이 되는 전체성의 특성을 가지고 있다.

또한 관광사업은 한 국가와 지역의 경제적 이익을 창출하기 위하여 사업을 주도해 나아갈 다양한 사업주체, 즉 관광조직을 필요로 한다. 특히 관광사업은 공익을 목적으로 국가공공기관이 직접 참여하는 공적 사업과 영리를 목적으로 민간이 주도하는 사적 사업 등이 복합적으로 연계되어 있다.

2. 입지의존성

관광사업은 입지에 대한 의존성이 매우 높은 산업으로 관광기업이 어떠한 지역에 입지하였는가?에 따라 사업의 성장과 발전은 물론 기업의 성패와도 직접적인 영향관계를 가지고 있다는 것은 이미 여러 측면에서 입증이 되었다. 관광기업은 관광객의 왕래에 의하여 그 기능과 역할이 수행될 수밖에 없는 특성을 지니고 있다. 그런데 관광객은 성수기와 비수기 등의 계절적인 영향, 월, 주, 시간별로 왕래 및 수요량의 변동이 매우 큰 업종 중의 하나이다. 또한 관광기업에서 제공하는 상품은 장소적 이동이 불가능하므로 상품 자체가 이동을 할 수 없으며, 그 상품을 필요로 하거나 구매하려는 사람이 관광상품이 있는 장소로 이동하여야 하는 특성을 지니고 있다. 따라서 시·공간적으로 접근이 용이한 지역에 입지하여야 성공을 보장받을 수 있는 것이다.

3. 변동성

관광사업은 정치, 경제, 사회, 문화 등의 요인에 의하여 많은 영향을 받는 특성을 지니고 있다. 한 국가 혹은 지역의 정치적 안정에 따른 치안의 유지 및 질서유지 등은 관광객에게 심리적인 안정을 주어 관광활동을 원활히 할 수 있는 중요한 요인이 되며, 가처분 소득, 경제성장, 국민소득, 환율 등과 같은 경제적인 요인 역시 관광사업에 크게 영향을 미친다. 또한 여가 시간, 가치관의 변화, 윤리, 도덕 등의 사회·문화적 요인 역시 관광사업에 영향을 미치는 요소이다.

이러한 요소들은 때때로 급격한 변화가 나타나 관광사업 자체를 위태롭게 할 수도 있다. 예를 들어 2000년 하반기에 나타난 급작스런 고유가 현상은 국내·국제적으로 경제활동에 중요한 영향을 미치게 되었고, 이것은 바로 소비심리의 위축으로 연결되어 관광사업에 부담을 주고 있다. 또한 2000년 초반부터 시작된 동북아 정세의 급격한 정치적 안정은 중국 및 북한지역으로의 관광활동의 증대로 연결되고 있다.

이와 같이 관광사업은 외부영향에 의하여 급격히 변화하는 특성을 가지고 있다. 그러므로 관광사업을 운영함에 있어 국내 · 외의 제 현상을 면밀히 분석하여 기업경영에서 나타날 수 있는 위험요소를 사전에 예방하는 일이 무엇보다 필요하다. 특히 관광배출지역의 관광시장에 대한 조사분석활동은 관광객 유치에 대단히 많은 영향을 미치는 바, 과학적이고 합리적인 관광시장계획의 수립과 예측이 절실히 요청되며, 관광수용지역은 수용태세의 확립을 위해 법적 · 제도적 · 행정적 및 금융적 체제완비와 고유하고 독특한 관광 매력물을 적극 개발하여 관광사업의 효과를 극대화시켜야 할 것이다.

4. 서비스성

관광사업은 인적인 서비스를 바탕으로 이루어지는 3차 산업으로, 서비스는 관광사업활동의 근간이 되는 경영요소이다. 관광사업이 갖고 있는 서비스성을 구체적으로 살펴보면 다음과 같다.

첫째, 서비스를 제공한다는 것은 무형적인 특성을 가지고 있기 때문에 그 실체를 확인할 수 없을 뿐만 아니라, 사전에 경험을 할 수 없는 특성을 가지고 있다. 따라서 관광상품에 대한 신뢰성을 가질 수 없음으로 하여 관광객의 입장에서는 상품구매결정이 쉽지 않은 특성을 가지고 있다.

둘째, 관광사업의 서비스는 생산과 소비가 동시에 일어나는 특성을 가지고 있기 때문에, 생산현장에 관광객이 존재하게 되는 특성을 가진다. 그리고 관광객에게 제공되는 인적인 서비스는 그 상품의 품질을 결정하는 중요한 요소가 되기 때문에 서비스 관리와 교육은 중요하다. 한편 인적인 서비스가 외국인 관광객에게 제공되어 관광객이 만족할 경우는 국위선양은 물론 국제친선과 선린관계를 유지하는 데 긍정적인 효과를 가진다. 따라서 관광사업에 종사하는 종사원들은 관광서비스를 제공하는 과정에서 주체성과 국가관을 확실히 함으로써 사명감 있는 서비스 정신을 고양한다.

셋째, 관광서비스는 한 국가의 발전 정도와는 관계없이 국제사회에서 통용될 수 있는 서비스가 제공되어야 한다. 관광서비스가 국제적으로 부합되기 위해서는 국제적 기준에 합당한 서비스의 체제 정비가 요망된다.

넷째, 관광사업의 성패를 좌우하는 것은 해당 국가를 찾는 관광객에게 환대정신에 입각한 서비스 정신을 실천하고, 좋은 인상을 심어 줌으로써 재방문 의지를 심어 주는 것이다. 그리고 관광객에 대한 서비스의 극대화를 위해서 친절·봉사의 정신인 3S(Smile, Speed, Sincerity)의 원칙에 입각한 고품질의 인적 서비스를 수행하는 것이 필요하다.

5. 공공성·공익성·관리성·기업성

관광사업은 공익과 사익을 동시에 추구하는 특성을 지니고 있기 때문에, 관광사업의 이해당사자들은 급변하는 환경 속에서 사회적 책임과 윤리성 확보라는 시대적인 요청에 관심을 갖지 않으면 안 되게 되었다. 관광사업의 이해당사자라 함은 관광기업인, 관광종사원, 관광개발업자 및 내외 관광객, 일반국민 등 모두를 포함할 수 있는데, 이들의 관점에서 책임을 정리하면 다음과 같다.

첫째, 관광기업인은 자본과 경영의 분리를 통해 관광기업경영에 대한 전문성과 기술성을 높이기 위해 전문인력에게 경영을 맡겨야 한다. 또한 기업인은 합리적이고 과학적인 경영을 통해서 관광기업의 사익과 국가와 사회가 추구하는 공익이 조화를 이룰 수 있어야 하며, 종사원의 신분보장과 적정임금으로 관광 종사원의 이직, 전직을 막고 사기를 앙양시킬 수 있어야 한다. 그리고 관광기업의 주식을 공개함으로써 기업공개로 연결됨은 물론 종업원 지주제를 점차 확대하여 기업경영에 대한 주인의식을 갖도록 장려한다.

둘째, 관광종사원은 자기 자신의 직업에 대한 철저한 긍지, 자부심을 갖는 긍정적 사고방식을 가져야 한다. 직업에 대한 투철한 사명감과 성실하고 책임 있는 서비스를 생명처럼 여겨 미래의 직무환경에 적극 대처할 수 있는 인성과 생활자세를 견지하고, 계속적인 노력과 정진으로 자기 능력을 개발하여 관광 전문인으로서의 위상을 정립한다.

셋째, 국가, 자방자치단체, 공기업 등의 관광 개발업자는 국가적 차원에서의 원활한 관광수급을 위해 관광시장계획, 관광자원개발계획, 관광시설계획, 관광인력계획, 관광교육계획, 관광사업지원계획 등을 수립하여 관광사업의 활성화에 기여토록 한다. 그리고 국민관광을 위하여 필요한 시설, 자원, 제도, 법률 등의 제반조치를 강구하고, 관광기업체에 대한 철저한 행정지도와 감독을 수행한다.

넷째, 관광객은 관광대상지역의 풍습, 가치관, 문화, 예절에 대한 사전정보를 인지하여 상대국 혹은 관광지역주민에게 불쾌감을 주지 않도록 하여야 하며, 분수에 넘치는 행동을 삼가하여 건전한 관광으로 국위선양에 앞장서야 한다.

제9장

관광호텔산업

제9장

관광호텔산업

제1절 관광호텔산업의 의의

1. 호텔산업의 발달

관광산업의 발달은 필연적으로 호텔산업의 발전을 가져왔다. 그에 따라 현대의 호텔산업은 그 규모도 대형화되고, 종류도 매우 다양한 형태로 발전하였다.

우리가 이미 관광의 발달과정에서 검토해 보았듯이, 고대시대부터 지금까지 많은 종류의 숙박시설이 존재해 왔으나, 오늘날과 같은 형태의 호텔산업으로 발달하기 시작한 것은 1800년대 이후로 볼 수 있다. 따라서 본서에서는 1800년대 이후 호텔산업의 발달과정에 대해서만 간략히 서술하고자 한다.

1) 유럽 호텔의 발달

유럽 호텔의 발달사를 보면, 오늘날과 같은 기업적인 형태로 발달하기 시작한 것은 19세기 중엽부터라고 할 수 있고, 이 시대의 호텔은 관광 활동에 참여할 수 있는 사람 자체가 귀족 혹은 일부 특권층이었기 때문에, 당시의 호텔은 상류사회의 생활양식에 편승한 호화로운 시설과 서비스를 제공하고 있었다. 이것은 이전의 숙박시설인 'Inn'과는 전혀 다른 형태와 분위기를 가지고 있어 새로운 형태의 숙박시설이 등장한 것이라고 할 수 있다.

이와 같이 19세기에 유럽지역에서 새로운 서비스와 시설로 고객을 수용하였던 호텔 중에 빼놓을 수 없는 것은 프랑스 파리에 1850년에 세워진 그랜드(Grand) 호텔이라고 할 수 있다. 이 호텔은 현대와 같은 기업형태로 세워진 최초의 것으로 그 의미를 크게 부여할 수 있으며, 이 Grand라는 명칭은 오늘날에도 고급호텔의 대명사처럼 사용되는 것으로 보아 우리는 당시의 서비스와 시설을 짐작하고도 남음이 있을 것이다. 그랜드 호텔이 운영을 시작한 지 5년 후에는 나폴레옹 3세의 제안에 의해 호텔 루브르(Hotel du Lourve)가 세워졌으며, 이어 1876년에 프랑크푸르트에 프랑크푸르트 호프(Frankfurter Hof)가 개업하는 등 호텔이 계속 세워졌다.

이후 근대호텔의 아버지로 칭송을 받고 있는 세자르 리츠(Cesar Ritz)는 1898년에 프랑스 파리에 호텔 리츠(Hotel Ritz)를 세우고, 리츠 호텔의 성공에 힘입어 1년 후인 1899년에는 영국 런던에 호텔 칼튼을 인수하여 경영하기도 하였다. 이것이 오늘날 최고의 서비스와 시설을 자랑하는 호텔 리츠 칼튼의 효시인 것이다.

세자르 리츠는 당시 귀족들을 대상으로 호텔사업을 영위하면서 '고객은 항상 옳다'라는 경영이념에 입각하여 호텔운영을 하였으며, 그가 세운 이 호텔은 리츠 칼튼(Ritz Calton)이란 이름으로 오늘날 전 세계에 체인망을 구성 · 운영하고 있으며, 최고의 서비스와 시설을 자랑하는 호텔업계의 선두주자의 자리를 고수해 나가고 있다. 그리고 당시 자본과 경영을 분리한 경영형태는 오늘날 기업경영에 있어서도 중요한 이정표를 남겼다고 할 수 있다.

2) 미국 호텔의 발달

미국은 19세기의 유럽과는 다른 형태로 숙박시설이 발전하고 있었다. 당시 유럽의 호텔은 귀족과 왕족을 대상으로 한 호화스러운 시설과 서비스를 제공하는 것이었다면, 미국의 호텔은 서민적이고 대중적이라고 할 수 있다. 이것은 영국에서 건너온 청교도 인들의 평등사상에 기인한 것으로 보이며, 이러한 평등사상은 미국이 오늘날 호텔산업의 선두주자로써 자리를 지키고 있는 가장 근본적인 원인이 되었다고 할 수 있다. 즉, 미국인은 지불능력이 있으면 누구나 호텔의 시설을 이용할 수 있다는 수평적인 신분구조 속에서 호텔이 발전하게 되었기 때문에, 오늘날과 같이 눈부신 발전을 이룩하게 되지 않았나 생각한다.

미국 최초의 호텔은 뉴욕에 70개가 넘는 객실규모로 건립된 시티 호텔(1794년)이라 할 수 있으며, 이후 보스톤의 익스체인지 커피 하우스(Exchange Coffee House), 필라델피아의 맨션 하우스(Mansion House) 등이 잇달아 건립되어 호텔발전의 틀이 갖추어지기 시작하였다.

이러한 발전이 지속되고 있는 가운데 1829년에는 보스톤에 객실 170여 실을 보유한 트리몬트 하우스(Tremont House)가 건립되었는데, 이 호텔은 경영 면에서 오늘날과 같은 형태의 몇 가지 특징을 가지고 있었다. 특성을 지세히 살펴보면 다음과 같다.

첫째, 이 호텔은 비누와 수건 등의 객실소모품을 제공하였다.

둘째, 벨 서비스와 페이징 서비스를 실시하였다.

셋째, 종사원에 대한 서비스 교육을 실시하였다.

트리몬트 하우스는 이와 같이 당시로써는 놀라울 정도의 새로운 형태의 서비스를 제공하여 오늘날 호텔경영의 초석을 마련하였던 것이다.

이후 1830년부터 1850년까지 서부개척과 함께 호텔건설의 붐이 일어나면서 발전을 거듭하였고, 19세기 말경에는 샌프란시스코의 팔레스(Palace) 호텔과 같은 호화롭고 우아한 호텔들이 운영되기도 하였다.

20세기에 들어서면서 미국은 경제성장에 따른 국민의 소득향상 및 여행객의 증가로 인하여 1920년대까지 호텔산업은 눈부신 성장을 지속하였다. 그러나 1920년 말 세계의 대공황이 일어나면서 미국의 호텔산업도 커다란 타격을 받게 되었고, 당시 80(%)가 넘는 호텔이 파산에 이르는 등 극심한 어려움을 겪기도 하였다.

한편 1950년대는 미국의 경제성장이 둔화되면서 국민의 소비심리 위축과 관광패턴의 변화로 숙박산업에 커다란 변화를 겪게 되는데, 주요한 특징을 보면 다음과 같다.

첫째, 모텔과 같은 새로운 숙박시설의 등장에 따른 호텔산업의 변화를 들 수 있다. 1950년대의 미국은 가족단위의 여행증가 및 자동차 보급의 확대, 경제성장 둔화에 따른 소비심리 위축 등으로 모텔이 등장하게 되었고, 모텔의 등장은 호텔 스스로가 이전의 객실위주의 경영을 탈피하여 식음료 및 부대사업 등과 같은 사업분야의 확장과 서비스와 시설의 차별화 및 고급화를 위한 노력을 계속하게 하였다.

둘째, 호텔의 체인(Chain) 또는 프랜차이즈(Franchise) 경영이 활성화되었다는 점이다. 이것은 모텔과 같은 새로운 경쟁숙박업체의 등장과 관련하여 대형화를 통한 이미지 향상 및 상표충성도 제고 등의 경영개선 노력이 그것이다. 반면에 독립호텔 혹은 중소규모의 숙박업자들은 리퍼랄(Referral) 조직을 결성하여 체인, 프랜차이즈 호텔과 경쟁하게 된다.

2. 호텔(산업)의 의의

호텔이라는 말은 본래 라틴어의 Hospitale에서 유래된 것으로 Hospital, Hotel 등은 이 어원에서 파생된 것이다. 이러한 연유에서 Hospital과 Hotel은 고객 또는 환자에게 서비스를 제공하는 공공기관으로 인식되고 있으며, 경영형태 또한 유사한 특성을 지니고 있는 것이다.

호텔은 일반적으로 여행객들에게 숙박과 식사를 제공하는 장소로 인식이 되고 있으며, 이것은 호텔이 가지고 있는 전통적인 기능에 기인한 것이라고 볼 수 있다. 그리고 영미법률의 일반법에서는 다음과 같이 그 개념을 정의하고 있다.

'호텔이란 예의바르고 또한 접대에 대한 지불능력 및 준비가 되어 있는 모든 사람에게는 시설의 여유가 있는 한 수용이 허락되며, 체재기간 및 보상의 율 등에 관한 약정이 없이 체재 중에는 타당한 대가를 지불하고 식사 · 침실 등이 제공되며, 그 집을 임시적 가정으로 이용하는 데 필연적으로 부수되는 서비스와 관리를 받을 수 있는 장소이다'라고 정의하였다. 이 개념에 의하면, 호텔은 불특정 다수인에게 숙식 및 그와 관련한 제반시설을 제공하고, 그 대가를 수수하는 장소라는 의미를 담고 있으며, 호텔을 임시적 가정이라 함은 숙식제공은 물론 가정에서처럼 편안함과 안락함을 제공해야 한다는 호텔의 본질적인 의미를 강조한 정의라고 하겠다.

한편, 한국의 관광진흥법 제3조 1항에서는 호텔을 다음과 같이 정의하고 있다. '관광객의 숙박에 적합한 시설을 갖추어 이를 관광객에게 제공하거나 숙박에 부수되는 음식 · 운동 · 오락 · 휴양 · 공연 또는 연수에 적합한 시설을 갖추어 이를 이용하게 하는 업'이라고 규정하고 있다. 이 정의에서도 호텔의 본질적인 기능인 숙식을 제공하는 공공장소라는 의미는 위의 정의와 다를 바 없으나, '숙박에 수반되는 음식 · 운동 · 오락 · 휴양 · 공연 또는 연수에 적합한 시설'과 같이 구체적인 부대시설을 언급하였다는 것에 차이가 있다. 아마도 이것은 호텔이 기업화되면서 그 기능과 역할이 확대된 것에 기인하는 것이라고 할 수 있다.

위의 정의를 종합해 볼 때, 호텔은 다음과 같은 내용을 포함한다고 할 수 있다.

첫째, 호텔은 숙박과 식사를 기본적으로 제공하는 가사적 형태의 기업이다.

둘째, 지불 능력이 있는 사람에게 시설과 서비스를 제공하고, 그 대가를 수수하는 업이다.

셋째, 호텔에서 제공되는 서비스와 시설은 고객에게 편안함과 안락함을 제공하는 것이 기본적인 의무이다.

넷째, 불특정 다수인이 이용하는 공공장소의 기능을 가진다.

다섯째, 고객에게 휴식, 건강, 교양, 비즈니스 활동과 관련한 시설과 서비스를 제공하는 업으로 그 기능이 증대되고 있다.

이러한 내용에 기초하여 호텔은 다음과 같은 정의를 내릴 수 있을 것이다. 즉, 호텔이란 '지불 능력이 있는 일반대중에게 숙박과 식음료 시설 그리고 이와 관련한 서비스를 제공하고, 부수적으로 휴식, 건강, 교양, 비즈니스 활동을 위한 시설 및 서비스를 제공하여 편의를 도모하는 업'이라 정의할 수 있다.

이러한 정의에 입각하여 호텔의 기능을 정리하여 요약하면 다음의 〈표 9-1〉과 같다.

표 9-1 호텔의 기능

구분	호텔의 기능	호텔의 구체적 활동
전통적 기능 (본질적 기능)	숙박 기능 식음 기능	수면을 위한 객실 제공 식사와 음료제공
현대적 기능 (부가적 기능)	비즈니스 기능 집회 기능 건강 · 스포츠 기능 문화 · 교양 기능	비즈니스 활동 지원을 위한 서비스 제공(비서, 문서수발 및 작성) 국제회의 및 사적 모임의 공간 제공 피트니스 센터 운영 및 건강관리 프로그램 운영 지역주민을 위한 교양강좌 개최

제2절 호텔경영의 특성

오늘날 호텔기업은 기업의 경영 규모가 커지면서 많은 이해 관련자 집단을 가지고 있으며, 많은 환경변화에 노출되어 있다. 그리고 이와 같은 현상은 넓은 의미에서 볼 때, 모든 기업이 당면하고 있는 과제로 호텔기업만이 가지고 있는 독특한 특성은 아니다.

그러나 호텔기업은 서비스를 생산하여 고객에게 편의를 제공한다는 측면에서 다른 1, 2차 산업과 비교하여 생산하는 제품이 다르고, 생산된 제품의 특성이 다르다. 그리고 호텔은 타 산업과 비교하여 운영상 · 시설상의 차이를 보이고 있는데, 이러한 차이는 결국 이해 관련자들이 기대하는 만족에 차이를 보이게 되고, 환경적 요소들이 미치는 영향의 중요성 정도에 차이를 보이게 된다.

따라서 호텔기업은 타 산업체와 어떠한 차이를 보이고 있는가?를 검토하는 것은 호텔의 본질을 이해하는 데 도움을 줄 뿐 아니라, 효율적인 경영활동에도 중요하게 영향을 미치게 된다. 이러한 의미에서 호텔기업만이 가지는 특성을 보다 면밀하게 검토하여 이해의 폭을 넓히고자 한다.

호텔경영의 독특한 특성은 여러 측면에서 검토될 수 있는데, 일반적으로 경영상의 특성, 시설상의 특성, 운영상의 특성, 환경적인 특성 등으로 크게 분류하여 설명할 수 있다.

1. 경영상의 특성

1) 고정비 구성비율 및 지출의 과다

호텔기업은 다른 기업에 비하면 고정비용의 구성비율이 매우 높은 산업이다. 호텔의 고정비용은 크게 토지구매 관련 비용, 건축 관련 비용, 시설 및 설비투자비용 등으로 구성되는데, 이러한 고정자산에 투자되는 비용은 총 투자비용에 65(%)~80(%)에 이르는 구조를 가지는 장치 산업적인 특성을 가지고 있다. 고정자산에 투입되는 비용이 이와 같이 높다는 것은 투자자의 투자를 어렵게 하는 요인이 되고 있으며, 운영자금에 있어서 어려움을 가중시키는 요인이 되기도 한다. 또한 고정자산에 투자되는 비용은 잘못 투자되면, 상당한 손실을 유발시키기도 한다. 예를 들어 건축설계가 잘못되어 부분적으로 신축이 잘못된 경우, 이를 개 · 보수하는 비용은 투자자의 입장에서 볼 때는 손실이 되는 것이다. 한편 호텔기업은 고정자산이 상품의 품질을 결정하는데도 중요하게 영향을 미치고 있다. 객실의 크기가 너무 협소하거나, 잘못된 조명시설 혹은 건물의 시각적인 느낌 자체가 서비스 연출에 영향을 미치게 되며, 이것은 고객의 만족에도 크게 영향을 미치기 때문에 상품의 품질과 불가분의 관계를 가지고 있다.

호텔의 경영에 있어서 또 한가지의 문제는 고정비용이 차지하는 비중이 높다는 것이다. 예를 들어 인건비는 다른 제조업에 비해 높게 나타나며, 객실에 투숙객 유 · 무와 관계없이 일정 수준의 냉 · 난방은 유지하여야 하는 등 고정비용의 지출이 많은 것이 특징이다.

2) 계절적 영향에 따른 수요 차이 및 계획생산의 불가능성

호텔기업은 성수기와 비수기에 수요량의 차이가 크게 발생하는 특성을 가지고 있다. 관광 성수기에는 객실수요가 증가하여 매출액이 크게 증가하지만, 비수기에는 수요량이 급격히 감소하여 매출 규모가 작아지는 등의 수요의 변동성이 매우 큰 단점을 가지고 있다. 더욱이 이러한 수요의 변화에 따라 상품의 공급량을 적절히 조정할 수 있도록 계획생산을 할 수 있는 성격도 아니라는 데 문제의 심각성이 더해진다.

호텔기업은 일단 시설의 규모가 결정되면, 객실 혹은 식음료 수요량의 변화에 관계없이 보유하고 있는 객실 이상은 판매할 수 없으며, 식음료는 보유 좌석수 정도만 고객을 수용할 수밖에 없어 급작스러운 수요변화에 능동적으로 대응할 수 없다. 반면에 아이스크림 혹은 TV, 냉장고와 같은 상품은 수요예측을 통하여 미리 월별 생산계획을 수립하여 미리 생산해 놓고, 냉동실 혹은 기타 보관장소에 보관하였다가 성수기에 이들 상품을 시장에 유통시키는 계획생산이 가능한 것과 비교하면 호텔경영이 얼마나 어려운가를 짐작할 수 있을 것이다.

구체적으로 성 · 비수기의 수요량의 차이는 투자 규모, 인력구조, 운영자금규모의 설정에 어려움을 가중시키는 결과를 가져오게 하며, 계획생산의 불가능성은 시장 수요에 능동적인 대응이 불가능하다는 단점을 가지고 있다는 것이다.

3) 기계화의 제약성

호텔은 고객에게 제공되는 서비스와 상품의 특성상 제품을 생산하는 모든 공정을 기계화할 수 없는 성격을 가지고 있다. 한편, 사회적인 경제구조는 인건비가 지속적으로 상승하여 호텔경영의 위협요인으로 작용하는 실정이다.

객실을 판매 가능한 상태로 정돈하는 일, 객실 혹은 식음료 상품의 제공과 관련하여 서비스하는 일 등은 인적인 서비스에 의존도가 높고, 기계화를 하는 데 한계점을 가지고 있다. 이것은 물리적 · 기술적인 한계성만을 내포하고 있는 것은 아니다. 설령 식당의 홀에서 서비스를 제공하는 일을 로봇으로 대체하는 기술을 가지고 있다고 하더라도, 로봇에게 서비스를 받는다는 것은 정신적으로도 이해하기 어려울 것이다. 이와 같이 호텔은 업무의 성격 혹은 상품의 특성상 사람의 손이 많이 가야하는 상품이며, 이러한 상품을 제공하기 위한 기계화에는 한계성을 내포하고 있는 특성을 가지고 있다.

4) 상품의 비저장성 및 고정성

일반적으로 제품은 생산되어 유통기관을 거쳐 소비되는 특성을 가지고 있다. 이러한 생산-유통-소비의 과정은 시간적인 차이가 발생하므로 일정 기간 저장되는 것이 특성이다. 예를 들어 자동차, TV 뿐만 아니라 아이들의 과자와 같은 상품도 생산에서 소비에 이르는 과정에서 발생하는 시간적 · 장소적 차이는 저장 혹은 보관의 기능을 통하여 어느 정도 극복이 가능한 것이다. 그러나 호텔상품을 보자. 호텔에서 금일 미판매된 객실을 내일 추가적으로 판매할 수 있는가? '아니오'라고 누구나 대답을 할 것이다. 즉 미판매된 객실은 미판매와 동시에 그대로 소멸되는 것이다.

또한 아이스크림, TV, 냉장고와 같은 상품은 장소적인 이동이 가능하여 소비자가 구매하기를 원하는 장소로 이동한다. 즉 일반제품은 공장에서 생산되고 유통되어 소비하는 과정을 갖게 되는데, 이들 상품은 소비자가 구입하기 쉬운 장소로 이동하게 되어 소비자의 구매활동에 편의성을 증진시킬 수 있다. 그러나 호텔상품은 생산과 소비의 동시성으로 인하여 장소적 이동이 불가능하다. 다시 말하면, 서울에 있는 R 호텔의 객실을 이용하기 위해서는 관광객이 그 장소로 이동하여야 하며, 객실자체를 다른 장소로 이동할 수 없는 것이다.

이러한 호텔상품의 비저장성과 소멸성은 일반제품과 비교하여 두드러진 특성이라고 할 수 있다. 이러한 특성 때문에 호텔상품의 마케팅 활동은 일반상품의 마케팅 활동과는 근본적으로 차이가 발생하는 것이다.

2. 시설상의 특성

1) 높은 초기투자비용

호텔경영은 초기에 투자되는 비용이 매우 높은 산업이다. 호텔상품이 판매되기 위해서는 모든 시설이 완벽하게 갖추어져야 한다. 예를 들어 객실에 투숙객을 받기 위해서는 객실에 비치되는 시설과 설비가 완벽하게 갖추어져 있어야 한다.

초기 투자비용은 대부분 토지와 건축 및 설비와 관련되는 비용이다. 호텔을 신축하는 데는 관련 토지가 있어야 하며, 건물이 완벽하게 지어져야 하며, 운영을 위한 제반설비와 시설이 완벽하게 갖추어져 있어야 한다. 그런데 이러한 비용은 전체투자비용에서 차지하는 비중이 매우 높고, 이러한 투자비용은 호텔 프로젝트 시점부터 영업시작 일까지 약 3년 정도가 걸리는 것이 보통이라면, 전체투자액의 65(%)~70(%)가 이 기간에 모두 투입되는 특성을 가지고 있다.

2) 호텔시설의 조기노후화 및 진부화 현상

호텔시설은 불특정 다수인이 사용하기 때문에 시설의 조기노후화 현상이 나타난다. 이것은 여러분의 가정과 비교하면 쉽게 이해할 수 있을 것이다. 여러분의 집 그리고 가정에서 이용되는 시설이나 설비는 여러분 가족 이외의 사람이 사용하는 경우가 극히 드물기 때문에, 건축물 혹은 시설이나 설비가 비교적 공공장소에서 사용되는 것보다 오래 사용되고 있는 것이 일반적이다. 예를 들어 법인세법 시행규칙(1989)을 보면, 철근과 콘크리트를 이용하여 건축을 하는 경우, 호텔은 내구연한이 40년인 반면에 일반기업은 60년이다. 즉 호텔건물은 내구연한에 있어 일반기업의 3분의 2 수준에 불과할 정도로 조기노후화 현상이 일어난다고 볼 수 있다.

또한 호텔은 건축설계기술, 정보처리와 관련한 Software 기술과 Hardware 기술의 혁신적인 개발과 개선으로 인하여 기존의 건축물과 정보처리 관련 설비와 시설 등의 효용가치가 급격하게 상실되는 경향이 나타나고 있다. 예를 들어 호텔 연회장 양쪽 귀퉁이에 건물을 지탱하는 기둥이 있다면, 기둥 주변의 공간은 활용하기 어려워진다. 그리고 이 기둥은 연회장 상품의 품질을 저하시키는 중요한 요소가 될 것이다. 만일 여러분이 모임이 있어 연회장을 이용하게 되는 경우, 동일한 규모의 연회장에 기둥이 있는 연회장과 기둥이 없는 연회장 중 어느 것을 선택하여 예약할 것인가? 대답은 너무도 당연한 것이다. 또한 서비스 동선의 구조와 고객의 이동통로의 효율성을 제고할 수 있는 건축설계와 시공능력은 고객의 편의와 만족을 제공하는 데 중요하게 영향을 미치는 것이다. 그리고 호텔의 HIS(Hotel Information System)와 같은 것은 진부화 현상을 설명하는 데 있어서 매우 훌륭한 예이다. 호텔정보시스템의 초기에는 기초적인 정보를 제공하는 데 국한하였고, 사람의 인력을 어느 정도 필요로 하였으나, 지금의 HIS는 인사관리, 재무관리, 마케팅, 생산관리, 기타 정보제공 등이 모두 전산 처리되어 필요한 자료를 선택만 하면 자동으로 처리 · 출력되어 경영의 효율성을 제고시키고 있다.

3. 운영상의 특성

1) 인적의 서비스 의존도

호텔기업은 인적인 서비스의 의존도가 매우 높은 산업이다. 앞의 관광산업의 특성에서 설명한 바와 같이 타 산업에 비하여 관광산업은 단위당 생산에 필요한 고용승수가 높은 것을 확인할 수 있었다. 호텔도 역시 예외가 아니다.

그리고 여기에서 더욱 강조되어야 할 점은 인적인 서비스가 곧 상품의 질을 결정하는 중요한 요인이 된다는 것이다. 앞에서도 상품의 품질에 영향을 미치는 요인에 대하여 부분적으로 언급을 하였으나, 인적인 서비스는 그 이상의 의미를 갖는다. 종사원의 우아하고, 세련된 서비스와 말씨 등의 연출은 호텔상품의 가치를 향상시키는 중요한 요소가 된다. 따라서 서비스의 차별화는 결국, 호텔상품의 차별화를 결정지을 수 있는 요인으로 고객에게 만족을 제공할 수 있으며, 서비스의 표준화는 원가절감은 물론 고객으로부터 클레임(Claim)을 최소화할 수 있으며, 고객의 기대수준의 범위를 일정하게 유지하는 수단이 된다.

이러한 관점에서 서비스 종사원을 위한 교육은 강조되어야 한다. 그러나 고객에게 세련되고 우아한 서비스를 제공하여야 하는 종사원의 입장에서 본다면, 다양한 여러 계층의 사람에게 직무수행과 관련한 인적인 서비스를 제공한다는 것은 육체적 · 정신적으로 많은 스트레스와 피로를 느끼게 되고, 자칫 이 부문에서 관리를 잘못하게 되면 서비스 품질에 손상을 가져오기 쉽다. 그러므로 관리자들은 종사원의 스트레스와 피로를 해소시킬 수 있는 프로그램의 개발과 복지개선에도 관심을 두어 마음에서 우러나오는 서비스가 제공되도록 하여야 한다.

2) 연중무휴의 영업

호텔기업은 1년 365일 계속 영업을 지속한다는 특성을 가지고 있다. 식음료 부문의 업장은 부분적으로 개장시간과 영업의 종료시간이 존재하지만, 근본적으로 객실영업은 1일 24시간, 1년 365일 모두를 영업시간으로 하는 특성을 가지고 있다.

4. 환경상의 특성

호텔기업경영의 궁극적인 목적은 기업활동에 영향을 미치는 많은 환경의 변화에 대하여 때로는 순응하고, 때로는 적응을 하면서 영속기업으로 존재하려는 것이다. 즉, 기업은 기업환경요인을 면밀히 분석하여 현재의 기업환경과 미래의 기업환경을 통제하여 기업이 해야 할 일들에 대하여 방향을 결정하고, 이 일들을 수행하면서 성장 · 발전을 기대하는 것이다. 그러므로 기업은 환경적 변화와 동태에 민감하게 반응하게 되는 것이다.

그러면 기업환경이란 무엇이며, 기업과 어떠한 관계를 가지고 있는가? 기업환경이란 단순하게 말해서 기업활동에 영향을 주는 모든 환경적 요인을 말하므로 그 종류도 매우 다양하며, 영향을 미치는 정도에서도 각기 차이를 보이게 된다.

기업환경은 일반적으로 크게 두 가지로 분류할 수 있다.

첫째, 기업에서 순응해야 하는 외부환경요인(통제불가능요인)을 들 수 있다. 외부환경요인을 통제불가능요인이라고 하는 이유는, 기업의 능력으로 이들 요인들의 변화의 방향과 속도 등을 조정 또는 통제할 수 없기 때문이다. 따라서 이러한 외부환경요인에 대해서는 변화의 방향과 속도를 추정하여, 환경의 변동성 정도에 따라 기업활동의 범위와 크기 등을 맞추어가야 한다. 이러한 의미에서 '순응'하여야 한다고 한 것이다. 일반적으로 외부환경요인에는 정치적 환경, 경제적 환경, 법률적 환경, 사회 · 문화적 환경 등을 예시할 수 있다.

둘째는 기업에서 적응해야 하는 내부환경요인(통제가능요인)을 들 수 있다. 내부환경요인을 통제가능요인이라고 하는 이유는, 기업 내부의 인적 · 물적 자원을 이용하여 어느 정도는 기업이 원하는 방향으로 극복이 가능한 요인들로 구성되어 있기 때문이다. 내부환경요인은 기술, 자본, 인력, 조직 등과 같은 요인으로 구성되어 있으며, 이러한 요인은 기업의 입장에서 노력 여하에 따라서 어느 정도 극복이 가능하다.

현실적으로 이 세상에 존재하는 모든 기업은 이러한 기업환경과 불가분의 관계를 맺고 있다. 그리고 기업은 기회적 요인을 최대한 이용하고, 자사의 강점을 최대한 활용하는 차원에서 경영활동이 이루어지는 것이다. 그러므로 환경요인에 대하여 엄밀하게 논하면, 호텔기업만이 가지고 있는 특성이라고 볼 수는 없는 것이다.

그러나 호텔기업과 같이 기업을 둘러싸고 있는 환경요인에 민감하게 영향을 받는 산업은 그리 흔하지 않다고 할 수 있다. 예를 들면 한국의 IMF 사태 필리핀과 인도네시아 소요, 유고의 정치적 갈등, 코로나19 등 이러한 일련의 사태에서 보듯이, 이러한 사건들이 관광에 미치는 영향에 대하여 신문지상과 방송매체에서 빈번하게 접할 수 있었을 것이다.

호텔기업활동에 영향을 미치는 요인을 정리하면 〈표 9-2〉와 같다.

표 9-2 호텔기업에 영향을 미치는 환경요인

구분	경제적 요인	정치 · 법률적 요인	사회 · 문화적 요인	환경적 요인
내부 변수	경제성장률 가처분소득 환율 및 통화정책 소득 및 소득배분 실업률 등	출입국 수속절차 해외여행자유화 법률 제정 사회의 질서와 안정 정치적 안정	여성의 사회진출 건강의 관심증대 핵가족화 자아실현요구 기업의 사회적 책임	인문 혹은 자연 환경 환경파괴 및 오염문제

제3절 숙박산업의 분류

1. 호텔의 분류

호텔은 입지, 규모, 경영방식, 숙박기간, 숙박목적, 법규, 요금지불방식 등 여러 가지 분류기준에 의하여 분류할 수 있다. 이렇게 분류된 호텔은 규모, 운영방법, 시설 등 여러 부문에서 차이를 보이게 되는데, 각각의 분류기준에 의한 호텔의 종류와 특성은 다음과 같다.

1) 입지에 의한 분류

입지에 의한 분류는 호텔이 도시 혹은 시골, 기타 특수지역 등 어디에 입지하고 있는가?를 기준으로 분류하는 방법이다. 일반적으로 호텔이 입지하고 있는 지역에 따라서 메트로폴리탄 호텔(Metropolitan Hotel), 시티 호텔(City Hotel), 컨트리 호텔(Country Hotel) 등으로 분류할 수 있다. 이들 호텔의 종류와 특성을 요약하면 다음과 같다.

(1) 메트로폴리탄 호텔

메트로폴리탄 호텔은 대도시 지역에 입지한 대규모의 호텔을 의미한다. 이러한 메트로폴리탄 호텔은 입지지역의 특성에 따라 시설의 종류와 규모에서 차이를 보이게 되는데, 일반적으로 고급스럽고, 우아하고, 세련된 서비스가 제공되는 것이 특징이다. 대도시 지역은 비즈니스 활동이 활발하게 이루어지는 경우가 대부분이다. 따라서 이들의 호텔은 많은 여행객을 수용할 수 있는 대규모의 객실을 보유하고 있는 것은 물론, 비즈니스 활동을 지원할 수 있는 여러 종류의 전문 레스토랑과 빠, 커피 등을 운영하고 있으며, 비즈니스 활동 혹은 여행에 피로를 회복할 수 있는 사우나, 수영장 혹은 스포츠 센터 등도 운영하고 있다. 또한 국제회의 또는 대규모 집회 등을 할 수 있는 연회장을 보유하고 운영하고 있는 것이 보통이다.

한편 이들 호텔들은 투숙객의 투숙목적에 따라 약간의 차이는 있으나, 비즈니스 활동을 지원할 수 있는 비즈니스 센터를 두어 비즈니스 업무를 실질적으로 지원할 수 있는 시설과 설비를 갖추고 있고, 비즈니스를 목적으로 하는 고객만을 집중적으로 투숙시켜 그들 간의 정보교류 및 상담 등을 할 수 있도록 비즈니스 플로어(Business Floor)를 운영하는 등 Software의 개발에도 관심을 집중하고 있다.

(2) 시티 호텔

시티호텔 또한 도심지역에 위치하고 있고, 투숙객이 주로 상용, 공용의 비즈니스 활동을 위하여 여행하는 사람과 도시 중심부에 위치하고 있어 접근의 편리성 등으로 사회적 교류를 위한 집회, 연회, 회의 등을 목적으로 하는 고객이 주로 이용하는 특성을 가지고 있다. 그러나 비즈니스 활동을 위하여 방문하는 여행객은 호텔의 규모가 대형화되고, 이들의 지원과 서비스가 이루어지고 있는 메트로폴리탄 호텔로 이동되면서 시티 호텔은 점차 줄어들고 있는 실정이다. 시티 호텔은 다운타운 호텔(Downtown Hotel : 사회적 교류를 위한 사교중심의 시설과 서비스가 제공되는 성격을 가지는 호텔)과 그 성격이 유사하다.

(3) 컨트리 호텔

교외 혹은 시골지역에 위치한 호텔로 입지에 따라 여러 종류의 호텔이 있을 수 있으며, 이용객의 특성에 따라서 시설의 종류와 크기가 달라지는 것이 특징이다. 컨트리 호텔의 종류를 살펴보면 다음과 같다.

❶ 교외 호텔(Suburban Hotel)

교외 호텔은 호텔이 입지한 주변지역의 경관 혹은 자원의 종류에 따라서 그 성격을 달리하여 계절에 따라 즐길 수 있는 오락 혹은 위락시설을 운영하는 것이 특징이다.

❷ 산간 호텔(Country Hotel)

산간 호텔은 주로 산악지역 혹은 전원지역에 입지하고 있어 Mountain 호텔이라고도 불리고 있다. 산간 호텔은 골프장 혹은 레크리에이션 시설을 갖추고 있어 레크리에이션 활동이 이루어지는 것이 특징이다.

❸ 에어포트 호텔(Airport Hotel)

공항 주변에 위치하여 비행기 여행을 하는 사람 혹은 비행기 승무원들이 주로 투숙하는 호텔이다. 그리고 이 호텔의 고객들은 다른 목적지로 이동하기 위하여 아주 짧은 기간을 투숙하고, 비행기로 여행을 하기 때문에 이들의 피로를 해소하기 위한 휴식시설과 위락시설을 주로 운영하고 있는 특성을 가지고 있다.

❹ 시포트 호텔(Seaport Hotel)

항구주변에 위치하여 배로 여행하는 승객과 승무원들이 주로 이용하는 호텔이다. 그리고 이들 투숙객은 다음 목적지로 이동하기 위하여 아주 짧은 기간을 투숙하고, 배로 여행하기 때문에 이들의 피로를 해소하기 위한 휴식시설과 위락시설을 운영하고 있는 특성을 가지고 있다. 이러한 면에서 에어포트 호텔과 성격이 유사하다.

❺ 터미널 호텔(Terminal Hotel)

시포트 호텔과 유사한 성격을 가지며, 철도 혹은 버스 터미널 등에 입지한다.

2) 규모에 따른 분류

호텔의 규모에 따라 대규모 호텔(Large Hotel), 평균 이상 규모 호텔(Above Average Hotel), 평균 규모 호텔(Average Hotel), 소규모 호텔(Small Hotel) 등으로 분류하는데, 일반적으로 대규모 호텔은 객실규모가 300실 이상인 경우를 말하고, 평균 이상 규모 호텔은 100~300실, 평균규모 호텔은 25~100실, 소규모 호텔은 25실 미만의 객실 규모를 가지고 있는 호텔을 의미한다.

3) 경영방식에 의한 분류

경영방식에 따라서는 독립호텔, 체인호텔, 프랜차이즈 호텔, 관리위탁경영호텔 등을 대표적으로 설명할 수 있다.

(1) 독립호텔

독립호텔은 소유자 혹은 투자자가 직접 경영을 하는 호텔을 의미한다. 이러한 독립호텔의 경우, 소유자의 경영기술 정도에 따라서 수익성에 크게 영향을 받는 경향이 있다. 따라서 숙련되고 세련된 경영기술이나 기법을 가지고 있는 소유자라면 독립호텔의 형태로 경영하여도 경영위험을 줄일 수 있으나, 환경의 변화에 능동적으로 대처하지 못하면 경영위험이 증대될 수 있는 단점을 가지고 있다.

(2) 체인호텔

체인호텔은 연쇄경영호텔을 의미하는 것으로 프랜차이즈 경영에 비하여 강한 결속력을 가지고 있는 호텔로 '규모의 경제(Scale Merit)'이 최대의 장점이라고 할 수 있다. 체인호텔은 경영권과 인사권이 체인본부에 있다는 것이 프랜차이즈와 차이가 있으며, 체인본부와 가맹점이 공동 투자하는 형식이 일반적이다. 체인 호텔의 경영은 다음과 같은 이점이 있어, 프랜차이즈 경영과 함께 현대의 호텔경영에 주류를 이루고 있다.

첫째, 대량의 일괄구매를 통한 원가절감 효과를 기대할 수 있다.

둘째, 동일한 예약시스템을 사용함에 따른 예약업무의 효율성 증진 및 판매를 확대할 수 있다.

셋째, 저렴한 비용으로 홍보 · 광고를 할 수 있으며, 전 세계인을 대상으로 하기 때문에 홍보 · 광고 효과를 극대화할 수 있다.

넷째, 호텔경영에 필요한 선진경영기법 및 기술의 습득이 용이하다.

다섯째, 높은 지명도에 따른 판매증진 효과를 기대할 수 있다.

여섯째, 서비스 품질의 표준화가 용이하다.

(3) 프랜차이즈 호텔

프랜차이즈는 '상표판매권' 혹은 '가맹권'을 의미하는 것으로 1950년대에 본격적으로 도입된 경영방식이다. 프랜차이즈 경영은 프랜차이즈 본사(Franchiser)와 사업관계에 대하여 적절한 계약을 체결하고, 이에 수반되는 비용(Licence Fee)을 지불하는 형식으로 체인경영과 유사한 장점을 가지고 있기 때문에 체인의 이점을 참고하면 된다.

(4) 관리위탁경영호텔

관리위탁경영방식(Management Contract)은 업무위탁이라고도 부르고 있다. 이 방식은 고정자산에 대한 투자를 제3자 등이 부담하는 것인데, 호텔회사는 그 시설의 관리운영만을 계약에 의해서 수탁하는 것이다. 관리운영위탁계약은 건물의 내장 등 일체를 소유자 내지 경영주체의 부담으로 하고, 호텔회사가 조달할 자금은 운전자금만 있으면 된다. 그리고 소유자는 경영자로서의 호텔회사에게 관리운영의 보수로서 수수료(Royalty : Management Fee)를 지급하면 되는데, 그 계산방법은 수익금 또는 금리 · 상각 · 공통경비 지급전이익 등에 대한 일정의 비율로 하고 있다. 이 방식은 힐튼과 하얏트에서 채용되고 있는데, 힐튼은 이 방식에서도 총 영업수익의 3분의 1이라는 기준을 적용하고 있다(김진섭).

이와 같은 관리위탁경영방식은 근래에 와서 매우 각광을 받는 경영방식이다. 그 이유는 위탁자의 입장에서는 경영기술이 부족하여 발생할 수 있는 경영에 따른 위험을 줄일 수 있고, 호텔의 입장에서는 적은 비용으로 새로운 수익원을 창출할 수 있다는 점에서 양자에게 모두 장점을 제공하고 있기 때문이다.

이밖에 임차방식, 리퍼럴 조직(Referral Organization), 업무제휴방식 등 여러 형태의 경영방식이 실무에서 활용이 되고 있다. 그러므로 어떠한 방식에 의하여 경영을 할 것인가는 각각의 특성을 면밀히 검토하여 자신의 경영목적을 효과적으로 달성할 수 있는 방식을 채택하여야 할 것이다.

4) 숙박기간에 의한 분류

(1) 단기체재호텔(Transient Hotel)

단기체재호텔은 단어에 내포되어 있는 바와 같이 투숙객이 단기간의 투숙을 목적으로 하는 호텔이다. 오늘날 대부분의 호텔은 단기체재호텔의 범주에 속하며, 단기체재호텔은 Business 호텔, Commercial 호텔, Convention 호텔 등을 예시할 수 있다.

단기체재호텔은 투숙객의 투숙목적에 따라 부대시설 혹은 식음료 시설의 규모와 종류가 결정되는 것이 일반적이지만, 이들 호텔들은 여러 종류의 식음료 시설, 사우나, 수영장, 헬스 혹은 레크리에이션, 비즈니스 시설 등 비교적 다양한 시설을 운영하고 있는 것이 일반적이다.

(2) 장기체재호텔(Residential Hotel)

장기체재호텔은 아파트먼트 호텔(Apartment Hotel)이라고 불리고 있으며, 미국을 중심으로 발달된 호텔로서 호텔과 가정의 기능이 복합된 것으로 이해하면 될 것이다. 장기체재호텔에 투숙하는 투숙객은 가정에서 멀리 떨어진 지역으로 장기간의 출장 혹은 전근 등으로 인하여 오랜 기간 동안 타 지역에 머물러야 할 경우에 주로 이용되는 호텔이다.

전술한 바와 같이 장기체재호텔은 호텔과 가정의 기능을 복합한 형태로 운영이 되고, 대개의 경우 투숙객이 낮에는 직장 혹은 밖에서 시간을 보내고, 잠을 자기 위하여 호텔에 들어오는 경향이 많이 나타나기 때문에, 식음료 시설 혹은 부대시설 등은 최소화하여 운영을 하는 것이 특징이다. 우리나라는 장기체재호텔이 많지 않으며, 대표적인 장기체재호텔은 서울의 스위스그랜드 호텔을 들 수 있다.

5) 숙박목적에 따른 분류

(1) 컨벤션 호텔

컨벤션 호텔은 국제회의 및 세미나를 개최하기에 필요한 제반시설과 설비를 준비하여 회의 및 집회를 목적으로 운영되는 호텔이다. 이러한 컨벤션 호텔은 대규모 인원을 동시에 수용할 수 있는 연회장과 분임 토의 혹은 각 Section별 토론을 할 수 있는 중 · 소규모의 연회장 등 다수의 연회장과 수 개국의 언어에 대하여 동시통역을 가능하게 하는 시설을 갖추고 있다. 우리나라는 근래에 와서 국제회의가 가져다주는 경제적 편익뿐만 아니라, 국제적인 위상의 제고를 위하여 컨벤션 산업의 육성에 관심을 두고 있다.

(2) 상용호텔

사업 혹은 상업을 목적으로 이동하는 여행객들이 주로 투숙하는 호텔로 비즈니스 활동이 활발하게 전개되는 대도시 및 도심지역에 입지를 하는 것이 특징이다. 이러한 상용호텔은 비즈니스 활동을 지원하기 위한 시설과 서비스 그리고 휴식시설 등 비교적 다양한 부대시설과 식음료 시설을 갖추고 있다.

(3) 휴양지 호텔

휴양지 호텔은 관광지 혹은 관광단지 등과 같은 지역에 입지를 하게 되며, 이들 호텔은 주변의 관광자원의 특성과 성격 그리고 관광자원의 견인력의 정도에 따라 그 규모와 시설의 종류, 운영방법 등이 달라진다. 기본적으로 휴양지 호텔은 관광자원의 견인력이 약하면 인위적인 레크리에이션 시설을 추가하여 관광지의 매력성을 제고하는 특성을 갖는다.

6) 법규에 의한 분류

우리나라는 관광진흥법 시행령 제2조에 의하여 호텔업의 종류를 명시하고 있다. 우리나라에서 규정하고 있는 호텔업의 종류를 정리하면 다음과 같다.

(1) 관광호텔업

관광객의 숙박에 적합한 시설을 갖추어 관광객에게 이용하게 하고 숙박에 딸린 음식 · 운동 · 오락 · 휴양 · 공연 또는 연수에 적합한 시설 등(이하 "부대시설"이라 한다)을 함께 갖추어 관광객에게 이용하게 하는 업을 말한다.

(2) 수상관광호텔업

수상에 구조물 또는 선박을 고정하거나 매어 놓고 관광객의 숙박에 적합한 시설을 갖추거나 부대시설을 함께 갖추어 관광객에게 이용하게 하는 업을 말한다.

(3) 소형호텔업

관광객의 숙박에 적합한 시설을 소규모로 갖추고 숙박에 딸린 음식 · 운동 · 휴양 또는 연수에 적합한 시설을 함께 갖추어 관광객에게 이용하게 하는 업

(4) 가족호텔업

가족단위 관광객의 숙박에 적합한 시설 및 취사도구를 갖추어 관광객에게 이용하게 하거나 숙박에 딸린 음식、운동、휴양 또는 연수에 적합한 시설을 함께 갖추어 관광객에게 이용하게 하는 업을 말한다.

(5) 한국전통호텔업

한국전통의 건축물에 관광객의 숙박에 적합한 시설을 갖추거나 부대시설을 함께 갖추어 관광객에게 이용하게 하는 업을 말한다.

(6) 호스텔업

배낭여행객 등 개별 관광객의 숙박에 적합한 시설로서 샤워장, 취사장 등의 편의시설과 외국인 및 내국인 관광객을 위한 문화 · 정보 교류시설 등을 함께 갖추어 이용하게 하는 업을 말한다.

(7) 의료관광호텔업

의료관광객의 숙박에 적합한 시설 및 취사도구를 갖추거나 숙박에 딸린 음식、운동 또는 휴양에 적합한 시설을 함께 갖추어 주로 외국인 관광객에게 이용하게 하는 업을 말한다.

(8) 휴양 콘도미니엄업

관광객의 숙박과 취사에 적합한 시설을 갖추어 이를 그 시설의 회원이나 공유자, 그 밖의 관광객에게 제공하거나 숙박에 딸리는 음식 · 운동 · 오락 · 휴양 · 공연 또는 연수에 적합한 시설 등을 함께 갖추어 이를 이용하게 하는 업을 말한다.

7) 요금지불방식에 의한 분류

요금지불방식에 의한 분류는 객실요금과 식사요금을 분리하여 객실요금을 결정하느냐? 혹은 객실과 식사요금을 포함하여 객실요금으로 결정하느냐?에 따라 여러 가지로 구분된다.

(1) American Plan

American Plan은 Full Plan이라고도 하며, 객실요금에 식대를 포함하여 객실요금을 결정하는 방법이다. 즉 1박의 객실요금에 3식의 식사요금을 포함하여 객실요금을 정하는 방식을 말한다.

(2) Modified Plan Hotel

Modified Plan은 American Plan을 수정하여 1박의 객실요금에 아침식사와 중식 혹은 석식 중 택일한 식사요금을 포함하여 객실요금으로 결정하는 방식이다. 즉 1박의 객실요금과 2식의 식사요금을 객실요금으로 결정하는 방식을 말한다.

(3) Continental Plan Hotel

이 방식은 1박의 객실요금에 아침식사를 포함하여 객실요금으로 결정하는 방식을 말한다. 이때 아침식사는 간단하게 준비하는데, 일반적으로 마른 빵, 버터 혹은 잼, 우유, 커피 또는 홍차가 아침식사 메뉴로 제공된다. 한편 Continental Plan과 같은 객실요금 결정방법으로 Bermuda Plan이 있는 데, 이것은 아침식사의 메뉴에 약간의 차이를 보이고 있다. 버뮤다 플랜의 아침식사 메뉴는 대개 빵 혹은 토스트, 주스, 잼, 계란 후라이 혹은 스크램블, 커피 혹은 홍차로 구성된다. Continental Plan의 아침식사는 유럽지역에서 주로 이용되고, Bermuda Plan은 미국에서 주로 이용된다. 이것은 각 지역의 아침식사의 식생활 습관에서 오는 차이에서 발생한 것이라 볼 수 있다.

(4) European Plan Hotel

이 방식은 1박의 객실요금만을 객실요금으로 결정하는 방식으로, 식사요금을 객실요금에 포함하는 것과 같이 위에서 제시한 방법과는 근본적인 차이가 있다.

(5) Dual Plan Hotel

한 호텔에서 American Plan과 European Plan을 모두 객실요금의 결정방식으로 채택하고 있는 것을 말한다.

2. 기타 숙박시설의 종류

1) 휴양 콘도미니엄(Condominium)

콘도미니엄이란 같은 토지에 대하여 두 나라 이상이 공동지배권을 가지고 있다는 라틴어에서 유래된 것으로, 공동소유권을 의미하고 있다. 이러한 정의를 가진 콘도미니엄은 유럽의 기업들이 종사원들의 복지를 위하여 운영하기 시작하면서 오늘날 보편화되었다. 콘도미니엄이란 어원이 의미하듯, 동일한 건물에 대하여 여러 명이 공동으로 소유권을 가지고 있으며, 그 시설의 관리는 특정한 단체 혹은 법인에 의해서 행해지게 된다.

우리나라는 관광진흥법에서 '휴양 콘도미니엄업을 관광객의 숙박과 취사에 적합한 시설을 갖추어 이를 당해 시설의 회원, 공유자 기타 관광객에게 제공하거나 숙박에 부수되는 음식 · 운동 · 오락 · 휴양 · 공연 또는 연수에 적합한 시설을 함께 갖추어 이를 이용하게 하는 업을 말한다'고 규정하고 있다. 이러한 의미를 가지고 있는 콘도미니엄은 국민관광의 발전과 복지관광이라는 측면에서 활성화되어 현재는 국민이 보편적으로 이용하고 있는 숙박의 형태로 발전하였다.

콘도미니엄의 특성을 요약(채서일)하면 다음과 같다.

첫째, 콘도미니엄의 개발자금은 회원을 모집하여 충당한다.

둘째, 소유와 경영이 분리되어 있다.

셋째, 전매 · 상속이 가능하고 객실의 경우 일반인의 사용이 가능하다.

넷째, 연간 사용일수가 제한되어 있다

2) 모텔

모텔은 1950년 미국의 자동차 산업의 발달로 인하여 자동차 보급이 보편화되고, 미국국민들의 자동차 여행객이 급증하면서 등장한 새로운 형태의 숙박시설로 모텔의 특성을 포괄하여 정리하면, 다음과 같은 4가지의 특성을 말할 수 있다.

첫째, 모텔의 생성은 미국국민의 가처분소득의 감소 및 소비심리 위축과 자동차 산업의 발달에 따른 자동차 여행객의 증가에 기인하여 새롭게 등장한 숙박시설이다.

둘째, 건축비 및 운영비 절감으로 호텔에 비하여 숙박비용이 저렴하고, 주차시설이 완비되어 자동차 여행객의 편의를 도모하였다.

셋째, 'No-tip' 제도의 실시 및 다양한 Self-service가 제공된다.

넷째, 모텔은 객실예약이 불필요하다. 즉 고속도로를 운전하다 간판에 'VACANT' 라는 네온사인을 보면 객실이 비어 있음을 뜻하는 것으로 이 간판을 보고 들어가면 된다.

이러한 특성을 가지고 있는 모텔은 호텔과 경쟁을 하면서 성장하면서 버젯 모텔(Budget Motel)이라는 새로운 운영방식의 모텔이 생성하게 되었다. 버젯 모텔은 조립식 건축방법의 채택 및 공공장소를 외부로 설계하여 건축비 및 에너지 비용을 줄여 싼값에 객실을 제공하고, 대부분 식음료 시설을 운영하지 않는 등 '최소의 비용으로 고객에게 서비스를 제공한다'는 경영철학 하에 운영되는 새로운 형태의 모텔도 등장하였다.

오늘날의 모텔은 여러 가지 형태로 발전하여 운영되고 있는데, 객실위주로 경영하는 하이웨이 모텔, 일반호텔에서 제공되는 서비스와 유사한 서비스가 제공되는 하이웨이 모터 호텔, 리조트 지역에 위치하여 휴양객을 대상으로 영업하는 리조트 모텔 등 그 종류도 다양하다.

한편 모텔과 모터 호텔은 기본적으로 규모에 의한 차이에서 발생하는 것으로 모터 호텔이 비교적 모텔보다 규모가 크다고 할 수 있다. 모텔 전문가 브리너(Stephen W. Brener) 등이 말하고 있는 모터 호텔은 객실규모가 100실 이상이고, 최소한 단체 고객이 50명 이상을 수용할 수 있어야 한다고 한 바와 같이 모텔보다 큰 규모의 것을 모터 호텔이라고 한다. 그리고 모터 호텔의 대부분은 체인으로 운영되고 있다.

기타 Inn, Pension, 회관호텔, Botel(Boat+Hotel), Yachtel(Yacht+Hotel), Bungalow, Hermitage 등 많은 형태의 숙박시설이 존재한다.

제4절 우리나라 호텔업의 현황

우리나라는 1900년 초반에 건립된 대불 호텔과 서울의 정동의 손탁 호텔이 최초의 호텔로 기록되고 있는 바와 같이 호텔은 약 100년의 역사를 갖는다. 그러나 실제적으로는 1962년 관광사업진흥법이 제정되면서 관광산업의 체계적인 발전을 유도하면서 성장을 시작하게 되었으며, 이후 약 60년 동안 성장한 결과 2021년 현재 관광호텔은 1,295개에 137,432실을 보유하게 되었으며, 기타 전통호텔업, 가족호텔업, 호스텔업, 의료관광호텔업이 835개로 총 30,317실의 호텔이 등록되어 경영을 하고 있다.

서울지역은 관광호텔 1,295개 중 326개가 있어 전체의 25.2(%)를 점유하고 있으며, 객실수로는 관광호텔 전체 137,432실 중 서울지역이 54,673실이 밀집되어 있어 전체 객실수에 39.8(%)를 구성하고 있다. 그리고 전체 관광호텔은 456개 중 서울지역이 97개로 21.2(%)를 점유하고 있고, 따라서 호텔업체의 수와 객실수에서 보더라도 서울은 한국관광의 중심지임을 알 수 있다. 다음으로 특급호텔이 많이 있는 지역은 제주도 지역으로, 우리나라에서 제주도의 호텔 산업부분에서의 위상을 다시 한 번 생각하게 한다. 그러나 지역적 분포를 과거와 비교해 보면, 많은 변화가 있었는데 그 중 대표적인 변화는 서울의 편중현상이 과거에 비해 많이 완화되었다는 점이다.

제 10 장

여행산업

제10장

여행산업

제1절 여행업의 의의

1. 여행업의 정의

여행업은 관광산업의 발달에 힘입어 관광주체와 관광객체 사이에서 다양한 서비스와 편익을 제공하면서 성장하여 왔다. Thomas Cook이 1845년 여행사를 설립한 것이 효시라고 할 때, 현재까지 불과 170년 정도의 역사를 지니고 있는 여행업은 눈부신 발전을 거듭해 왔다고 해도 과언은 아닐 것이다. 그것은 아마도 교통기관의 발달, 경제적인 성장에 따른 가처분 소득의 증대, 국제무역의 증가, 노동시간의 단축과 함께 여가 시간의 증대, 일반국민들의 여행에 대한 관심증가와 가치관의 변화 등에 따른 대중관광의 시대에 들어서면서 여행업의 필요성과 그 기능과 역할이 중요해졌기 때문일 것이다.

여행업은 일반적으로 관광주체와 Principal 사이에 위치하여 여행과 관련한 서비스와 정보를 제공하고, 그 대가를 수수하는 업으로 정의되고 있다. 다시 말하면, 여행업은 관광객에게 여행에 관한 다양한 정보욕구를 충족시켜 주며, 여행안내, 티켓팅, 예약대행, 여행상품구성 등의 여행관련상품과 서비스 제공을 주요 업무로 하면서, 관광객에게 제공된 상품과 서비스에 대한 대가를 수수하여 운영되는 업이라고 할 수 있다.

이러한 의미를 가지고 있는 여행업의 개념에 대하여 관련단체 혹은 학자들이 주장한 정의를 살펴보면 다음과 같다.

미국여행업자협회(ASTA)는 '여행업이란 여행관련업자를 대신하여 제3자와 계약을 체결하고, 또한 이것을 변경 내지 취소할 수 있는 권한이 부여된 자'라고 정의하였다. 여기서 여행관련업자란 Principal을 의미하는 것으로 여행업은 여행관련 편의시설(숙박, 교통, 식음료, 정보 등의 시설) 혹은 유희 · 오락(레크리에이션, 골프, 기타 유희 · 오락 시설)시설에 대한 예약 및 발권, 그리고 이와 관련한 정보제공업무와 서비스의 제공업무를 주요업무 등 주로 기능적인 측면에서 정의하고 있다. 즉 ASTA에서 정의한 여행업은 관광객과 Principal 사이에서 양자에게 중개의 편의를 제공하는 기능을 강조하였다고 할 수 있다. 그리고 여행업이란 관광자에게 관광관련사업자를 알선하여 주고 수수료를 받는 것과 관광관련사업자의 사용권을 판매하여 주고 수수료를 받는 것(윤대순)이라 하였는데, 이 정의 역시 위의 정의와 같이 중개기관으로서의 기능을 강조하였다. 한편 김성혁은 '여행업이란 여행객과 숙박시설 및 운송기관 등 Principal 사이에 기능 하면서 여행객에 대해서는 예약 · 수배 · 알선 등을 제공하고, Principal로부터 일정액의 수수료를 획득하여 경영해 나가는 사업을 말한다'고 정의하였다. 이 정의는 앞의 정의와는 다르게 예약 · 수배 · 알선 등과 같은 여행사의 본질적 기능에 대하여 구체적으로 표현하고 있으나 여행업을 기능적인 측면에서 정의한 것은 앞의 정의와 유사하다고 할 수 있다.

위와 같은 정의를 볼 때, 여행업의 중요한 개념은 관광객과 Principal 사이에 위치하여 중개기능을 담당하는 업이라는 데, 그 초점이 맞추어져 있음을 알 수 있다. 이러한 논리에는 여행업의 본질적인 기능의 측면에서 이의를 제기할 수 없을 것이다. 한편, 우리 나라 관광진흥법 제3조에서는 '여행자 또는 운송시설 · 숙박시설, 그 밖에 여행에 딸리는 시설의 경영자 등을 위하여 그 시설 이용 알선이나 계약 체결의 대리, 여행에 관한 안내, 그 밖의 여행 편의를 제공하는 업'으로 규정하고 있다. 이 정의도 역시 여행업의 기능과 업무를 중심으로 한 측면을 강조하고 있으나, 관광진흥법의 특성상 효율적인 관광정책의 수행을 고려하였다고 볼 수 있다.

그러나 위의 정의들은 중개기능을 강조하여 여행업을 수동적인 측면에서 정의하고 있다는 느낌을 지울 수가 없다. 예를 들어 오늘날의 많은 여행사는 중개 · 알선은 물론 여행업을 운영하는 자가 주체가 되어 각각의 Principal들의 상품을 결합(Package)하는 적극적인 역할을 수행하여 관광객으로 하여금 One-Stop Shopping이 가능하게 하고 있으며, 이 부문은 오늘날 많은 여행업체들의 주요 수익원이 되고 있다. 따라서 오늘날의 여행업은 좀 더 적극적인 측면에서 정의되어야 한다는 생각이다.

이러한 측면에서 '여행업이란 관광주체와 Principal 사이에 위치하여 관광주체에게 각각의 Principal이 제공하는 상품과 서비스를 위탁받아 제공하거나, Principal이 제공하는 여행구성요소들을 주체적으로 결합하여 제공하며, 여행관련서비스 및 양자간의 Communication 기능을 제공하여 여행의 편의를 도모하는 업'이라고 정의할 수 있다.

위의 정의와 관련하여 부연하여 설명하자면 다음과 같다.

첫째, 여행업은 '숙박시설, 식음료 시설, 교통기관, 레크리에이션 시설, 기타 여러 가지 Principal들이 제공하는 서비스와 상품을 위탁판매계약을 체결하여 관광객에 판매한다'는 여행업의 본질적인 기능을 포함하고 있다.

둘째, 여행업은 위에서 제시한 Principal들과 연합하여, 이들이 제공하는 각각의 상품을 주도적으로 Package화하여 관광객에게 제공한다는 의미를 포함하고 있다. 따라서 첫째에서 제시한 여행업이 중개를 하는 수동적인 역할을 넘어 능동적인 상품 구성자의 역할을 강조한 것이라 할 수 있다.

셋째, 이와 관련한 서비스란 여행안내, 여행수속대행, 여행보험, 환전, 여행자수표 발행, 여권 및 비자발급대행 등과 같은 서비스를 말하는 것으로, 관광객이 필요로 하는 여행관련 제반서비스를 제공한다는 의미를 포함하고 있다.

넷째, 양자 간의 Communication이란 관광객에게는 그들이 이용하고자 하는 Principal들에 대한 시설의 종류, 규모, 이용방법, 이용시 주의사항, 주변관광지, 이용금액 등과 같은 유익한 정보를 제공하며, Principal에게는 관광객의 관광동향 등에 관한 유익한 정보 등에 대하여 상호 Feedback을 제공하여 양자에게 여행의 편의를 제공한다는 의미를 포함하고 있다.

본 정의는 오늘날 여행업 현상과 다른 학자들이 제시한 내용을 토대로 여행업의 기능과 역할을 보다 적극적으로 반영하는 데 초점을 맞추었다고 할 수 있다.

2. 여행업의 기능과 역할

여행업의 정의에서 살펴보았듯이, 여행업은 관광객과 Principal 사이에서 상호간의 Communication을 제공하며, 예약 · 판매계약 등의 대행과 패키지 상품구성, 서비스 등을 제공하여 그 대가를 수수하는 업이라고 말할 수 있다. 이러한 정의에 의하여 제 학자들이 제시한 여행업의 기능을 살펴보면 다음과 같다.

첫째, 여행자에게 Principal에 대한 이용, 가격, 위치 및 기타 정보서비스를 제공하는 기능

둘째, Principal들에게 여행자들의 관광동향과 추세 등에 대한 정보를 제공하는 기능

셋째, 여행자에게 Principal이 제공하는 상품과 서비스의 예약 · 수배 · 알선 및 위탁 · 판매하는 기능

넷째, 여행객에게 여행관련정보 제공 및 교육 · 상담 등의 기능

다섯째, Principal과 연계하여 주도적으로 여행상품을 계획 · 구성하는 기능

여섯째, 여행자에게 여행에 필요한 관련서류 및 여권 등의 수속대행기능

일곱째, 여정관리 및 안내기능

한편 여행업은 근본적으로 여행업체를 이용하는 고객에게 서비스를 제공하는 업으로 다음과 같은 역할에 충실하여야 한다.

첫째, 여행업은 여행객들에게 여행에 필요한 제반 서비스를 제공하여 여행객의 편의를 제공하여야 한다는 점이다. 즉, 여행은 여행상품에 대한 상담과 구매, 여행수속, 여행, 귀가에 이르는 전 과정에서 요구되는 서비스를 제공하여 여행객의 여행편의를 제공하여야 한다는 것이다

둘째, 여행객의 욕구에 충실한 정보제공 및 상품계획 및 구성의 역할에 충실하여야 하며, 여행상품의 품질에 적합한 가격을 제시하여야 한다는 점이다. 여행상품은 일반 제품과 같이 미리 사용해 볼 수 없기 때문에 상품구매에 신뢰성을 갖기 어려우며, 상품구매에 많은 시간과 노력을 소비하게 된다. 따라서 여행상품의 구성은 여행객의 욕구에 부합하도록 하여야 하며, 그들이 제공하는 대가에 적합한 상품의 품질과 서비스 제공에 노력하여야 한다는 것이다.

셋째, 여행업을 경영하는 사람은 여행이 유익하고, 자아개발을 위한 활동이 될 수 있도록 관련기관과 연계하여 국민을 계몽하고 지도하는 역할을 수행하는 등의 공익적인 사회적 노력에 일익을 담당하는 역할을 수행하여야 한다는 것이다.

이러한 역할을 수행할 때, 여행업은 여행자에게 신뢰감을 얻을 수 있고, 여행자의 시간절약, 비용절감, 안정성, 편리성 등의 편익을 제공할 수 있는 것이다.

제2절 여행의 종류와 형태

여행의 종류와 형태를 분류하는 기준은 학자에 따라 다르며, 그 분류기준에 있어서도 다양하다. 여기서는 일반적인 기준, 즉 여행목적, 여행상품기획자, 여행형태, 안내조건, Tour Conductor, 판매형태 등의 기준에 의한 분류를 간략히 살펴보기로 하겠다.

1. 여행목적에 의한 분류

1) 상용여행

사업 혹은 상업 등의 업무를 목적으로 타 지역을 방문하는 여행객이 업무활동 중 혹은 업무를 완료한 후에 남는 시간을 이용하여 관광활동을 하는 여행. 즉 여행의 목적이 비즈니스 활동에 있으며, 이러한 여행을 하는 관광객을 겸목적 관광객이라고 한다.

2) 관광여행

순수하게 여행 혹은 관광을 목적으로 타 지역을 방문하는 형태를 말하는 것으로 휴양, 휴식, 건강, 오락, 위락 혹은 자아개발을 위한 여행을 말한다. 이러한 관광객을 순목적 관광객이라고 한다.

2. 여행상품기획에 의한 분류

1) 주최여행

여행사가 여행과 관련한 관광상품을 주체적으로 기획한 상품을 관광객이 이용하는 형태의 여행을 말한다. 즉 여행사에서 여행일정, 방문지, 숙박조건, 여행비용 등에 관하여 사전에 결정된 상품을 관광객이 구매하여 관광하는 형태의 여행을 말한다.

2) 공최여행

여행상품기획의 과정에서 여행사와 관광객을 대표하는 사람 혹은 Tour Organizer와 협의에 의하여 결정된 여행상품으로 여행하는 형태를 말한다. 즉 여행일정, 여행비용, 기타 여행과 관련된 제반사항을 여행사와 여행객이 공동으로 상품구성에 참여하고, 이렇게 구성된 상품에 의하여 여행을 하는 형태를 말한다.

3) 청부여행

특정한 관광객이 그들의 여행일정과 기타 여행과 관련한 조건들의 주문하고, 여행사에서는 이 조건에 합당한 비용을 산출하고, 이렇게 구성된 상품으로 여행하는 형태를 말한다. 즉 개인 또는 특정단체의 관광객이 자신들이 여행일정과 조건을 여행사에 제시하면, 여행사는 이들 조건을 검토하여 총 여행비용을 산출하고, 양자의 합의하에 이루지는 형태의 여행을 의미한다.

3. 여행형태에 의한 분류

1) 피스톤형 여행

여행객이 거주지와 관광목적지를 왕복하는 여행루트가 동일하고, 왕복하는 과정에서 경유지를 방문하는 일이 없이 직행하는 형태의 여행을 말한다. 이때 관광목적지는 단일한 특정지역이 된다. 따라서 방문일정이 다른 형태의 여행보다 짧으며, 여행비용이 저렴한 특성을 가지고 있다. 그러나 여행의 만족도는 다른 형태보다 낮다고 할 수 있다. 〈그림 10-1〉은 피스톤형의 여행을 나타낸 것이다.

그림 10-1 피스톤형 여행

2) 스푼형 여행

거주지에서 관광목적지를 왕복하는 여행루트는 동일하고, 관광은 관광목적지는 물론 인근지역도 함께 돌아보는 형태의 관광을 말한다. 이때 왕복이동 중 다른 경유지는 방문하지 않고 직행하는 형태이다. 이 형태의 여행은 단일한 방문목적지 한 곳을 방문하는 피스톤형과는 다르게 인근지역도 둘러보고 온다는 것에 차이가 있고, 다른 부문은 동일한 형태이다. 〈그림 10-2〉은 스푼형의 여행을 나타낸 것이다.

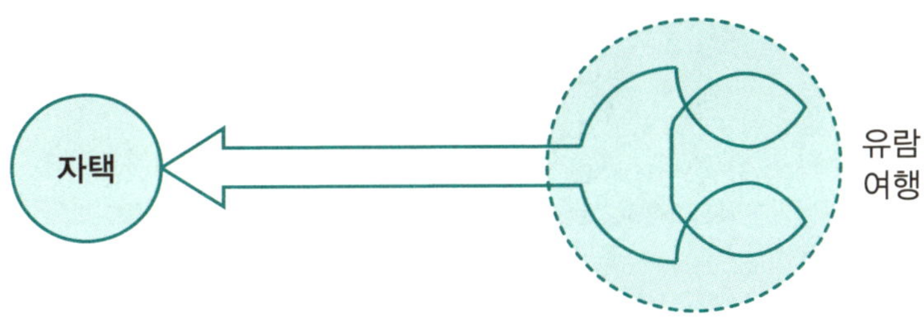

그림 10-2 스푼형 여행

3) 안전핀형 여행

거주지에서 목적지에 이르는 왕복여행루트에 차이가 있으며, 왕복이동 중 다른 경유지를 방문하지 않는 형태의 여행이다. 또한 여행목적지에서의 여행활동은 스푼형과 동일하다. 〈그림 10-3〉은 안전핀형 여행을 나타낸 것이다.

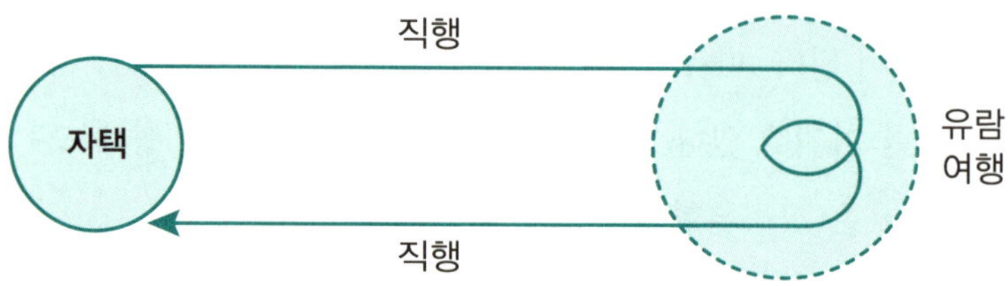

그림 10-3 안전핀형 여행

4) 덤블린형 여행

거주지를 출발하여 서로 다른 2개 이상의 관광목적지를 두루 관광하는 형태로 거주지와 관광지를 왕복하는 여행루트도 서로 다른 길을 택하게 된다. 이러한 덤블린형 여행은 체제기간도 길고, 여행에 소비되는 비용도 많은 것이 특징이다. 한편 위에서 열거한 형태의 여행보다는 높은 만족도를 나타내는 성향이 있다. 〈그림 10-4〉는 덤블린형 여행을 나타낸 것이다.

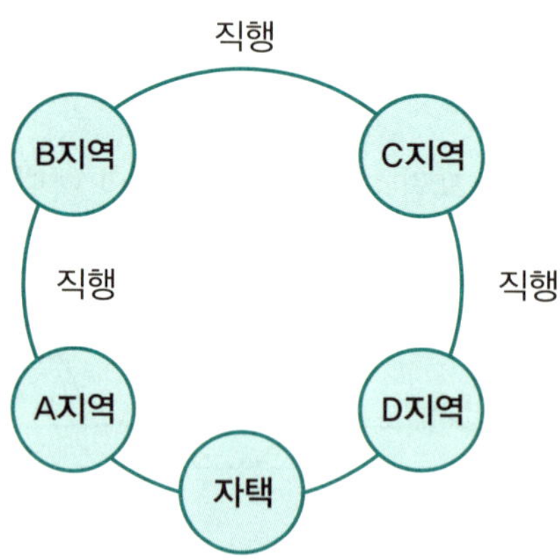

그림 10-4 덤블린형 여행

4. 안내조건에 의한 분류

1) I. I. T(Inclusive Independent Tour)

이러한 형태는 기본적으로 여행객이 단독으로 여행을 하는 형태이며, 각 관광지에서의 안내서비스만을 제공받는 형태의 여행이다. Local Guide System이라고도 한다.

2) I. C. T(Inclusive Conducted Tour)

I. I. T여행과는 다르게 여행기간 중 계속하여 안내인이 동행하여 안내서비스를 제공하는 형태의 관광이다.

5. Tour Conductor 유무에 의한 분류

1) F. I. T(Foreign Independent Tour)

Tour Conductor없이 개인적으로 여행하는 형태로 개별관광객들의 여행에서 많이 볼 수 있는 형태의 여행이다.

2) F. C. T(Foreign Conducted Tour)

F. I. T와는 반대의 형태로 여행기간 중에 계속하여 Tour Conductor가 동행하는 형태의 여행을 말한다.

6. 판매형태에 의한 분류

1) Ready Made Tour

이것은 여행사에 여행과 관련한 조건을 일괄하여 미리 정하고, 관광객들이 이들 상품을 구매하여 이용하게 하는 형태의 관광을 말하는 것으로 Package 상품이 대표적이라 할 수 있다. 즉 여행상품의 구성주최는 여행사가 되고, 패키지화된 상품을 일반인에게 판매하는 여행상품이 여기에 속한다.

2) Order Made Tour

여행객의 주문에 의하여 여행상품을 구성하는 것으로 청부여행과 같은 것이 여기에 속하는 것으로 여행상품의 구성주최는 고객이 되는 주문형 관광이라 할 수 있다. Order Made Tour는 여행일정과 여행조건에 대하여 관광객이 결정하고, 여행사는 그들이 요구하는 대로 여행서비스를 제공하는 형태를 말한다.

3) Half Made Tour

여행과정에서 필요한 숙박시설 혹은 교통편, 기타 여행에서 필요한 최소한의 것만을 수배하여 놓고, 여행활동은 여행객이 자유스럽게 하는 형태(채서묵)를 말한다.

4) Optional Tour

이미 결정된 여행스케줄에 현지사정 혹은 여행객의 요구에 의하여 임의적으로 추가되는 형태의 여행을 말한다. Optional Tour의 경우, 여행객들은 추가적으로 소요되는 비용을 부담하여야 한다.

7. 상품특성에 의한 분류

1) Package Tour

여행과정에서 필요한 숙박, 교통, 안내, 식음, 레크리에이션 활동 등의 여행소재를 포괄하여 구성한 상품으로 여행하는 형태를 말한다. 이러한 여행상품을 구매하는 여행객의 경우는 여행에 필요한 제반사항을 일괄하여 구매할 수 있기 때문에 시간과 비용의 측면에서 절약이 가능한 장점을 가지고 있다.

2) Series Tour

숙박, 교통, 관광지 방문 등 동일한 조건의 여행상품의 구매가 여러 차례에 걸쳐 지속적으로 일어나는 경우에 이러한 시리즈 상품을 구매하여 이용할 수 있다. 즉 동일한 조건의 여행상품을 1차, 2차, 3차 등으로 나누어지는 관광여행상품을 구매하여 여행하는 것을 의미한다. 이러한 Series Tour상품은 한 번에 많은 관광객이 발생하는 것이 아니고, 지속적으로 조금씩 여행객이 발생하는 경우에 상품을 조성하게 된다.

3) Cruise Tour

유람선을 이용하여 여행을 하는 형태를 말한다. 우리나라는 3면이 바다로 둘러싸여 있는 지리적인 여건상 앞으로 Cruise Tour가 활성화될 것으로 여겨진다.

4) Charter Tour

전세여행이라고도 하며, 대형의 단체여행인 경우, 항공기 전체를 전세내어 관광을 하는 형태를 말한다.

5) Incentive Tour

여행사 등에서 자사의 상품에 대한 이용빈도가 높거나 혹은 상표충성도가 높은 고객 등을 초청하여, 이들에 대한 보상의 차원에서 저렴한 가격으로 여행을 행하는 형태를 말한다. 실무적으로는 마케팅 활동에 도움을 줄 수 있는 의견선도자 등과 같은 유명인사를 초청하여 무료 혹은 저렴한 가격으로 여행서비스를 제공하는 것도 이에 해당한다고 할 수 있다. Incentive Tour는 보상관광 혹은 포상관광이라고 한다.

6) Fam Tour

항공사에서 자사의 항공티켓을 판매하고 있는 가맹점의 직원을 대상으로 마케팅의 차원에서 혹은 그동안 자사상품에 기여한 것에 대한 감사의 뜻에서 Agent를 초대하여 행하는 여행을 말한다. 그러므로 Incentive Tour와 그 성격이 유사하다고 할 수 있다.

7) Convention Tour

국제회의 혹은 세미나 등을 참가하는 사람들을 대상으로 행하는 여행의 형태를 하는 것으로 국제회의 혹은 세미나 참가자들에게는 세미나 일정 중에 여행을 포함시킴으로써 만족과 스트레스를 해소할 수 있는 특성을 가지고 있다. 우리나라의 경우 국제적인 위상이 높아짐에 따라 국제행사가 많이 진행되어 성장성이 높은 여행상품이라 할 수 있다.

제3절 우리나라 여행업의 현황

2021년 개정된 관광진흥법 시행령 제2조에서 종합여행업, 국내외여행업, 국내여행업 등 3개 종류의 여행업으로 분류하였고, 그 개념을 다음과 같이 정의하였다.

종합여행업은 '국내외를 여행하는 내국인 및 외국인을 대상으로 하는 여행업[사증(査證)을 받는 절차를 대행하는 행위를 포함한다]'고 정의하였다. 그러므로 종합여행업은 내국인의 국내여행, 내국인의 해외여행, 외국인의 국내여행 등 관광과 관련한 전체범위의 영업을 할 수 있는 업을 말한다.

국내외여행업은 '국내외를 여행하는 내국인을 대상으로 하는 여행업(사증을 받는 절차를 대행하는 행위를 포함한다)'고 규정하여 내국인을 대상으로 국내 또는 해외여행과 관련한 영업을 할 수 있는 업을 말한다.

국내여행업은 '국내를 여행하는 내국인을 대상으로 하는 여행업'을 말한다.고 규정하여 내국인의 국내여행과 관련한 영업을 할 수 있는 업을 말한다.

한편 이들 여행업의 등록을 위한 최저자본금은 종합여행업은 5천만 원, 국내외여행업은 3천만 원, 국내여행업은 천오백만 원으로 규정하고 있다.

제 11 장

기타 관광산업

제11장

기타 관광산업

우리나라는 관광사업을 여행업, 호텔업, 휴양 콘도미니엄업, 관광객이용시설업, 국제회의업, 카지노업, 유원시설업, 관광편의시설업 등으로 그 범위와 내용을 한정하여 규정하고 있다. 따라서 본서에서도 관광진흥법에서 규정하고 있는 관광사업을 중심으로 설명하겠다.

제1절 관광편의시설업

1. 관광편의시설업의 개념 및 종류

관광편의시설업은 관광진흥법 '제1호부터 제6호까지의 규정에 따른 관광사업 외에 관광진흥에 이바지할 수 있다고 인정되는 사업이나 시설 등을 운영하는 업(관광진흥법 제3조 7항)을 말한다'고 정의하고, 관광진흥에 도움이 된다고 인정되는 업을 문화관광부령이 정하는 바에 따라 지방자치단체장 또는 지역별 관광협회에서 지정하도록 되어 있다.

현재 문화관광부령으로 지정된 관광편의시설업으로는 관광유흥음식점업, 관광극장유흥업, 관광식당업, 외국인전용 유흥음식점업, 관광순환버스업, 관광팬션업, 관광궤도업, 관광면세업, 관광지원서비스업, 여객자동차터미널시설업종으로 구성되어 있다. 이러한 관광편의시설업은 관광객의 이용정도가 낮거나, 시설규모가 작은 반면에 관광객에게 필요한 시설 등으로 구성되어 있다.

문화관광부령으로 지정된 관광편의시설업의 내용은 다음과 같다.

- **관광유흥음식점업** '유흥주점영업의 허가를 받은 자가 관광객이 이용하기 적합한 한국 전통 분위기의 시설을 갖추고 이용하는 자에게 음식을 제공하고 노래와 춤을 감상하게 하거나 춤을 추게 하는 업'을 말한다.
- **관광식당업** '일반음식점영업의 허가를 받은 자가 관광객이 이용하기 적합한 음식 제공시설을 갖추고 관광객에게 특정 국가의 음식을 전문적으로 제공하는 업'을 말한다.
- **외국인전용유흥음식점업** '유흥주점영업 허가를 받은 자가외국인이 이용하기 적합한 시설을 갖추고, 외국인만을 대상으로 주류나 그 밖의 음식을 제공하고 노래와 춤을 감상하게 허거나 춤을 추게 하는 업'을 말한다.
- **관광극장유흥업** '유흥주점영업 허가를 받은 자가 관광객이 이용하기 적합한 무도시설을 갖추고, 이용하는 자에게 음식을 제공하고 노래와 춤을 감상하게 하거나 춤을 추게 하는 업'을 말한다.
- **관광순환버스업** '여객자동차운송사업의 면허를 받거나 등록을 한 자가 버스를 이용하여 관광객에게 시내와 그 주변 관광지를 정기적으로 순회하면서 관광할 수 있도록 하는 업'을 말한다.
- **관광팬션업** '숙박시설을 운영하고 있는 자가 자연 · 문화 체험관광에 적합한 시설을 갖추어 관광객에게 이용하게 하는 업'을 말한다.
- **관광궤도업** '궤도사업의 허가를 받은 자가 주변 관람과 운송에 적합한 시설을 갖추어 관광객에게 이용하게 하는 업'을 말한다.

■ **관광면세업** '보세판매장의 특허를 받은 자나 외국인 관광객 등에 대한 부가가치세 및 개별소비세 특례규정 제5조에 따라 면세판매장의 지정을 받은 자가 자가판매시설을 갖추고 관광객에게 면세물품을 판매하는 업'을 말한다.

■ **관광지원서비스업** '주로 관광객 또는 관광사업자 등을 위해 사업이나 시설 등을 운영하는 업으로서, 문화체육관광부장관이 통계법 제22조 제2항 단서에 따라 관광 관련 산업으로 분류한 쇼핑업, 운수업, 숙박업, 음식점업, 문화 · 오락 · 레저스포츠업, 건설업, 자동차임대업 및 교육서비스업 등'을 말한다.

■ **여객자동차터미널시설업** '여객자동차터미널사업의 면허를 받은 자가 관광객이 이용하기 적합한 여객자동차터미널시설을 갖추고 이들에게 휴게시설 · 안내시설 등 편익시설을 제공하는 업'을 말한다.

■ **관광사진업** '외국인 관광객을 대상으로 이들과 동행하며 기념사진을 촬영하여 판매하는 업'을 말한다.

제2절 국제회의업

우리나라 국제회의 육성법은 국제회의 기준을 2가지로 분류하여 규정하고 있다.

첫째, 국제기구 혹은 국제기구에 가입한 기관 혹은 법인, 단체가 회의를 주최할 경우는 5개국 이상의 외국인이 참가하여야 하며, 회의 참석인원이 300명 이상(그중 외국인 100명 이상)이어야 하며, 회의는 3일 이상 진행되어야 한다.

둘째, 국제기구에 가입하지 않은 기관 또는 법인, 단체가 주최할 경우는 회의 참가자 중 외국인이 150명 이상이어야 하며, 2일 이상 진행되어야 한다고 국제회의를 규정하였다.

한편 국제회의는 Conference, Meeting, Forum, Symposium, Workshop 등 여러 가지의 형태가 있으며, 이러한 국제회의를 유치함으로써 세수증대, 고용증대, 소득증대, 지역문화 발전기여, 최신정보의 습득, 도시지명도 향상, 도시기능향상, 도시환경

개선(하헌국) 등의 효과가 있어 경제 · 사회 · 문화 등 다방면에 매우 긍정적인 영향을 미치는 것으로 알려졌다.

국제회의업은 '대규모 관광 수요를 유발하는 국제회의(세미나 · 토론회 · 전시회 등을 포함한다. 이하 같다)를 개최할 수 있는 시설을 설치 · 운영하거나 국제회의의 계획 · 준비 · 진행 등의 업무를 위탁받아 대행하는 업'(관광진흥법 제3조 4항)을 말한다고 정의하고 있다. 국제회의업은 1986년 관광진흥법상의 관광사업으로 신설되었는데, 그 신설의 배경은 다음과 같다.

첫째, 국제사회의 발달에 따른 활발한 인적교류로 전차 국제회의의 규모가 확대되어 가는 추세로 국제회의를 관광과 연계하여 발전시키며,

둘째, '86 아시안 게임과 '88 올림픽을 계기로 준비된 관광수용시설을 최대한 활용하고 보다 많은 대규모 관광객을 유치하여 관광수입을 증대하기 위해서 국제회의를 적극 유치하며,

셋째, 국제회의업무를 효율적으로 수행하기 위하여 회의의 계획 · 준비 · 진행 등 제반 관련 업무에 관한 전문적 지식을 가진 전문용역업체의 육성이 절실하다는 점을 신설배경으로 들 수 있다.

그리고 '96년에 '국제회의산업 육성에 관한 법률'이 제정되어 우리나라의 국제회의산업이 빠른 속도로 성장할 것이 예상되기 때문에 국제회의업의 역할도 크게 증대될 것으로 추측된다.

국제회의업은 관광진흥법 시행령 제2조 규정에 의해 2종류로 나뉘는데 내용은 다음과 같다.

- 국제회의시설업은 '대규모 관광수요를 유발하는 국제회의를 개최할 수 있는 시설을 설치 · 운영하는 업'을 한다.
- 국제회의기획업은 '대규모 관광수요를 유발하는 국제회의의 계획 · 준비 · 진행 등의 업무를 위탁받아 대행하는 업'을 말한다.

한편, 국제회의업을 경영하고자 하는 자는 관할 '시 · 도지사'에게 등록하여야 하며, 관광진흥법 시행령 제2조와 관련한 시행규칙 [별표1]에서 제시하고 있는 지정기준은 다음과 같다.

표 11-1 국제회의업의 등록기준

업종	등록기준
국제회의시설업	• 국제회의산업 육성에 관한 법률시행령 제3조에 따른 회의시설 및 전시시설의 요건을 갖추고 있을 것. • 국제회의 개최 및 전시의 편의를 위하여 부대시설로 주차시설, 쇼핑, 휴식시설을 갖출 것.
국제회의기획업	• 자본금이 5천만 원 이상일 것 • 사무실은 소유권 또는 사용권이 있을 것

제3절 관광객이용시설업

1. 관광객이용시설업의 정의 및 종류

관광진흥법 제3조에서는 관광객이용시설업을 '관광객을 위하여 음식 · 운동 · 오락 · 휴양 · 문화 · 예술 또는 레저 등에 적합한 시설을 갖추어 관광객에게 이용하게 하는 업'과 '관광객을 위하여 음식 · 운동 · 오락 · 휴양 · 문화 · 예술 또는 레저 등에 적합한 시설을 갖추어 이를 관광객에게 이용하게 하는 업'과 '대통령령으로 정하는 2종 이상의 시설과 관광숙박업의 시설(이하 "관광숙박시설"이라 한다) 등을 함께 갖추어 이를 회원이나 그 밖의 관광객에게 이용하게 하는 업' 등 2가지로 정의하고 있으며, 그 종류는 전문휴양업, 종합휴양업, 자동차야영장업, 야영장업, 관광유람선업, 관광공연장업, 외국인관광 도시민박업 등으로 규정하였다. 그리고 관광진흥법 시행령 제2조는 이들 업종에 대하여 다음과 같이 정의하고 있다.

■ **전문휴양업** '관광객의 휴양이나 여가 선용을 위하여 숙박업 시설(「공중위생관리법 시행령」 제2조 제1항 제1호 및 제2호의 시설을 포함하며, 이하 "숙박시설"이라 한다)이나 「식품위생법 시행령」 제21조 제8호 가목 · 나목 또는 바목에 따른 휴게음식점영업, 일반음식점영업 또는 제과점영업의 신고에 필요한 시설(이하 "음식점시설"이라 한다)을 갖추고 별표 1 제4호 가목(2)(가)부터 (거)까지의 규정에 따른 시설

(이하 "전문휴양시설"이라 한다) 중 한 종류의 시설을 갖추어 관광객에게 이용하게 하는 업'을 말한다. 전문휴양업으로는 대전의 꿈돌이 동산, 경기도의 한국 민속촌, 서울랜드, 서울 리조트 스키장, 강원도의 용평 리조트, 알프스 리조트, 충남의 서대산 레저타운, 전북의 부안상록 해수욕장, 남원랜드, 전남의 금호화순 리조트, 경남의 옥초 리조트, 제주도의 제주관광 식물원, 제주 민속촌, 대유 수렵장, 제주관광 해양수족관, 베릿내 어촌, 분재 예술원 등이 운영 중에 있다.

- **제1종 종합휴양업** '관광객의 휴양이나 여가 선용을 위하여 숙박시설 또는 음식점 시설을 갖추고 전문휴양시설 중 두 종류 이상의 시설을 갖추어 관광객에게 이용하게 하는 업이나, 숙박시설 또는 음식점시설을 갖추고 전문휴양시설 중 한 종류 이상의 시설과 종합유원시설업의 시설을 갖추어 관광객에게 이용하게 하는 업'을 말한다. 제1종 종합휴양업으로는 서울의 서울드림랜드, 롯데월드, 경기도의 에버랜드, 천마산 스키장, 강원도의 남이섬, 대명 비발디 파크, 설악 워터피아, 경북의 경주월드, 경남의 부곡 하와이 등 10개 업체가 운영 중에 있다.
- **제2종 종합휴양업** '관광객의 휴양이나 여가 선용을 위하여 관광숙박업의 등록에 필요한 시설과 제1종 종합휴양업의 등록에 필요한 전문휴양시설 중 두 종류 이상의 시설 또는 전문휴양시설 중 한 종류 이상의 시설 및 종합유원시설업의 시설을 함께 갖추어 관광객에게 이용하게 하는 업'을 말한다. 제2종 종합휴양업으로는 무주리조트가 운영 중이다.
- **일반야영장업** '야영장비 등을 설치할 수 있는 공간을 갖추고 야영에 적합한 시설을 함께 갖추어 관광객에게 이용하게 하는 업'을 말한다.
- **자동차야영장업** '자동차를 주차하고 그 옆에 야영장비 등을 설치할 수 있는 공간을 갖추고 취사 등에 적합한 시설을 함께 갖추어 자동차를 이용하는 관광객에게 이용하게 하는 업'을 말한다.
- **관광유람선업** '「해운법」에 따른 해상여객운송사업의 면허를 받은 자나 「유선 및 도선사업법」에 따른 유선사업의 면허를 받거나 신고한 자가 선박을 이용하여 관광객에게 관광을 할 수 있도록 하는 업'을 말한다.

■ **크루즈업** 「해운법」에 따른 순항(順航) 여객운송사업이나 복합 해상여객운송사업의 면허를 받은 자가 해당 선박 안에 숙박시설, 위락시설 등 편의시설을 갖춘 선박을 이용하여 관광객에게 관광을 할 수 있도록 하는 업'을 말한다.

■ **관광공연장업** '관광객을 위하여 공연시설을 갖추고 한국전통가무가 포함된 공연물을 공연하면서 식사와 주류를 판매하는 업'을 말한다.

■ **외국인관광 도시민박업** '「국토의 계획 및 이용에 관한 법률」 제6조제1호에 따른 도시지역(「농어촌정비법」에 따른 농어촌지역 및 준농어촌지역은 제외한다. 이하 이 조에서 같다)의 주민이 자신이 거주하고 있는 다음의 어느 하나에 해당하는 주택을 이용하여 외국인 관광객에게 한국의 가정문화를 체험할 수 있도록 적합한 시설을 갖추고 숙식 등을 제공(도시지역에서 「도시재생 활성화 및 지원에 관한 특별법」 제2조 제6호에 따른 도시재생활성화계획에 따라 같은 조 제9호에 따른 마을기업이 외국인 관광객에게 우선하여 숙식 등을 제공하면서, 외국인 관광객의 이용에 지장을 주지 아니하는 범위에서 해당 지역을 방문하는 내국인 관광객에게 그 지역의 특성화된 문화를 체험할 수 있도록 숙식 등을 제공하는 것을 포함한다)하는 업'을 말한다.

2. 등록기준

관광진흥법 시행령은 관광이용시설업에 대하여 다음과 같이 등록기준을 정하여 시행하고 있다.

1) 전문휴양업

(1) 공동기준

표 11-2 공동기준

구분	등록기준
시설	– 숙박시설 또는 음식시설이 있을 것. – 주차시설, 급수시설, 공중화장실 등의 편의시설과 휴게시설이 있을 것.

(2) 개별기준

표 11-3 개별기준

구분	등록기준
민속촌	한국고유의 건축물(초가집 및 기와집)이 20동 이상으로서 각 건물에는 전래되어 온 생활도구가 비치되어 있거나 한국 또는 외국의 고유문화를 소개할 수 있는 50점 이상의 축소된 건축물 모형이 적정한 장소에 배치되어 있을 것.
해수욕장	- 수영하기에 적합한 조건을 갖춘 해변이 있을 것. - 수용인원에 상응한 간이목욕시설, 탈의장 등이 있을 것. - 인명구조용 구명정 · 망루대 및 응급처리설비 등의 시설이 있을 것. - 담수욕장시설을 갖추고 있을 것. - 인명구조원을 배치하고 있을 것.
수렵장	조수보호 및 수렵에 관한 법률의 규정에 의한 시설을 갖추고 있을 것.
동물원	박물관 및 미술관 진흥법 시행령 제5조의 규정에 의한 시설을 갖추고 있을 것.
식물원	- 박물관 및 미술관 진흥법 시행령 제5조의 규정에 의한 시설을 갖추고 있을 것. - 온실면적은 2,000m^2 이상일 것. - 식물 종류수는 1,000종 이상일 것.
수족관	- 박물관 및 미술관 진흥법 시행령 제5조의 규정에 의한 시설을 갖추고 있을 것. - 건축연면적은 2,000m^2 이상일 것. - 어종수(어류 외의 것을 제외한다)는 100종 이상일 것.
온천장	- 온천수를 이용한 대중목욕시설이 있을 것. - 실내수영장이 있을 것. - 정구장 · 탁구장 · 볼링장 · 활터 · 미니골프장 · 배드민턴장 · 롤러스케이트장 · 보트장 등의 레크리에이션 시설 중 2종 이상의 시설을 갖추거나 유원시설업의 시설이 있을 것.
동굴자원	관광객이 관람에 이용될 수 있는 천연동굴이 있고 관람에 용이한 시설이 있을 것.
수영장	신고 체육시설업 중 수영장 시설 등을 갖추고 있을 것.
농어촌 휴양시설	- 농어촌 정비법의 규정에 의한 관광농원 또는 농어촌 휴양단지의 시설을 갖추고 있을 것. - 관광객의 관람이나 휴식에 이용될 수 있는 특용작물 · 나무 등을 재배하거나 어류 · 희귀동물 등을 기르고 있을 것. - 재배지 또는 양육장 면적은 10,000m^2 이상일 것.
활공장	- 활공을 할 수 있는 장소(이륙장 및 착륙장)가 있을 것. - 인명구조원을 배치하여 응급처리를 할 수 있는 설비를 갖추고 있을 것. - 행글라이더 · 패러글라이더 또는 열기구 기타 초경량비행기 등 2종 이상의 관광비행사업용 활공장비를 갖추고 있을 것.
등록 체육시설업	스키장 · 요트장 · 골프장 등 9종의 등록 체육시설업에 해당하는 체육시설을 갖추고 있을 것.

산림휴양시설	산림법의 규정에 의한 자연휴양림 또는 수목원의 시설을 갖추고 있을 것.
박물관	박물관 및 미술관 진흥법 시행령 별표 2 제2호 가목에 따른 박물관의 시설을 갖추고 있을 것.
미술관	박물관 및 미술관 진흥법 시행령 별표 2 제2호 가목에 따른 미술관의 시설을 갖추고 있을 것.

2) 종합휴양업

표 11-4 등록기준

업종	등록기준
제1종 종합휴양업	숙박시설 또는 음식점시설을 갖추고 전문휴양시설 중 2종류 이상의 시서를 갖추고 있거나, 숙박시설 또는 음식점시설을 갖추고 전문휴양시설 중 한 종류 이상의 시설과 종합유원시설을 갖추고 있을 것
제2종 종합휴양업	– 면적은 단일부지로서 500,000m² 이상일 것. – 관광숙박업 등록에 필요한 시설과 제1종 종합휴양업 등록에 필요한 전문휴양시설 중 2졸류이상의 시러 또는 전문휴양시설 1종류 이상의 서설과 종합유온시설업의 시설을 함께 갖추고 있을 것

3) 야영장업

(1) 공통기준

가. 침수, 유실, 고립, 산사태, 작석의 우려가 없는 안전한 곳에 위치할 것.

나. 세설 배치도, 이용방법, 비상시 행동요령 등을 이용객이 잘 볼 수 있는 곳에 게시할 것.

다. 비상시 긴급상황을 이용객에게 알릴 수 있는 시설 또는 장비를 갖출 것.

라. 야영장 규모를 고려하여 소화기를 적정하게 확보하고 눈에 띄기 쉬운 곳에 배치할 것.

마. 긴급상황에 대비하여 야영장 내부 또는 외부에 대피소와 대피로를 확보할 것.

라. 비상시의 대응요령을 숙지하고, 야영장이 개장되어 있는 시간에 상주하는 관리요원을 확보할 것.

바. 야영장 시설은 자연생태계 등의 원형이 최대한 보존될 수 있도록 토지의 형질변

경을 최소화하여 설치할 것. 이 경우 야양장에 설치할 수 있는 야영장 시럴의 종류에 관해서는 문화체육관광부령으로 정한다.

사. 야영장에 설치되는 건축물(건축법 제2조 제1항에 따른 건축물을 말한다)의 바닥면적 합계가 야영장 전체면적의 100분의 10미만 일 것. 다만, 폐교재산을 활용촉진을 위한 특별법 제2조 제2호에 따른 폐교재산을 활용하여 야영장을 하는 경우(기존 폐교재산의 부지면적 증가가 없는 경우만 해당한다)는 그렇지 않다.

아. (사)에도 불구하고 국토의 계획 및 이용에 관한 법률 제36조 제1항 제2로가목에 따른 보전관리지역 또는 같은 법 시행령 제30조 제4호가목에 따른 보전녹지이역에 야영장을 설치하는 경우에는 다음의 요건을 모두 갖출 것.다만, 폐교재산을 활용촉진을 위한 특별법 제2조 제2항에 따른 폐교재산을 활용하여 야영장을 하려는 경우(기존 폐교재산의 부지면적 증가가 없는 경우만 해당한다)로서 건축물의 신축 또는 증축을 하지 않고 야영장 입구까지 진입하는 도로의 신설 또는 확장이 없는 때에는 1) 및 2)의 기준을 적용하지 않는다.

- 야영장 전체면적이 1만제곱미터 미만일 것
- 야영장에 설치되는 건축물의 바닥면적 합계가 300제곱미터 미만이고, 야영장 전체면적의 100분의 10 미만일 것
- 하수도법 제15조 제1항에 따른 배수구역 안에 위치한 야영장은 같은 법 제27조에 따라 공공하수도의 사용이 게시된 때에는 그 배수구역이 하수를 공공하수도에 유입시킬 것. 다만 하수도법 제28조에 해당하는 경우에는 그렇지 않다.
- 야영장 경계에 조경녹지를 조성하는 등의 방법으로 자연환경 및 경관에 대한 영향을 최소화할 것.
- 야영장으로 인한 비탈면 붕괴, 토사 유출 등의 피해가 발생하지 않도록 할 것

(2) 개별기준

❶ 일반야영장업

- 야영장 천막을 칠 수 있는 공간은 천막 1개당 15제곱미터 이상을 확보할 것.

– 야영에 불편이 없도록 하수도 시설 및 화장실을 갖출 것.

– 긴급상황 발생 시 이용객을 이송할 수 있는 차로를 확보할 것.

❷ 자동차야영장업

– 차량 1대당 50 제곱미터 이상의 야영공간(차량을 주차하고 그 옆에 야영장비 등을 설치할 수 있는 공간을 말한다)을 확보할 것.

– 야영에 불편이 없도록 수용인원에 적합한 상 · 하수도 시설, 전기시설, 화장실 및 취사시설을 갖출 것.

– 야영장 입구까지 1차선 이상의 차로를 확보하고, 1차선 차로를 확보한 경우에는 적정한 곳에 차량의 교행이 가능한 공간을 확보할 것.

4) 관광유람선업

표 11-5 등록기준

업종	등록기준
일반유람선업	– 구조 : 선박안전법에 따른 구조 및 설비를 갖춘 선박일 것. – 선상시설 : 이용객의 숙박 또는 휴식에 적합한 시설을 갖추고 있을 것. – 위생시설 : 수세식 화장실과 냉 · 난방 설비를 갖추고 있을 것. – 편의시설 : 식당 · 매점 · 휴게실 등 편의시설을 갖추고 있을 것. – 수질오염방지시설 : 수질오염을 방지하기 위한 오수저장 · 처리시설과 폐기물 처리시설을 갖추고 있을 것.
크루즈업	– 일반관광유람선업에서 규정하는 관광사업의 등록기준을 충족할 것 – 욕실이나 샤워시설을 갖춘 객실을 20실 이상 갖추고 있을 것 – 체육시설, 미용시설, 오락시설, 쇼핑시설 중 두 종로 이상의 시설을 갖추고 있을 것

5) 관광공연장업

표 11-6 등록기준

업종	등록기준
관광공연장업	- 설치장소 : 관광지, 관광단지, 관광특구 또는 지역문화진흥법 제18조제1항에 따라 지정된 문화지구(같은 법 제18조제3항제3호에 따라 해당 영업 또는 시설의 설치를 금지하거나 제한하는 경우는 제외한다) 안에 있거나 이 법에 따른 관광숙박업, 관광객이용시설업 중 전문휴양업과 종합휴양업, 국제회의업, 유원시설업에 한한다. - 시설기준 실내관광공연장 • 70제곱미터 이상의 무대를 갖추고 있을 것. • 출연자가 연습하거나 대기 또는 분장할 수 있는 공간을 갖추고 있을 것. • 공연으로 인한 소음이 밖으로 전달되지 아니하도록 방음시설을 갖출 것. 실외관광공연장 • 70제곱미터 이상의 무대를 갖추고 있을 것. • 남녀용으로 구분된 수세식 화장실을 갖추고 있을 것. - 일반음식점 영업허가 : 식품위생법 시행령 제21조에 따른 일반음식점 영업허가를 받을 것.

6) 외국인관광 도시민박업

표 11-7 등록기준

업종	등록기준
외국인 관광 도시민박업	- 주택의 연면적이 230제곱미터 미만일 것 - 외국어 안내 서비스가 가능한 체계를 갖출 것. - 소화기를 1개 이상 구비하고 객실마다 단독경보형 감지기 및 일산화탄소 경보기를 설치할 것

카지노

1. 카지노업의 정의 및 종류

카지노는 관광진흥법 제2조에서 '전용영업장을 갖추고 주사위 · 트럼프 · 슬러트 머신 등 특정한 기구 등을 이용하여 우연의 결과에 따라 특정인에게 재산상의 이익을 주고 다른 참가자에게 손실을 주는 행위 등을 하는 업'으로 정의하고 있으며, 관광진흥법 제25조에서는 '카지노업의 영업종류를 19가지로 규정하여 영업의 종류별 영업방법 및 배당금 등에 관하여는 문화관광부 장관에게 미리 신고하여야 한다'고 명시하고 있다. 구체적인 카지노 영업의 종류는 룰렛(Roulette), 블랙잭(Black Jack), 다이스(Dice), 포커(Poker), 바카라(Baccarat), 다이사이(Tai Sai), 키노(Keno), 빅힐(Big Hill), 빠이까우(Pai Cow), 판탄(Fan Tan), 죠커 세븐(Joker Seven), 라운드 크랩스(Round Craps), 트란타 콰란타(Trente Et Quarante), 프랜치 볼(French Boule), 챠카락(Chuck-A-Luck), 슬러트 머신(Slot Machine), 비디오 게임(Video Game), 비고(Bingo), 마작(Majang) 등이 있다.

이 중 몇 가지를 소개하면 다음과 같다

- **블랙잭** 전 세계적으로 가장 많이 알려진 카드게임의 대명사로 거의 모든 카지노에서 찾아볼 수 있는 게임이다. 일명 '21'(Twenty-One)이라 불리기도 한다. 이 게임은 1,2,4,6 또는 8덱(Deck)의 카드를 사용하여 플레이어와 딜러가 승부를 겨루는 게임으로, 기본적인 게임규칙은 세계 어느 곳이든지 동일하지만 카지노의 룰(House Rule)에 따라 약간씩 다른 규칙도 있으며, 일반적인 카지노업소 승률은 1.5% 정도이지만 플레이어의 게임기술, 하우스 룰 등에 따라 크게 차이가 날 수 있다.
- **룰렛** 특별한 규칙이 없는 누구든지 쉽게 즐길 수 있는 게임이다. 일반적으로 직경 19~25mm 크기의 볼을 시계방향으로 돌려 시계 반대방향으로 돌아가고 있는 회전판 번호에 볼이 낙착되면 그곳에 베팅한 플레이어가 이기는 게임이다. 회전판에는 1~36까지 숫자와 '0'과 '00'이 포함된 미국식의 두 가지가 있다.

■ **바카라** 원래 유럽의 귀족들이 즐겼던 게임이었기 때문에 다른 테이블 게임과는 조금 떨어진 곳에 위치하여 운영되어 왔다. 하지만 귀족의 게임이었던 바카라는 이제 상당히 대중화되어 있다. 이는 바카라의 대중화를 위해 메인바카라의 레이아웃을 다소 변형시킨 미디 바카라와 미니 바카라를 만들었기 때문이다. 바카라에는 두 종류의 유럽식 바카라와 미국식 바카라가 있다. 메인 바카라는 보통 열 네 명 정도가 한 테이블에서 게임을 할 수 있으며, 미디와 미니는 일곱 명 정도가 게임을 할 수 있다. 메인의 경우 카드는 한 번 사용하면 더 이상 사용하지 않으므로, 테이블 중앙에 카드를 버리는 디스카드 빈(Discard Bin)이 있다. 딜러는 메인의 경우 세 명이 배정되어 중앙의 한 명은 팔레트(Palette)라는 평평한 긴 판자모양의 도구를 사용하여 카드를 다루고, 양쪽의 두 명은 칩을 지불하거나 수거하는 일을 담당한다. 카드는 메인의 경우 8덱을 사용하고, 미디와 미니는 6덱을 사용한다.

2. 허가요건

1) 문화체육관광부장관은 제5조제1항에 따른 카지노업(이하 "카지노업"이라 한다)의 허가신청을 받으면 다음 각 호의 어느 하나에 해당하는 경우에만 허가할 수 있다.
   (1) 국제공항이나 국제여객선터미널이 있는 특별시 · 광역시 · 특별자치시 · 도 · 특별자치도(이하 "시 · 도 · 라 한다)에 있거나 관광특구에 있는 관광숙박업 중 호텔업 시설(관광숙박업의 등급 중 최상 등급을 받은 시설만 해당하며, 시 · 도에 최상 등급의 시설이 없는 경우에는 그다음 등급의 시설만 해당한다) 또는 대통령령으로 정하는 국제회의업 시설의 부대시설에서 카지노업을 하려는 경우로서 대통령령으로 정하는 요건에 맞는 경우
   (2) 우리나라와 외국을 왕래하는 여객선에서 카지노업을 하려는 경우로서 대통령령으로 정하는 요건에 맞는 경우
2) 문화체육관광부장관이 공공의 안녕, 질서유지 또는 카지노업의 건전한 발전을 위하여 필요하다고 인정하면 대통령령으로 정하는 바에 따라 제1항에 따른 허가를 제한할 수 있다.

표 11-8 카지노업 현황

구분	업소명	호텔등급
서울	파라다이스 워커힐 카지노 세븐럭카지노 강남코엑스점 세븐럭카지노 강북힐튼점	특급
부산	파라다이스 카지노 부산 세븐럭카지노 부산롯데점	특급
인천	파라다이스 및 인스파이어 카지노	특급
강원	알펜시아 카지노	특급
	강원랜드카지노	특급
경북	경주힐튼 호텔 카지노	특급
제주	공즈 카지노	특급
	파라다이스 카지노 제주지점	특급
	아람만 카지노	특급
	로얄 펠리스 카지노	특급
	엘티 카지노	특급
	랜딩 카지노	특급
	메가럭 카지노	특급

이외에 관광진흥법은 1999년 개정되면서 유원시설업을 새롭게 관광사업으로 포함시켰는데 그 개념과 종류를 간략히 검토하면 다음과 같다.

유원시설업은 '유기시설(遊技施設)이나 유기기구(遊技機具)를 갖추어 이를 관광객에게 이용하게 하는 업(다른 영업을 경영하면서 관광객의 유치 또는 광고 등을 목적으로 유기시설이나 유기기구를 설치하여 이를 이용하게 하는 경우를 포함한다)'을 말한다고 정의하였다. 그리고 유원시설업의 종류(관광진흥법 시행령 제2조)를 종합유원시설업, 일반유원시설업, 기타유원시설업으로 구분하였다.

■ **종합유원시설업** '유기시설이나 유기기구를 갖추어 관광객에게 이용하게 하는 업으로서 대규모의 대지 또는 실내에서 법 제33조에 따른 안전성검사 대상 유기시설 또는 유기기구 여섯 종류 이상을 설치하여 운영하는 업'을 말한다.

■ **일반유원시설업** '유기시설 또는 유기기구를 갖추어 이를 관광객에게 이용하게 하는 업으로 법 31조에 의한 안전성 검사대상 유기기구 1종 이상을 설치 · 운영하는 업'을 말한다.

■ **기타유원시설업** '유기시설이나 유기기구를 갖추어 관광객에게 이용하게 하는 업으로서 법 제33조에 따른 안전성검사 대상이 아닌 유기시설 또는 유기기구를 설치하여 운영하는 업'을 말한다.

제 12 장

신규 관광사업의 타당성 분석

제12장

신규 관광사업의 타당성 분석

관광산업의 성장과 함께 많은 투자가들이 동 사업에 투자 및 투자를 계획하고 있다. 그리고 그 투자규모는 상이하게 나타날 수 있으나 대체적으로 많은 비용이 소요되고 있는 것이 사실이다. 그러므로 효율적인 투자의 지침이 되는 틀을 제공하여 신규사업의 지속여부를 결정할 수 있는 방법이 있다면, 국가적으로나 개인적으로 재무적 손실을 줄일 수 있을 것이다.

관광기업의 타당성 분석은 업종에 따라서 차이를 보일 수 있다. 그러나 분석에 활용되는 기법이나 분석의 틀에는 커다란 차이가 없으므로 호텔기업을 중심으로 타당성 분석의 일반적인 체계를 제시하고, 구체적인 분석내용을 설명하고자 한다.

제1절 타당성 분석의 본질

1. 타당성 분석의 의의

타당성 분석은 새로운 사업경영에 요구되는 의사결정을 위해 정확한 정보를 수집 · 분석하여 계획하고 있는 사업의 성패 여부 및 경제적인 투자 여부를 결정하기 위한 것으로, 계획된 신규사업시설이나 매입하려는 시설에 대한 개발가능성을 확인하는 분석활동이다. 따라서 타당성 분석은 기업경영에 관련되는 많은 정보를 수집하여야 하며, 수집된 자료는 여러 각도에서 검토되고 분석되어야 한다. 그리고 타당성 분석결과는 사업에 대한 투자의사결정에 중요한 영향을 미치기 때문에, 결과적으로는 사업의 성공에 직접적인 영향을 미치게 된다. 그러나 기업의 경영과 관련된 모든 자료를 수집하는 일은 불가능하며, 모든 자료를 수집할 수 있다 하더라도 이 자료들을 모두 의사결정에 반영하기 위해 필요한 정보로 가공할 수는 없다.

이러한 현실적인 문제 때문에 타당성 분석은 연구자에 따라 경영의사결정과 관련된 중요한 몇 가지 측면을 검토하게 되며, 조사의 형태나 방법에 있어서도 많은 차이를 보이게 된다. 이것은 결국 동일한 투자대안이라도 분석방법의 차이에 따라 상이한 결과가 나타날 수 있다는 것을 의미하며, 이러한 결과의 차이는 투자대안에 대한 의사결정의 어려움을 가중시킨다.

타당성 분석은 아직 경험해 보지 못한 미지의 사업에 대한 제품의 생산 · 판매에 따르는 제반의 기술적 요인, 제품의 판매와 관련된 제반시장요인, 그리고 사업의 예상손익 및 가치 등을 분석하여 투자할 만한 가치가 충분한지에 대한 정보를 수집하기 위한 제 절차와 방법으로 사업계획에 대한 투자의사결정에 필요한 기술적 · 경제적 · 사업적 기초를 제공하여야 한다는 것이다.

호텔산업에 있어서 타당성 분석은 새로운 호텔건설업자들이 호텔건설을 가정하여 최고 경영층에 의해 구체화되는 것으로 중요한 두 가지 측면이 검토된다.

첫째는 현재와 미래의 객실 및 연회장, 식당과 주장, 레크리에이션과 같은 호텔 서비스 시설에 대한 수요를 평가하는 것이다.

둘째는 평가된 수요를 토대로 호텔영업 후 수년 동안 운영수익과 비용을 평가하는 것이다. 즉, 타당성 분석은 그 특성상 사회 · 환경 · 마케팅 · 재무 타당성을 결정하기 위한 사업의 모든 측면에 대한 구조적인 분석을 하여야 하기 때문에, 시장성과 시장의 개발가능성, 원료의 공급가능성, 인력수급, 여러 가지 필요한 서비스의 존재 여부, 저렴한 비용과 재무분석을 단계적으로 시행하여야 함을 의미한다.

그러나 타당성 분석은 이와 관련된 모든 측면을 검토하고, 계량화하기는 현실적으로 불가능하기 때문에, 마케팅과 재무자료를 수집 · 종합 · 분석하는 창조적이고 목표지향적인 합리적인 과정 혹은 투자에 대한 수익성을 분석하는 것이다. 그리고 타당성 분석이란 수요 · 공급분석에 바탕을 둔 재무분석이며, 호텔 영업개시 전에 운영에 있어서의 경제적 요소와 운영결과를 평가하기 위한 체계적인 방법이라고 규정하여 시장성 분석과 경제성 분석을 중요시하였다.

이와 같이 타당성 분석은 어떤 특정한 사업의 계속 여부를 결정하기 위한 마케팅 · 수익 · 재무분석을 기본요소로 하고 있으며, 이러한 기본요소들을 계량화하여 경영의사결정을 위한 기초자료를 제공한다는 데 그 근본적인 의의를 찾을 수 있다.

위에서 검토해 본 바와 같이, 신규호텔건설의 타당성 분석에 관한 여러 학자들의 내용을 종합하여 분석해 보면, 다음과 같은 몇 가지 특성을 정리할 수 있다.

첫째, 타당성 분석은 호텔사업의 계속성의 여부를 결정하기 위한 사전계획과정으로 목표지향적인 활동이다.

둘째, 타당성 분석은 미래의 투자에 대한 사전분석을 통하여 투자의사결정에 대한 위험을 감소시켜주는 미래지향적인 활동이다.

셋째, 타당성 분석의 중요영역은 마케팅영역과 재무영역이며, 마케팅 조사결과를 기초로 최종적으로는 경제성 분석을 통해 투자수익률을 검토하는 과학적인 과정이다.

넷째, 타당성 분석은 입지 및 지역분석, 시장분석, 재무분석 등과 같이 일련의 단계를 거치면서 분석이 이루어지는 체계적인 활동이다.

다섯째, 타당성 분석은 개방적 시스템의 성격을 갖고 있으므로 변화하는 경영환경에 대한 면밀한 탐사를 통해 이루어지는 분석적인 활동이다.

2. 타당성 분석의 중요성

현대기업경영에서 타당성 분석의 궁극적인 목적은 미래의 변화하는 기업환경에 대한 탐사 및 분석을 통하여 투자의사결정의 정당성을 확보하려는 사전활동이다. 더욱이 현대기업 환경의 미래는 불확실하고 지속적으로 변화하기 때문에, 타당성 분석의 필요성과 중요성은 점차 증대되고 있다. 따라서 기업의 투자위험을 회피하고, 성공의 가능성을 높일 수 있는 투자대안을 선택하려는 사업성 검토는 다음과 같은 중요성을 지닌다.

첫째, 현대기업은 기업환경의 계속적인 변화 때문에 살아 남기 위하여 변화되는 환경에 대처해야만 하는 노력이 절실히 요청되며, 기업환경이 반드시 기업에게 유리한 것으로만 나타나는 것이 아니므로 면밀한 분석과 검토가 요망된다.

둘째, 창업이나 신규투자에는 대부분 거대한 자본의 투자가 전제되고, 투자된 자본에 대한 회수가 불가능할 경우 개인이나 사회 전체적으로 큰 손실이 된다. 따라서 성공가능성에 대한 다각적인 검토를 통하여 성공가능성이 낮은 투자를 회피할 수 있다.

셋째, 사업성 검토에서 얻은 정보는 사업을 추진하는 주체가 지니고 있는 약점을 보완하고, 미래의 위험상황에 대비할 수 있도록 하는 전략정보로 이용될 수 있다는 점이다.

한편, 호텔산업의 타당성 분석에 대한 중요성은 호텔경영의 특성을 통해 검토해 볼 수 있는 데 이를 요약하면 다음과 같다.

첫째, 호텔산업은 고정자산에 대한 의존성이 매우 높다는 특성을 가지고 있다. 일반적으로 다른 기업은 건물이나 시설과 같은 고정자산보다는 상품이나 현금과 같은 유동자산의 비중이 높지만, 호텔산업은 전체투자금액의 70(%)~80(%)가 고정자산에 투자되고 있다. 그리고 이 투자자본은 운영개시 이전에 일시적으로 투자되고, 일단 투자가 되면 투자의 내용을 변경하는 것은 매우 곤란하다. 즉, 건물이나 시설 혹은 토지매입과 같은 고정자산에 대한 기존투자는 변경이 어려움과 동시에 호텔상품의 질을 결정하는 중요한 요소이며, 미래의 운영성과를 결정짓는 중요원인이 되기 때문에 타당성 분석은 중요하다.

둘째, 호텔시설은 조기 노후화되는 특성을 가지고 있다. 호텔건물의 설계 및 규모와 시설은 그 호텔의 가치와 경영활동에 결정적인 영향을 주며, 호텔시설의 조기 진부화 현상은 경제적 가치의 상실을 가져오기 때문에 지속적으로 시설개선을 하여 국제수준을 유지하여야 한다. 따라서 운영상에 개 · 보수 활동이 필수적으로 수반되는데, 이때 개 · 보수 활동이 용이하도록 설계되고, 인테리어 변경이 용이한 건축구조를 가지고 있어야 하기 때문에, 시설배치 및 규모가 검토되는 타당성 분석은 중요하다.

셋째, 호텔기업들 간에 경쟁이 강화되는 현상이다. 호텔 간의 경쟁격화로 제반조건이 복잡해지고, 급변하는 국제 · 국내환경의 변화는 예측의 정확성이 결여된다. 따라서 미래의 동태적 환경변화를 예측하고, 예측된 환경에 적응하는 일은 기업의 영속성을 유지하는 데 필수적인 활동이다. 이러한 의미에서 환경탐사가 이루어지는 타당성 분석은 매우 중요하다.

넷째, 호텔에서 제공하는 상품에 대한 마케팅 범위의 차이와 잠재고객의 다양성에서 나타나는 특성을 들 수 있다. 호텔의 객실상품은 국제적인 마케팅 범위를 가지고 있으나, 식음료 상품은 객실에 비하여 마케팅 활동의 범위가 한정적 · 지역적인 특성을 가지고 있다. 또한 관광객은 다양한 욕구를 가진 거대한 시장으로 구성되어 있기 때문에, 이들 시장에 효율적으로 접근하기는 매우 곤란하고 경제적이지 못하다. 따라서 호텔상품과 고객의 속성에 따른 시장을 세분하고, 표적시장에 대해 마케팅 노력을 집중하는 것이 중요하다. 그러므로 시장세분화의 근거를 제시해 주는 타당성 분석은 중요하다.

일반적으로 호텔의 타당성 분석은 투자자본의 위험감소, 투자수익의 범위를 알게 해주며, 음식의 형태, 서비스의 형태, 가격의 범위, 그리고 건축을 위한 운영의 규모 등의 결정과 재무적 취득에 도움을 준다.

그러나 이미 언급한 바와 같이 타당성 분석은 현재의 사실을 바탕으로 미래를 예측하려는 행동이지만, 미래에 대한 정확한 예측은 불가능하고, 어떠한 요인들은 미래를 예측할 수 없어 타당성 분석의 결과로 성공을 보장받을 수 없다. 즉, 타당성 분석은 투자에 대한 위험을 줄일 수는 있으나, 위험요소를 완전히 제거할 수는 없다는 현실적인 한계를 극복하기 어렵다는 점을 간과해서는 안 된다.

제2절 타당성 분석의 일반체계

타당성 분석은 미래의 불확실한 상황을 통제하여 미래의 경제적 가치를 추정하는 것이다. 따라서 타당성 분석은 미래의 투자에 대하여 예측 가능한 모든 상황을 검토하여, 이들 환경에 대한 통제 및 분석을 통하여 미래에 대한 사업의 가능성을 확인하는 것이다. 그러므로 타당성 분석은 미래의 사업운영과 관련하여 예측 가능한 모든 환경에 대한 탐사가 이루어져야 하기 때문에, 내부능력분석, 기술성 분석, 시장성 분석, 경제성 분석 등이 행해진다. 이를 요약(이석규)하면 다음과 같다.

1. 기술성 분석

기술성 분석이란 제품의 기술적 특성, 공장입지, 생산시설 및 능력, 생산공법 등 공정, 생산기술 및 생산자원, 소요자본 등을 조사하고, 이들에 대한 문제점과 적합성을 검토하여 소비자가 원하는 제품을 제공하는 데 따르는 제반의 비용을 추정하기 위한 필요한 정보를 분석하는 것을 말한다. 즉, 기술성 분석은 미래의 사업활동에 필요한 제품의 기술적 특성, 생산공정 및 설비, 공장입지 등을 대상으로 기술적인 측면을 검토하고 평가하는 분석영역을 말하는 것이다.

제품의 기술적 특성은 자사의 계획제품의 특성, 품질 등을 경쟁회사와 비교하여 강점과 약점을 비교 · 분석하여야 한다. 그리고 자사제품이 갖고 있는 강점과 약점을 확인하여 약점을 보완하는 데 필요한 기술적 정보를 파악하여야 한다. 입지의 적합성에 대한 분석은 원재료의 공급지역과 소비지역의 위치 및 교통, 기반시설의 이용가능성, 노동력의 이용가능성, 공해문제 등을 면밀히 검토하여 장기적인 관점에서 입지의 경제적 이점 혹은 입지의 적합성에 관한 정보를 파악하여야 한다. 생산공정과 설비, 생산기술에 대한 분석은 자사와 경쟁기업을 생산공정과 설비, 시설투자액, 제조원가, 제품의 품질, 시설계획, 생산성, 기술진보 등과 비교하여 자사의 공법과 공정이 갖는 정보를 파악하여야 한다. 또한 생산기술에 대한 분석은 우선 생산하려는 제품의 기술수준에 대한 최신 정보를 입수하고, 기술수준의 확보에 따른 문제점과 특허권 이용기능성 등에 관한 정보를 파악하여야 한다. 생산자원에 관한 분석은 원재료의 소요량, 원재료의 조달가능성, 원재료의 조달내역, 요구되는 품질 및 규격, 노동력의 이용가능성 및 노동력의 질, 임금수준 등을 검토하여야 한다. 또한 전력 및 용수 · 연료의 양, 가격, 조달의 용이성 등에 관한 정보를 파악하여야 한다. 생산과 관련한 분석은 생산활동 자체가 자금의 지출행위이므로 생산과 관련한 계획이 효율적으로 수립되지 않으면 재고누적, 자금운영의 비효율성, 재무구조의 악화 등으로 인한 도산의 가능성에 주의를 기울여야 한다.

기술성 분석은 이러한 분석정보를 기초로 시설소요자금 등을 추정하여야 한다. 즉 기술성 분석에서 분석된 모든 정보는 추정자금수급계획과 추정재무제표에 집약되어야 함을 의미한다.

2. 시장성 분석

시장성 분석이란 생산하려는 제품 그 자체, 제품의 수급상황, 동종업계의 현황 등에 관한 정보를 조사하여 가능한 시장점유율이나 판매량을 추정하고자 하는 분석을 말하는 것으로 시장조사, 소비자조사, 시장세분화, 제품 포지셔닝(Positioning), 제품수급조사, 동종업계조사, 총수요 및 점유율 예측, 가격결정 및 매출액 추정을 하는 분석을 말하는 것이다. 이러한 시장성 분석을 위하여 공급 및 공급의 성장추세, 수요 및 수요의 성장추세, 수요주기, 제품의 수명주기, 시장진입의 난이도 등에 관한 정보를 입수해야 한다. 이에 관한 정보는 2차 자료를 활용할 수 있으며, 2차 자료를 활용할 수 없을 경우는 직접 시장조사를 수행하여 필요한 정보를 탐색하여 획득하여야 한다. 그리고 이렇게 획득된 정보는 객관적인 분석기법 등을 활용하여 타당성 분석에 요구되는 필요한 정보로 계량화할 수 있어야 한다.

시장성 분석은 자사제품의 시장점유율을 추정하고, 추정된 시장점유율을 기초로 매출액을 추정하게 되며, 이때 자사제품의 품질과 용도상의 특성, 차별화정책, 가격정책, 예상판매지역, 시장확보가능성 등을 참고하게 된다. 또한 이러한 분석과정에서 동시에 고려되어야 할 내용은 주요수요업체와 공급업체의 자본, 기술지원, 계열화, 인적교류, 시장점유율 추이, 품질, 가격, 생산능력 등에 관한 수급을 검토한다.

3. 경제성 분석

내부능력분석, 기술성 분석, 시장성 분석과정에서 입수한 정보를 토대로 생산, 구매, 판매, 일반관리 등에 대한 계획을 수립해야 한다. 이때 앞에서 작성된 추정재무제표 혹은 연도별 투자내역과 운전자본에의 투자내역을 기초로 경제성 분석을 행한다.

경제성 분석은 추정재무제표를 분석하여 계획사업의 재무적 성과를 평가하는 방법과 연도별 현금흐름을 추정하여 이를 할인율로 할인하여 경제적 가치를 평가하는 방법 등 크게 두 가지가 있다. 재무제표 분석방법은 계획사업으로부터 추정된 재무제표를 가지고 비율분석을 시행하여 유동성, 수익성, 성장성, 안정성, 활동성, 생산성 등 계획사업의 재무상태 및 경영성과를 분석하는 방법이다. 또한 비율분석 이외에 실무적으로 많이 이용하는 손익분기점 분석 등이 있다. 그러나 이러한 방법으로 입수한 정보는 재무제표분석이 갖는 여러 가지 한계점을 극복할 수 없다. 즉, 이 방법으로 입수한 정보는 진정한 경제성을 평가하고 객관적인 판단을 가능하게 하는 데 큰 도움을 주지 못한다.

한편, 평가론적인 방법에 입각한 경제성 분석방법은 이론적으로나 실무적으로 타당한 방법이다. 이러한 논리에 따르는 경제성 평가기법은 순현가법, 내부수익률법, 수익성지수법, 회수기간법 등이 있다. 그리고 신규사업의 위험을 평가하는 과정에서 참작하는 위험분석방법은 시나리오분석법, 의사결정수법, 감도분석, 모의실험법 등이 있으며, 위험을 간접적으로 참작할 수 있는 대용베타방식과 손익분기점기법 등이 있다.

이러한 분석방법과 더불어 타당성 분석에서 검토되어야 할 내용은 사업주체내부의 인적 · 물적 자원에 대한 평가와 진단을 다루는 것으로 인적자원에 대하여는 경영진과 지배주주의 인적사항, 학력 및 사업능력, 경영능력 등에 관해 검토하는 것이다. 물적 자원에 대해서는 기술과 자금력을 주요분석대상으로 하는 것으로 오늘날과 같은 경쟁환경 속에서 경쟁력을 유지하는 데 가장 중요한 요소이다. 그러나 이들 내용은 대부분 질적 요인들이기 때문에 계량화하여 객관적으로 측정하는 것이 곤란하다는 문제가 있다.

제3절 타당성 분석의 내용

1. 타당성 분석의 개요

신규호텔건설의 타당성 분석을 계획하고 설계하는 데 바람직한 분석방법이 단 한 가지만 존재하는 것은 아니다. 그러나 어떠한 신규호텔건설의 타당성 분석이라 할지라도 기본적으로는 경제적인 목적을 달성하기에 충분할 만큼 포괄적인 준비를 하여야 한다. 즉, 경제적 목적을 달성하기 위해서, 이와 관련된 내부능력분석, 기술성 분석, 시장성 분석, 경제성 분석 등을 포함한 분석이 되어야 한다는 것이다. 그리고 각 분석단계에서 활용될 분석기법과 이와 관련된 변수들은 정확히 설정되고, 가능한 범위에서 그러한 변수들을 통제 가능하도록 계량화하는 것이 바람직하다.

많은 학자들이 신규호텔의 타당성 분석의 개념을 단순화한 기본적인 틀을 마련하기 위하여 상호 관련 요소를 통합한 모형을 제시하였다. 〈표 12-1〉은 여러 학자들의 신규호텔의 타당성 분석을 위한 기본적인 모형을 나타낸 것이다.

표 12-1 타당성 분석모형

학자명	분석단계	주요 관점
T. J. Ward	1단계 : 호텔입지분석 2단계 : 교통과 접근성 3단계 : 지역경제 · 사회적 여건평가 4단계 : 타 지역의 유사호텔과 비교한 수요예측 5단계 : 잠재수요의 원천과 특성 6단계 : 경쟁분석과 추가계획 7단계 : 미래수요 및 잠재시장점유율 8단계 : 호텔설계 컨셉과 추천시설 평가 및 유도 9단계 : 추정손익계산서 10단계 : 현금흐름추정	이 타당성 분석모형은 (1) 입지분석 (2) 수요 · 공급분석을 중시
National Restaurant Association	1단계 : 시장분석 2단계 : 경쟁분석 3단계 : 입지분석 4단계 : 레스토랑 콘셉트 개발 5단계 : 추정재무제표분석	레스토랑의 타당성 분석모형으로 (1) 마케팅 조사 (2) 수익과 비용평가를 중시
A. J. Gomes	1단계 : 시장지역평가 2단계 : 입지평가 3단계 : 공급 및 수요예측 4단계 : 시설과 서비스 5단계 : 운영성과예측	이 타당성 분석모형은 (1) 시장조사를 통한 시설규모와 종류를 예측하여 (2) 운영실적을 예측
정 규 엽	1단계 : 시장지역평가 2단계 : 입지평가 3단계 : 시장조사 4단계 : 시설형태의 결정 및 적정배분 5단계 : 디자인 6단계 : 재무분석	이 타당성 분석모형은 (1) 마케팅 측면 (2) 시설형태와 배분에 주안점을 두고 있으며 (3) 재무적 측면은 추후 연구를 통하여 제시할 예정
장 혜 숙	사전단계 ; 타당성 분석의 필요성 결정 1단계 : 지역 · 입지분석 2단계 : 시장조사와 수요예측 3단계 : 공급분석과 경쟁력 제고 4단계 : 시설과 서비스 5단계 : 재무분석	이 타당성 분석모형은 (1) 사전조사에서 산업과 입지에 대한 대안을 검토 후 (2) 본 조사에서 지역 및 입지여건, 시장분석, 재무분석으로 분류하여 검토
Gray and Liguori	1단계 : 입지분석 2단계 : 시장분석 3단계 : 공급분석 4단계 : 인력분석 5단계 : 수요예측 6단계 : 시설규모 7단계 : 재무분석	이 타당성 분석모형은 (1) 신규호텔에 대한 타당성 분석의 준비 (2) 비용평가 (3) 투자자본의 원천 등의 세 분야를 포괄

Rutes, Faia and Penner	1단계 : 입지분석 2단계 : 시장분석 3단계 : 시설 4단계 : 재무분석	이 타당성 분석모형은 (1) 호텔서비스 시설의 수요평가 (2) 평가된 수요에 대한 운영수익과 비용을 평가
Lane and Hartesvelt	1단계 : 경쟁환경의 경제적 전망 2단계 : 입지분석 3단계 : 수요 및 공급분석 4단계 : 경쟁포지션 결정 5단계 : 수입 및 비용평가 6단계 : 총투자 자본평가 7단계 : 재무분석	이 타당성 분석모형은 (1) 경제적 요소 (2) 운영결과를 평가
Rushmore	1단계 : 입지분석 2단계 : 시장수요의 계량화 3단계 : 경쟁분석 4단계 : 시설 5단계 : 수익과 비용평가 6단계 : 경제적 가치추정 7단계 : 투자비 추정 8단계 : 투자수익률 분석	이 타당성 분석모형은 (1) 예측되는 경제적 가치 평가와 (2) 총비용평가의 재무분석을 중시
James R. Keiser	1단계 : 시장조사(지역의 경제적 요인, 경쟁분석, 운영계획, 기간별 판매량) 2단계 : 입지분석(위치, 교통, 기타운송수단, 가시성, 법률, 지역의 기반 · 편의시설의 유용성) 3단계 : 재무분석(매출액평가, 추정손익계산서, 추정자본비용 평가, 투자수익률 분석)	이 타당성 분석모형은 (1) 시장조사 및 입지조사를 통하여 (2) 조사결과를 통한 재무분석을 강조
Chuck Y. Gee	1단계 : 개관 2단계 : 시장분석 3단계 : 물리적 특성 4단계 : 재무적 측면 5단계 : 부가적 정보 6단계 : 의견과 권고	이 타당성 분석모형은 (1) 수요수준을 결정하여 (2) 재무분석 (3) 전문가 의견으로 크게 분류할 수 있으며 전문가 의견을 특히 중시함
Lundberg	1단계 : 잠재시장확인 2단계 : 시장수요예측 3단계 : 올바른 시설의 종류 4단계 : 시설의 규모평가 5단계 : 시설의 비용평가 6단계 : 운영수익 및 비용평가 7단계 : 판매율과 투자율의 이익평가	이 타당성 분석모형은 (1) 잠재시장 및 시장수요평가 (2) 평가된 수요를 기초로 한 시설규모와 종류에 따른 이익 평가를 중시

본서에서 제시하는 타당성 분석모형은 다음 〈그림 12-1〉과 같다.

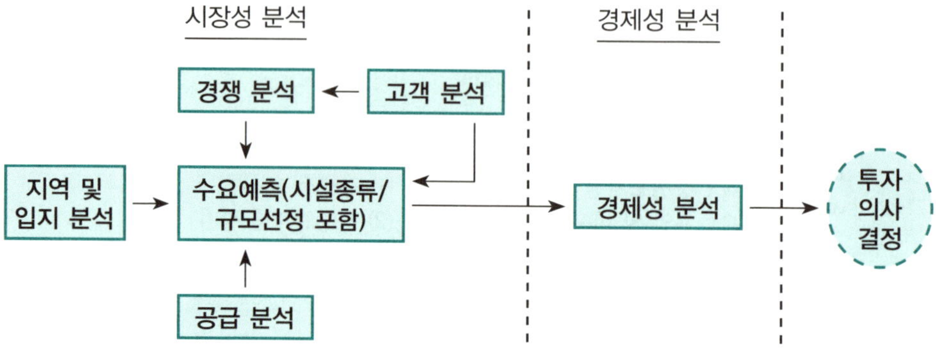

그림 12-1 타당성 분석내용

본 타당성 분석내용은 시장성 분석과 경제성 분석으로 구성되어 있는 데, 이것은 본 모형이 투자에 대한 경제적 타당성 분석에 초점이 맞추어져 있기 때문이다. 따라서 본 모형은 시장조사를 통해 추정된 미래의 매출액과 투자비를 비교 · 분석하여 경제성 및 사업성을 확인할 수 있는 매우 단순화된 모형이며, 내용상으로는 분석의 범위가 넓은 포괄적인 모형이라 할 수 있다.

본 모형의 가장 큰 특징은 시장성 분석과 경제성 분석을 포괄하고 있다는 점이다. 기존의 연구모형은 특정분야를 중심으로 연구모형이 설정되어 있거나 혹은 두 분야를 포괄하고 있다하더라도 개략적인 분석항목을 정리한 것이 대부분이지만, 이 모형은 타당성 분석모형이 실제적으로 포괄하여야 하는 분야를 포괄하면서도 이들이 구체적으로 어떠한 연관성을 가지고 있는지를 설명한다고 할 수 있다.

〈그림 12-1〉에서 보는 바와 같이 지역 및 입지분석의 결과는 경쟁분석과 수요예측에 영향을 미친다. 즉 입지는 경쟁호텔과 비교하여 상대적인 경쟁력의 정도를 확인할 수 있으며, 지역분석의 결과는 사업의 미래에 대한 포괄적인 조명을 가능케 해 준다. 따라서 지역 및 입지분석을 통하여 호텔수요에 영향을 미치는 지역의 경제활동 및 관광활동이 조사되어 신규사업의 가능성에 대한 포괄적인 전망을 평가할 수 있는 중요한 단계이다. 그러나 현실적으로 지역 및 입지분석의 결과가 구체적으로 호텔수요에

미치는 영향의 정도를 추정하기는 매우 어려운 기술적인 한계를 가지고 있다. 앞으로 지역 및 입지분석의 결과가 구체적으로 매출액에 어떻게 영향을 미치는지 연구가 지속되어야 할 것이다.

경쟁분석은 실제 신규호텔의 매출액을 추정하기 위하여 경쟁시설의 판매가격과 객실수 혹은 좌석회전율, 연평균 판매액을 산출하고, 경쟁상황을 확인하여 의사결정권자가 의사결정에 활용할 수 있는 SWOT 분석을 참고자료로 제시할 수 있다.

수요예측은 크게 객실부문, 식음료부문, 연회부문, 부대사업부문으로 나누어 추정할 수 있도록 구성한다. 이 추정 매출액의 결과는 경제성 분석단계에서 추정손익계산서 작성, 현금흐름 추정, 경제성 분석에 활용된다.

시설종류 및 규모계획은 시장지역에 유입되는 관광객을 대상으로 설문조사를 통하여 선호하는 시설종류와 규모, 배치를 결정하는 것이 바람직하다. 그 이유는 신규호텔의 입지지역에 따라 선호하는 시설 및 규모 그리고 시설의 배치 및 실내장식이 달라지기 때문이다. 그리고 분석의 과정상 시설의 종류 및 규모선정은 수요예측모형에 포함시켰다. 그 이유는 신규호텔 시설의 종류 및 규모가 선정되어야만 예상되는 추정 매출액을 결정할 수 있기 때문이다. 수요예측의 과정은 시장지역의 총수요 확인, 시설의 종류와 규모선정, 신규호텔의 매출액 추정 등의 순서로 진행된다.

타당성 분석의 마지막 단계인 경제성 분석은 투자비용을 산출하여 사업의 경제성 여부를 평가할 수 있는 경제성 지표분석을 말하는 것으로, 수요예측의 결과로 나타난 수익과 비용을 추정하여 투자의 타당성을 최종적으로 검토하는 단계이다.

이와 같이 본서에서 제시하고 있는 타당성 분석은 지역 및 입지분석, 시장조사(공급분석, 시설의 규모 및 종류 선정, 경쟁분석, 수요예측), 경제성 분석 등을 주요분석 항목으로 구성하고 있다. 〈그림 12-2〉는 타당성 분석모형을 도식한 것으로 타당성 분석모형 〈그림 12-2〉는 〈그림 12-1〉을 보다 구체적으로 표현한 것이다.

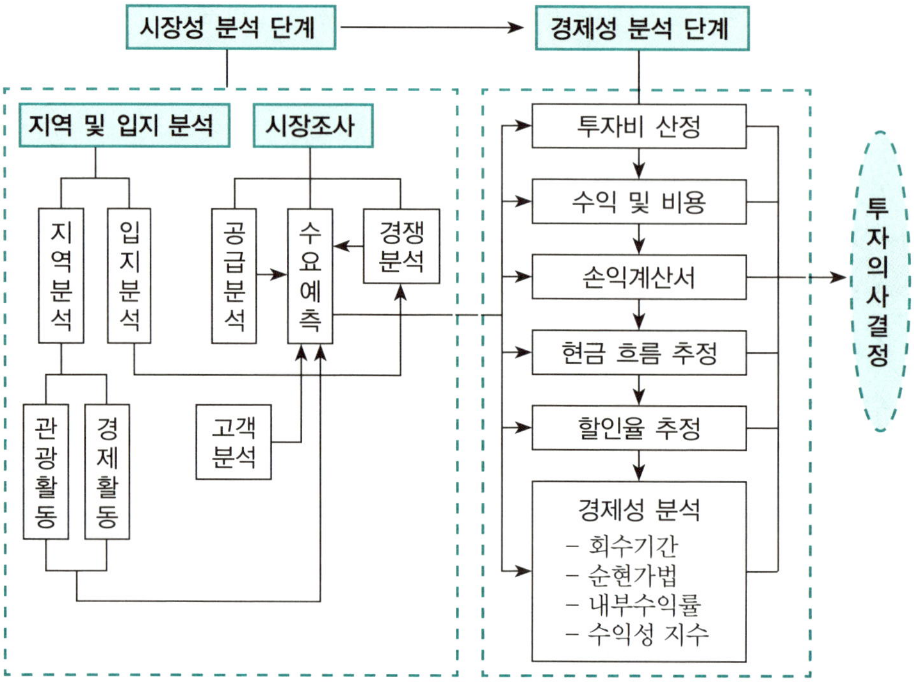

그림 12-2 타당성 분석의 세부모형

2. 분석의 내용

1) 시장성 분석

(1) 지역 및 입지분석

타당성 분석모형을 검토해 본 결과 많은 학자들이 시장지역분석과 입지분석을 분리하여 다루고 있는 경향을 보이고 있다. 호텔은 어느 일정 지역에 고정되어 있어 호텔상품의 장소적인 이동이 불가능하기 때문에, 그것을 구매하려는 사람을 호텔로 견인하여야 하는 상품의 특수성을 가지고 있다. 그렇기 때문에 호텔의 타당성 분석에 있어서 지역 및 입지분석은 다른 어떠한 분야의 타당성 분석보다 매우 중요하다. 더욱이 호텔상품은 분위기, 관광객 활동의 적합성, 접근의 용이성 등 지역 및 입지와 관련된 다양한 요소가 상품의 품질을 결정하기 때문에 지역 및 입지분석은 중요하다. 일반적으로 호텔의 시장지역분석 및 입지분석에서 다루어야 할 내용은 다음과 같다.

❶ 지역분석

타당성 분석의 첫 단계는 신규호텔이 경쟁할 시장지역을 분석하는 것이다. 일반적으로 지역시장의 전망을 이해하는 데는 많은 접근방법이 있다. 그러나 어떠한 접근방법이든 지역분석의 가장 중요한 점은 현재의 기초적인 경제여건의 강점을 확인하기 위하여 성장잠재력의 확인 및 기초경제여건을 평가하는 것이다. 즉, 장기적인 수요변화를 예측하기 위하여 경제적인 요소와 인구통계자료 등의 현황과 추이에 대하여 지역을 조명하는 것이다. 따라서 타당성 분석은 때때로 시장과 경제적 타당성 분석으로 불리고 있는 것이다. 이러한 면에서 지역분석은 근본적으로 신규호텔의 잠재적인 수요예측과 관련된 사항을 포괄하고 호텔점유율에 영향을 미치는 여러 여건들을 포함하여야 한다.

이와 같이 지역분석은 현재의 경제적 활동과 관련된 사항과 미래의 경제적 여건 등을 분석하는 데 필요한 사항을 평가하여, 궁극적으로는 수요에 어떠한 영향을 미칠 것인지를 분석하는 것이다. 예를 들면, 신규호텔 시장지역의 기후, 수온, 서핑을 위한 파도, 눈, 바람, 수질 등은 관광산업에 영향을 미치는 중요한 요소가 된다. 그러나 이러한 요소들은 지역의 관광자원 및 관광활동과 비교되어 그 가치가 평가되기 때문에 그 영향력에 대한 객관적인 지표를 추정하기 어렵다.

지역분석은 대부분 시장지역의 인구통계와 경제적 요소에 대한 추정을 통하여 호텔건설계획의 적합성을 확인하려는 것으로 지역분석은 크게 다음과 같은 4가지 목적을 달성하여야 한다

첫째, 시장지역의 경제적 여건을 확인할 수 있는 정보를 획득하여야 한다.

둘째, 세분시장의 성장잠재력을 확인하고, 각 세분시장에 대한 성장요소를 개발할 수 있는 정보를 획득하여야 한다.

셋째, 시장의 인구, 그들의 소비능력, 안정성, 경제적 변화에 따른 취약성을 확인할 수 있는 정보를 획득하여야 한다. 넷째, 호텔의 수요시장에 대한 배경(Background)을 확인할 수 있어야 한다.

이러한 지역분석의 목적을 달성하기 위하여 과거와 현재 그리고 미래에 대한 자료를 동시에 검토하여 장기적인 미래의 수요와 공급특성에 초점을 맞추어야 한다. 그리

고 자료들은 신뢰할 만한 관계기관에서 수집 · 분석 · 획득하며, 지역분석의 모든 요소들은 다방면에서 서로 영향을 끼친다는 것을 고려해야만 한다.

여러 학자들이 제시한 지역분석항목은 〈표 12-2〉와 같다. 〈표 12-2〉와 같이 지역분석항목은 매우 다양하고, 학자에 따라 분석항목이 차이가 있기는 하지만, 공통적인 특징은 신규호텔의 경제적 가치를 추정할 수 있는 항목이 주요 분석대상이 되고 있다는 점이다. 지역분석의 내용은 크게 지역의 경제활동분석과 지역의 관광활동분석으로 나누어 정리하면 다음과 같다.

가. 지역의 경제활동

시장지역의 경제활동과 관련한 분석항목은 지역의 경제적 동향 및 변화 추이에 대한 것으로 인구, 고용, 소매매출액, 산업 및 상업활동, 경제성장률 등이 있다.

시장지역의 인구분석은 신규호텔의 고객프로파일과 표적시장을 개발하는 데 필수적인 요소로서 신규호텔의 사업 가능성을 나타내주는 지표가 되고, 표적시장의 선정 및 전략수립에 중요한 영향을 미칠 수 있다. 특히 가계당/가구당 소득변화, 가처분소득, 소득변화율, 소득분포 등과 같은 변수는 고객의 범위를 선정하는 데 영향을 준다. 그러므로 인구분석요소는 인구수/성장/변화율과 인구통계자료(연령별, 성별, 직업별, 교육 수준별, 소득별, 가족 등), 지역의 방문객 등이 있다.

소매매출액은 인구동태 및 주민과 방문객의 소비성향을 나타낸다. 인구의 추세와 함께 소매업은 호텔의 객실수요와 직접적인 관계가 있기보다는 시장지역의 경제적 건전성을 나타내주는 지표이다. 소매매출액의 조사대상은 쇼핑센터의 종류, 규모, 형태, 거리, 상점의 수, 매출액 등이 있으며, 소매매출액의 조사를 통하여 소비자의 소비패턴, 시장지역 내에서의 신규호텔의 성장 가능성을 확인시켜 준다.

고용은 호텔의 이용과 서비스에 영향을 주는 요인으로 호텔경영과 관련한 경제환경을 규명하는 데 매우 유용한 변수이다. 고용변수로는 직업분포, 고용의 변화추이 및 경향, 산업별 고용인수, 주요 생산품 등이 있다.

산업 및 상업활동에 대한 분석은 산업체의 수와 변화추이, 산업체에 의한 지역 경제력의 기초, 산업체의 지역별 집중도, 경제변화에 따른 민감도 등이 주요 분석대상이며, 이러한 요소들은 호텔의 점유율 추정 및 시장세분화 전략에 유용하게 활용될 수 있다.

나. 지역의 관광활동

지역의 관광활동에 대한 분석은 관광자원과 지역명소, 레크리에이션 시설, 관광개발계획, 관광객, 관광 배출지, 관광행태, 관광객의 소비성향 등을 주요 분석대상으로 하고 있다. 이러한 관광활동에 관한 분석은 시장지역의 관광객에 대한 견인력의 정도를 평가할 수 있는 지표로서, 지역의 관광대상물의 견인력이 크다는 것은 신규호텔의 객실점유율에 직접적으로 영향을 미치고 있음을 의미한다. 그리고 잠재일수, 관광객의 소비성향, 관광자원의 이용현황 및 변화추이 등의 관광행동은 호텔의 마케팅 전략의 수립 및 개발에 직접적으로 영향을 미친다.

그러나 지역분석요소에서 나타난 바와 같이 어떠한 요소들은 계량화하기 어렵다. 또한 이들 변수들이 호텔의 수요에 영향을 미치는 정도에 있어서도 차이가 존재한다. 〈표 12-2〉는 지역분석에 관하여 여러 학자들이 제시한 분석항목을 검토하여 정리한 것이다.

표 12-2 지역분석요소

학자명	평가내용	비고
원융희	1) 인구, 고용, 소득, 조세수입, 신규호텔건설 등의 성장추이 2) 교육, 건강, 교통, 종교, 관광을 위한 주요공공 및 민간시설 3) 자동차, 비행기, 기차, 버스, 선박에 의한 교통량과 점유비율을 포함한 여행추세	
국내 컨설팅 기업	1) 자연환경분석 : 기후, 지형, 지질, 강수량 등 2) 인문환경분석 (1) 사회 · 경제적 환경 : 인구(지역별, 연령별, 산업별 고용) 및 인구의 변화추이, 지역의 총생산액 및 산업별 생산액/변화추이, 경제성장률, 라이프 스타일 등 (2) 교통환경분석 : 지역 내 · 외간 접근성, 교통연계체계, 자가용 보유현황/변화추이 등 (3) 관광환경분석 : 관광객/변화추이, 숙박일수, 여가생활환경, 관광자원 (4) 법 · 제도분석	본 자료는 국내컨설팅 기업체의 연구 보고서 4개를 종합하여 변수를 추출한 사항임

S. Rushmore	1) 시장지역규정 및 지리적 특성 2) 인구 3) 연령분포 4) 소매매출액 5) 지역 비즈니스 및 경제동향(노동력의 특성, 제조, 건축, 교통 · 통신 · 공공설비, 재무 · 보험 · 부동산, 도매 · 소매 6) 공공서비스 7) 주요 비즈니스 및 산업체 8) 사무실 면적 9) 컨벤션 및 전시회 10) 관광과 휴양객 11) 주변지역분석	
Harold E. Lane and Mark van Hartesvelt	1단계 : 경쟁환경의 경제적 전망 : 시장의 경제적 기초확인, 세분시장의 성장전망과 각 세분시장에 대한 각 성장요소를 개발하여 성장전망을 조명, 시장의 인구특성, 소비능력과 소비능력의 안정성, 경제파동에 대한 소비능력의 취약성, 호텔에 대한 관련 시장을 고려한 배경확인, 관광객을 유인할 수 있는 지역산업, 상업, 소매점의 수, 규모 및 다양성 .현재 또는 새로운 산업, 상업, 소매점 등에 의한 지역환경의 견인력	Lane과 Hartesvelt는 일반적인 시장전망에 정리하였다.
James. R. Keiser	1단계 : 시장조사 1) 지역사회의 경제적 요소 : 인접지역사회의 지위(진보, 안정, 쇠퇴), 지역사회의 잠재적 성장, 지역사회의 수입원천(주요 산업체, 수입의 안정성, 평균수입), 인구통계변수(가족, 독신, 어린이, 청년층, 노인층), 식음료 서비스 시설을 이용할 단체(시민, 종교, 친목), 선호음식(두드러진 국민성, 윤리, 종교단체 등의 측면에서)	그는 타당성 분석을 크게 3단계로 구분하여 시장조사 단계에서 본 내용을 다루고 있다.
Chuck y. Gee	1단계 : 일반적 전망 1) 지역 및 주 : 경제(경제특성, 지역주민소득, 리조트에 영향을 미치는 정치적 요소), 추세(역사적 배경, 전망), 여행(관광성장, 지역에서의 여행패턴, 매력물), 주 혹은 지역의 홍보대행사(상공회의소, 관광국) 2) 지역사회 : 경제, 인구추이, 교통량, 교통시설, 지역 관광물, 민간홍보단체, 토지이용제한 및 건축규제, 토지세금과 부가세 기준, 주류와 기타 전매권, 지역에 대한 리조트 시설의 유용성, 원재료 이용성과 운영을 위한 공급, 노동력(관리 · 기술 · 일반노동력의 공급, 임금추이), 자연재해의 역사	리조트 호텔에 대한 시장 타당성 분석모형을 제시한 Gee는 시장지역분석과 동일한 성격을 1단계의 일반적인 전망에서 다루었다.
Rocco M. Angelo	1) 인구 2) 고용 3) 소매매출액 4) 산업 및 상업활동 5) 관광 6) 교통	
Albert J. Gomes	1) 인구 2) 수입 3) 고용 4) 소매매출액 5) 상업과 산업활동 6) 관광 7) 교통 8) 산업구조의 다양성	
정규엽	1) 인구 : 인구수의 성장추이 및 예측, 인구통계분포 2) 소득 : 가계당/인구당, 가처분소득 3) 주택공급 : 형태, 수, 개발계획/성장지역	

	4) 고용 : 직업분포, 노동력 및 노무비용, 주요생산품 및 경제환경 5) 교통 : 호텔과 연결되는 교통수단의 형태별 수용인구, 도로 및 공항변경계획 6) 상업/산업활동 : 주요산업의 형태, 경제민감도, 상업지역의 건축계획, 금융활동 및 구매력 7) 관광활동 : 관광목적물, 관광상부구조 8) 소매매출액 : 쇼핑센터의 규모, 쇼핑센터와의 거리, 식음료 판매의 형태 및 양	
장혜숙	1) 시장지역범위와 성격 : 행정적 구분, 지정학적 서술, 도시화 정도, 교통, 주요산악, 역사적 유물, 개략적 산업의 방향, 지역적 측면에서 본 신규호텔사업의 필요성 조사 2) 인구 : 지역, 도, 국가적 측면에서의 인구증가율 비교 · 미래예측을 통하여 호텔이용수요를 예측하기 위한 것 3) 소득 : 총소득, 가처분소득, 재량소득 등 4) 고용 5) 소매업 : 소매매출액의 변화에 따른 경제, 교통량, 신규호텔과의 관계 6) 지역산업과 관계경제성향 : 기업의 종류, 수, 기업의 성장속도, 다양성, 지역경제의 건전성 7) 교통과 접근로 8) 관광 : 관광객의 배출지, 관광자원의 이용, 관광객의 소비성향, 교통수단	장혜숙의 신규호텔 타당성 모형 중 시장지역 특성은 Coltman, Hodgson, Gomes, Doswell & Gamble의 모형을 검토하여 8가지 요소를 추출함.

❷ 입지분석

Statler는 호텔 성공의 가장 중요한 3가지 요소에 대하여 모두 위치라고 강조한 바와 같이 입지는 호텔의 성공을 근본적으로 결정하는 가장 중요한 요소 중의 하나로 호텔경영의 성공 여부는 결국 입지조건에 달려있음을 보여주고 있다. 따라서 신규호텔 타당성 분석에서 입지분석에 대한 중요성에 관한 논의는 그 자체가 무의미한 것이다.

입지분석의 목적은 호텔시설의 지속적인 사용과 개발을 위한 입지의 적합성 여부를 결정하는 것으로 입지분석요소는 〈표 12-3〉과 같다. 각 학자들이 제시한 입지분석요소를 종합하여 보면 크게 외형적 적합성, 접근성과 가시성으로 정리할 수 있다.

가. 외형적 적합성

외형적 적합성은 "입지예정지역의 잠재적인 개발기회에 영향을 미치는 외부적인 요소의 합리적인 유용성"으로 정의할 수 있다. 이와 관련된 변수는 신규호텔과 호텔

수요유발요인들과의 거리 혹은 위치, 신규호텔과 경쟁시설의 관계, 소음, 토지이용제한, 지역의 규모와 형태, 노동력의 이용 가능성, 기반시설의 이용 가능성 등은 모두 외형적 적합성을 확인할 수 있는 변수라고 할 수 있다.

이와 같이 신규호텔에 대한 외형적 적합성은 입지지역의 환경적 요소에 대한 영향을 검토하는데 입지지역의 소음, 토지이용제한 등은 외형적 적합성을 측정할 수 있는 중요한 요소이며, 구체적으로 검토하여야 할 사항은 다음과 같다. 첫째, 주거 및 상업지역, 쇼핑센터, 공공시설 등 지역 내의 부대시설과의 관계에 대한 검토를 하여야 한다. 둘째, 현재 혹은 잠재적인 호텔, 위락지역, 컨벤션 등 주요 수요유발요인들과의 위치를 검토하여야 한다. 셋째, 주요 수요유발요인의 여행횟수와 경쟁호텔에 관한 사항을 검토하여야 한다. 넷째, 입지예정지역의 개발계획으로 인한 기회와 한계를 검토하여야 한다.

호텔입지는 입지의 규모, 모양, 지형, 토양과 같은 요소들 중 어느 한 가지라도 불안정하다면 특정운영의 형태를 불가능하게 하기도 한다. 도로와 건물사이의 거리와 건물의 앞면과 뒷면의 폭은 호텔 신축에 있어서 충분히 고려되어야 하고, 지형은 건설, 미적 감각과 가시성에, 토양은 호텔건축비용과 쓰레기의 처리가능성에 영향을 미치기 때문에 이러한 요소들을 고려하여야 한다.

나. 접근성과 가시성

입지분석에서 반드시 고려되고 평가되어야 할 또 다른 항목은 접근성과 가시성에 대한 분석이다. 접근성과 가시성은 특정호텔입지의 시장성에 영향을 미치는 중요한 요소로서 모든 호텔이 갖추어야 할 기본적이고 필수적인 요소이다.

접근성과 관련한 분석요소는 다양하게 존재하지만, 일반적으로 교통량과 교통패턴에 관한 평가가 중요한 의미를 갖는다. 관광행위의 발생은 관광목적지에 접근할 수 있어야 하기 때문에, 정주지로부터 비교적 편리하고 경제적인 여행이 가능하여야만 하고, 창조되어야만 한다. 이것은 관광산업에서 교통이 차지하는 비중을 간접적으로 표현한 것으로 시장지역에 대한 교통환경분석은 중요하다. 따라서 신규호텔의 특정 입지지역의 지역 간 또는 역내 교통량과 교통패턴에 관한 조사는 의미가 있으며, 성공 가능성에 중요하게 영향을 미치게 된다. 그렇기 때문에 교통량과 교통패턴에 대한 정보는 필수적이며, 교통량과 교통패턴에 관한 정보를 수집하는 방법은 지역의 교통 특성을 실제적으로 관찰하는 것으로 도로확장계획, 우회도로 신설계획, 공항시설현황 및 처리능력, 차종, 시간대별 교통량, 월간 · 주간 · 시간 · 교통 수단별 관광객 유동량 등은 주요 분석대상이 되고 있다.

접근성은 관광객 배출지역과 호텔 간의 실질적 연결수단의 용이성 정도를 의미하는 것으로 접근의 용이성은 수익성에 중요한 영향을 미친다.

한편 접근성을 높이기 위한 호텔의 도로표지판은 입지의 가시성을 증대시킬 수 있는 중요한 수단이 되며, 가시성은 이밖에 야간의 방해건물의 존재, 네온사인 등으로부터 영향을 받는다.

시장분석에 앞서 입지의 가시성과 접근성은 경쟁호텔과 잘 비교 · 분석되었는지를 면밀히 검토하여야 한다. 또한 입지의 가시성과 접근성에 관해서는 모든 종류의 교통수단과 관광객을 분석하여야 한다.

입지분석에서 고려되어야 할 다른 중요한 요소는 입지지역에 적용될 법규에 대한 검토이다. 호텔은 고도제한, 주차장 조건, 숙박시설, 식음료 시설 경영자의 경영과 개발을 통제하는 자격요건과 허가 그리고 다른 여러 종류의 관련법규가 있을 수 있다. 이러한 법률 또는 규제에 대한 검토는 신규호텔의 전체적인 타당성 평가에 부정적인 영향을 미칠 수 있으므로 면밀히 검토되어야 한다. 한국의 경우 신규호텔건축에 관련된 법률은 건축법, 도시계획법, 주차장법, 관광진흥법, 지역의 개발특별법 · 단지개발규제 · 건축조례 등이 있다. 또한 인 · 허가 또는 면허와 관련하여 관계된 많은 법률 혹은 규제사항을 면밀히 검토하여야 한다.

표 12-3 입지분석요소

학자명	평가내용	비고
Harold E. Lane and Mark Van Hartesvelt	입지평가 : 지역의 규모와 형태, 대지의 용도, 접근성, 가시성, 교통신호, 고속도로와 도로개발, 노동력의 이용 가능성, 배출지에서의 접근성	

James. R. Keiser	(1) 위치 : 지역, 도로와 호텔 건물 사이의 거리, 건물의 앞 · 뒷면 사이의 폭, 지형, 토양 (2) 교통 : 교통량, 진입 · 진출로, 교통 성수기, 교통변화예측, 교통목적지, 주요간선도로의 편리성, 주차 시설 (3) 기타운송수단 : 형태 및 양, 범위 (4) 입지의 가시성 : 교통신호, 다른 건축물에 의한 현재 혹은 미래의 장애 (5) 법률 : 토지이용제한, 도로와 건물 사이의 면적, 관계법령, 부과금과 세금 (6) 유용성 : 상 · 하수, 전기, 천연가스, 쓰레기, 제약요인	Keizer는 시장지역 분석과 입지분석을 세분하지 않고 시장조사 부문에서 입지분석 요소를 언급함.
Chuck y. Gee	3단계 : 입지 1) 장점 : (1) 토지의 규모 및 형태 (2) 지역사회자원과 관련한 위치 (3) 접근성 (4) 지역 내 교통과 순환습관 (5) 지역사회의 성격 (6) 입지의 물리적 지형 (7) 토양특성 (8) 토지임대 (9) 주변지역의 개발확장 (10) 토지이용제한 (11) 건축규제 (12) 위락, 문화, 유인물, 외곽 서비스 지역, 기타 리조트 지역, 공항, 고속도로시스템, 인접 비즈니스 센터 등의 지역지도	
정규엽	1) 토지자체의 일반적 묘사, 기후, 토양, 지형, 초목 등 2) 토지의 자연적 조건, 상수도, 배수, 위생하수설비, 소방시설, 전기, 가스 등 3) 하부구조 혹은 공공사업, 인근토지이용, 건축규제 및 토지이용제한, 건축법 등 4) 토지 및 건물이용상태, 그리고 향후 예상되는 5) 개발계획의 기회와 한계 등을 정리하여 호텔 타당성 분석의 마케팅적 접근을 시도하여 입지분석을 크게 접근성, 가시성, 적합성의 3가지 요소로 평가.	
김재민	1) 위치 : 지역여건, 도로와 건물 사이의 거리, 지형, 토질상태 2) 교통패턴 : 교통회수, 진입로 · 출구, 교통혼잡시간, 교통거리, 간선도로 접근의 편리성, 주차시설 3) 위치의 가시도 : 신호규정, 다른 건물에 대한 현재와 미래의 건물차단 가능성 4) 법률조건 : 법률규정(공장지대, 상업지대), 건축에 관련된 법률과 규정, 세금 및 공과금 5) 관광기반시설 : 전력, 상 · 하수도 시설, 오물처리시설, 시설제한 사항	그의 입지분석은 시장지역 분석과 입지분석을 통합하여 조사 항목을 제시함.
장혜숙	1) 기반시설 2) 교통 3) 환경 : 주변의 경관 및 소음 4) 입지의 물리적 특성 : 토지의 넓이, 모양, 토지구매비용	

(2) 시장조사

시장조사는 그 지역에서 현재와 미래의 공급 및 경쟁호텔의 현재와 미래의 수요를 확인하는 것이다. 따라서 시장조사는 고객의 수와 고객의 성향을 조사하기 위하여 실시되며, 현존하고 있는 경쟁사와 잠재적인 경쟁사를 분석하여 보다 정확하게 시장을 파악하고, 호텔의 특성, 객실 등과 같은 세부사항을 결정하기 위해 실시되는 것이다.

시장조사는 신규호텔건설의 타당성 분석에서 중요한 요소이며, 시장조사에서 활용될 자료는 정확하고, 시장의 속성을 명확히 구분할 수 있어야만 한다. 일반적으로 시장조사는 공급ㆍ수요예측, 경쟁분석 등으로 크게 구분하여 설명할 수 있다.

❶ 공급 및 수요예측

호텔의 예상수요성장률의 확인, 호텔의 과잉공급, 관광행동의 변화, 정보통신기술의 혁신 등은 호텔사업자들에게는 대단히 중요한 정보이다. 또한 이러한 요소들의 성장가능성은 신규호텔의 경제적 가치를 부여할 수 있을 것이다. 그러나 신규호텔의 수요와 공급, 점유율, 객실요금, 성장률 등에 대한 명확한 규명이 없다면, 신규호텔의 경제적 가치에 대한 평가에 어려움을 겪게 될 것이다. 따라서 신규호텔의 경제적 가치추정은 주변 호텔의 객실 및 부대시설의 공급에 관한 정보, 전체수요시장 및 수요량에 관한 정보, 세분시장별 수요량에 관한 정보 등을 조사 · 분석하는 활동이며, 이들 정보의 정확성은 신규호텔의 경제성 분석에 직접적으로 영향을 미치기 때문에 더욱 중요하게 인식되고 있다.

가. 공급분석

호텔객실 혹은 부대시설에 대한 공급분석은 경쟁지역의 기존호텔과 미래의 신규호텔의 객실수 혹은 부대시설, 총 여행수요 및 신규호텔 입지지역으로 유입되는 여행객수, 여행객의 숙박행동분석을 통한 경쟁호텔의 세분시장별 점유율, 잠재 관광객의 성장률 등의 분석이 행해지기 때문에, 공급분석은 수요예측을 위한 부수적인 단계에 속한다고도 볼 수 있다.

그러나 이러한 이유에도 불구하고 공급분석은 매우 중요하다. 예를 들면, 미국에서

50년 동안 운영을 계속해 오고 있는 Center-City 호텔은 주당 $20 혹은 시간당 $5의 값싼 객실요금 때문에 수익창출에 어려움을 겪고 있다. 이러한 Center-City 호텔은 경제적인 가치가 상실되어 그 호텔의 가치를 평가하기가 어려워지는 반면에 Marriott 또는 Holiday Inn과 같은 호텔은 아직까지 경쟁력을 가지고 있고 성장을 지속하고 있다. 이는 대부분의 신규호텔이 규모가 커지고 체인협약을 체결하는 공급현상에 따른 결과이기도 하다. 따라서 신규호텔과 경쟁관계에 있는 호텔의 현재와 미래의 공급을 확인하는 것은 수익의 창출가능성, 수익률 혹은 신규호텔의 경제적 가치추정에 매우 중요하다. 그러나 공급분석은 그 성격상 실무적으로는 경쟁 혹은 수요예측부문과 중복되어 다루어지는 경우가 많다.

나. 수요예측

수요예측이란 마케팅 관점에서 마케팅 환경의 변화를 측정해서 기업이 변화에 대비한 전략을 수립할 수 있도록 하는 데 필요한 기술로서 예측활동은 무엇보다 정확성이 요구되며, 예측활동이란 불확실한 미래의 상황하에서 통제 불가능한 사건이나 활동의 시기와 크기, 효과를 추정하는 일로 불확실한 경쟁상황에서 적용할 논리적인 기준을 제공하는 활동이다. 그러므로 수요예측활동은 미래의 상황변화를 세밀히 추적하여 기업의 투자의사결정에 대한 위험을 극소화시키기 위한 정보를 제공하여야 한다.

호텔의 수요예측은 간혹 과거 몇 년의 성과에 기초한 단순한 방법에 의하여 산출되는 경우가 있다. 이러한 수요예측은 시장의 객실현황과 경쟁현실변화의 가능성에도 불구하고, 이전의 성과를 초과하여야 한다는 우선적인 가정에 기초하고 있고, 수요예측의 성과목표는 시장의 현실보다는 단순히 경영자의 욕구를 반영하는 경향이 있기 때문에, 이 방법에 의한 수요예측은 과거 연도의 점유율과 요구되는 성장률의 결과에 지나지 않으므로 진정한 의미에서 수요예측활동이라고 할 수 없다.

진정한 목적은 최종고객행동을 계획하기 위한 것으로 고객행동을 계획하여 기업의 타당성을 평가하고, 궁극적으로 합리적인 의사결정을 통한 경영위험을 줄이려는 것이다. 수요예측은 시설계획, 상품생산계획, 재무계획, 인원계획, 마케팅계획, 구매계획 등의 기초가 되고, 예측의 정확성에 따라 이들 계획이 올바로 수행될 수 있기 때문에 신규호텔 타당성 분석에서 가장 중요한 요소 중의 하나이다.

한편 호텔의 수요는 수익부문에 따라 속성이 다른 다양한 고객에 의하여 창출되므로, 수요예측은 일반적으로 시장세분화를 통한 세분시장의 점유율 혹은 매출액을 추정하게 되는 데, 시장 · 수요 세분화는 구매고객, 고객의 거주지, 세분시장의 규모, 고객의 속성, 고객의 욕구를 충족시킬 수 있는 시설 등을 규명하여 그 결과를 산출하여야 한다.

수요예측기법은 크게 정성적 기법과 정량적 기법으로 분류할 수 있다. 정성적 기법은 전문가와 같은 사람들의 경험에 기초한 수요예측방법으로 주관적 요소에 의해 이루어짐으로 주관적 기법 혹은 질적 기법이라고도 한다. 이러한 질적 예측기법은 관광 혹은 호텔의 수요를 결정하는 제 요인이 불안정하거나 시계열이 존재하지 않거나 신뢰성이 낮을 때, 혹은 필요한 정보가 부족할 때에 예측자의 주관적인 경험을 바탕으로 하여 미래의 가상상태를 결정하는 것이다. 이러한 정성적 기법의 특성을 요약하면 〈표 12-4〉와 같다.

표 12-4 정성적 예측기법

정성적 기법		Delphi	Market surveys	Life-cycle analogy	Informed judgement
예측과정		전문가의 질문에 익명으로 응답하고, 응답을 모든 참 가자들에게 피드백한다. 이러한 과정을 3-6회 정도 지속하여 예측	패널, 앙케이트, 시장 테스트, 여론 조사 등을 통한 시장에 관한 자료 수집	제품 계열의 도입, 성장, 포화단계에 근거를 둔 예측으로 S형의 판매 성장 곡선을 사용	개인 혹은 집단이 경험, 직감, 사실을 토대로 예측
용도		생산능력 또는 설비 계획을 위한 장기판매예측, 기술혁신의 시점을 알기 위한 기술예측	기업의 총매출, 제품계열별매출, 제품별매출의 예측	생산능력 또는 설비 계획을 위한 장기판매예측	총매출 및 개별 제품판매의 예측
정확도	단기	보통-매우 양호	매우 양호	미약	미약-보통
	중기	보통-매우 양호	양호	보통-양호	미약-보통
	장기	보통-양호	보통	보통-양호	미약-보통

전환점의 예측	보통-양호	보통	보통-양호	미약-보통
비 용	보통-높음	높음	보통	낮음

자료 : J. C. Chambers, S. K. Mullick and D. D. Smith, How to Choose the Right Forecasting Technique, *Harvard Business Review*, July-August, 1971.

한편, 정량적 기법은 주관적 요소에 대한 계량화는 의미가 없다는 가정하에 객관적인 자료를 이용하여 수요예측을 하는 방법으로 객관적 기법 혹은 양적 기법이라 한다. 이러한 정량적 기법은 시계열 분석기법과 인과형 예측기법으로 구별된다.

시계열 분석이란 시계열로 제시된 과거자료에서 추이 혹은 경향을 분석하여 수요를 예측하는 방법으로 시계열 분석의 초점은 미래의 수요가 과거에 발생된 수요와 관련된 시계열성에 있다고 하는 것이다. 이러한 시계열 분석기법의 특성은 〈표 12-5〉와 같다.

인과형 예측기법은 수요발생과정을 인과적으로 파악하여 과거의 자료에 기초를 두고 변수들 사이에 특정한 인과관계를 규명하여 예측하는 기법이다. 인과형 예측기법의 특성은 〈표 12-6〉과 같다.

표 12-5 시계열 분석기법

시계열 분석기법	Moving average	Exponential smoothing	Mathematical models	박스-젠킨스 Box-Jenkins
예측과정	일정기간에 있어서 산술평균이나 가중평균에 의하여 예측	이동평균법과 유사하지만 최근 데이터에 가중치를 부여. 전산화하기 용이하고 다품목 예측에 적합	회귀분석의 방법에 의하여 시계열시 데이터에 맞춘 선형 또는 비선형모델, 추세모델, 다항식모델, Fourier 급수 모델 등이 있음	자기상관법에 의하며 기본적인 시계열을 판별. 60여개 정도의 데이터 포인트가 필요함
용 도	재고, 생산, 일정계획을 위한 단·중기 예측. 다수품목을 예측할 수 있음	이동평균법과 동일함.	이동평균법과 동일하지만 비용문제로 소수품목에만 적용	비용이 많이 소요되므로 극히 정확한 단기 예측을 요하는 품목에 한정

정확도	단기	미약-양호	보통-매우 양호	매우 양호	매우 양호-우수
	중기	미약	미약-양호	보통-양호	보통-양호
	장기	극히 미약	극히 미약	극히 미약	극히 미약
전환점의 예측		미약	미약	미약	미약
비용		낮음	낮음	낮음-보통	낮음-보통

자료 : J. C. Chambers, S. K. Mullick and D. D. Smith, op. cit.

표 12-6 인과형 예측기법

인과형 예측기법		회귀분석	Econometrics model	투입-산출 모델	시뮬레이션 모델
예측과정		수요변동을 야기하는 외부변수와 내부변수의 함수로서 수요를 예측	경제활동의 한 부문을 묘사하는 상호의존적인 회귀 방정식	경제의 제 부문간의 흐름을 나타내는 매트릭스 모델. 산출에 필요한 투입을 예측	시간경과에 따른 제품판매와 이동의 변화를 나타내는 유통시스템의 시뮬레이션
용 도		재고, 생산, 일정 계획을 위한 단·중기 예측. 다수 품목을 예측할 수 있음	이동평균법과 동일함.	이동평균법과 동일하지만 비용문제로 소수 품목에만 적용	비용이 많이 소요되므로 극히 정확한 단기 예측을 요하는 품목에 한정
정확도	단기	양호-매우 양호	매우 양호-우수		매우 양호
	중기	양호-매우 양호	매우 양호	양호-매우 양호	양호-매우 양호
	장기	미약	양호	양호-매우 양호	양호-매우 양호
전환점의 예측		매우 양호	우수	보통	양호
비용		보통	높음	매우 높음	높음

자료 : J. C. Chambers, S. K. Mullick and D. D. Smith, op. cit.

한편 여러 학자들이 제시한 수요예측의 단계를 예로 제시하면 〈표 12-7〉과 같다.

표 12-7 수요예측단계

학 자	수요예측단계	비 고
Stephen Rushmore	1. 수요예측단계 : 1) 시장지역규정 2) 수요유발요인분석 3) 숙박행동분석	

Peter C. Yesawich	시장수요예측단계 1단계 : 시장의 전체수요 확인 및 세분시장의 판매 객실수와 점유율 확인 2단계 : 세분시장별 공정시장점유율 확인 3단계 : 세분시장의 성장률 추정 4단계 : 경쟁호텔의 시장활동조사 및 세분시장별 초과 객실수요 추정 5단계 : 전년도 세분시장 실적과 성장률 합산 6단계 : 매출액 추정	Yesawich는 시장에 기초한 수요예측단계를 설정하여 제시
동우개발	1단계 : 전체 외래방문객에 대한 수요예측 2단계 : 경주지역 외래방문객의 수요예측 3단계 : 총 수요 및 카지노 수요추정 4단계는 H호텔 카지노 수요예측	
교통개발 연 구 원	1단계 : 치악산권의 관광수요 추정 : 시계열 분석방법에 의한 치악산권의 관광수요 추정 2단계 : 치악산권 숙박수요 추정: 치악산권 숙박수요 추정식 $V = \frac{1}{n-1} \sum_{i=2}^{n} \frac{K-P_i}{K-P_{i-1}}$ Pt=t시기의 예측치 K=추상치의 예측치 p0=기준연도의 값 V=연속기간 사이의 성장률 t=기간	K는 일본숙박관광 비율 56.7% 적용 (64~86년의 최고 숙박률)
우효근	경험적 예측모형은 다음과 같이 설정하였다. 첫째, 세분시장의 평균객실이용률을 산출. 둘째, 경쟁호텔의 평균 점유율과 수요예측대상 호텔의 점유율 차이를 가감. 셋째, 국제회의나 단발성 대형단체에 대한 객실유치 가능량을 가산. 넷째, 한국 공휴일의 변수를 가감한다. 다섯째, 일본 공휴일의 변수를 가감. 여섯째, 변수의 가감조정.	

관광분야에서 수요예측과 관련하여 많이 이용되는 기법은 시계열 방법, 회귀분석법, 중력모형, 여행비용방법 등이 주로 활용이 되고 있으며, 이외에도 많은 수요예측방법이 응용되어 활용이 되고 있다.

(3) 경쟁분석

오늘날 호텔산업의 경쟁은 매우 치열하고, 시장에서 활동하는 여러 기업의 활동과 그 활동에 대한 대응으로 나타나며, 적절한 전략을 추구하여 경쟁적 우위의 포지션을 달성하기 위해 노력하는 기업에 의해서 시작된다. 즉 경쟁은 유사한 경쟁기업 간의 전략적 우위를 확보하기 위한 포지셔닝 활동으로 호텔기업의 활동에 매우 중요한 마케팅 전략이다. 이러한 측면에서 경쟁이란 고객에게 제공할 상품과 서비스를 수단으로 경쟁기업 간에 상대적 우위를 확보하려는 전략적 활동이다. 그러므로 경쟁분석은 기업활동을 비교 · 분석하는 것으로 기업의 미래목표를 달성하기 위해 기업활동에 영향을 미치는 시장환경의 기회와 위협을 규명하여 이와 관련한 강 · 약점을 분석하는 것으로 설명할 수 있다.

기업 간의 경쟁분석활동은 좁은 의미에서 시장환경에 대한 SWOT분석을 활용할 수 있으며, SWOT분석을 하려는 기업은 가장 먼저 사업단위를 규정하여야 하고, 사업단위의 기회와 위협을 확인하고, 마지막으로 사업단위의 중요한 성공요소를 결정해야 한다. 호텔산업에 있어서 경쟁분석은 다음과 같은 사항을 평가하여야 한다.

첫째, 동일시장 내에 존재하는 호텔시설의 공급량을 평가하여야 한다.

둘째, 경쟁호텔의 전체 객실점유율과 각각의 평균객실점유율을 평가하여야 한다.

셋째, 경쟁호텔의 평균객실요금 및 전체 객실매출액, 그리고 호텔전체의 매출액을 평가하여야 한다.

넷째, 경쟁호텔의 포지션을 확인하고 그들의 마케팅 전략을 분석한다.

이와 같이 경쟁분석은 동일시장에 존재하는 경쟁호텔과의 관계를 분석하여 궁극적으로는 효과적인 마케팅 전략의 수립 및 실행을 위한 시장상황분석이라 할 수 있다. 즉, 시장상황에 대한 기회와 위협을 분석하여 기업의 강점을 최대한 활용하고, 약점을 회피 또는 보완하기 위한 활동이다. 따라서 시장상황분석은 구체적으로 사업영역분석, 상품분석, 기회분석, 접근성 분석 등을 행하여야 한다.

사업영역분석이란 매력물 분석과 사업환경분석으로 분류할 수 있는 데, 매력물 분석은 관광기업상품에 필요한 매력물을 평가하는 것이고, 사업환경분석은 사업환경 내의 변화를 분석하는 것으로 관광산업에 영향을 미치는 사회 전체 혹은 지역의 변화 등을 분석하는 것이다. 상품분석은 마케팅 전략에 있어 가장 본질적인 요소로서 상품의 물리적인 제한 및 물리적 제한 극복을 위한 분위기, 이미지, 장식 등의 계획을 수립하는 것이다. 기회분석은 내부 · 외부기회에 대한 면밀한 조사를 통하여 새로운 시장기회를 확인하는 것이다. 접근성 분석은 마케팅 전략의 수행을 위한 목적지와 관광시장 간의 적절한 연결수단을 조사하는 것으로 교통수단 및 소요시간, 공급과 수요의 상호보완성, 관광시장과 목적지 간의 접근비용 등의 분석을 필요로 한다.

2) 경제성 분석

기업의 재무활동은 반드시 자금의 투자와 투자자금의 배분문제에 직면하게 되고, 이와 관련한 의사결정은 기업 전체에 중요한 영향을 미치게 된다. 특히 호텔은 고정자산이 총 자산의 70(%)~90(%)를 차지하고, 고정자산이 상품의 질에 중대한 영향을 미치며, 고정비의 지출이 타 산업에 비하여 높은 비중을 차지하고 있기 때문에 신규호텔의 재무분석은 중요하다.

재무분석은 과거의 경영성과 혹은 현재의 재무상태에 대한 제 정보를 알기 위해 행하는 분석과정으로 기업이 장기간에 걸친 전략적이고 경제적인 성장을 위해 고려할 문제를 포함하여야 한다고 하였다. 특히 신규호텔의 재무분석은 현시점에서 미래에 대한 재무적인 예측을 의미하는 것으로, 현시점에서의 재무의사결정이 미래의 결과로 연결되는 것이다. 이러한 의미에서 재무분석의 결과는 객관성과 신뢰성을 갖추고 있어야 한다.

신규호텔건설의 타당성 분석과정의 마지막 단계는 시장성 분석에 의하여 획득된 정보를 기초로 재무분석을 통한 경제성 분석을 하는 것이다. 경제성 분석은 재무분석과정의 일환으로 신규호텔건설의 의사결정을 위한 대안을 준비하여 재무적 위험과 기회의 평가를 통한 재무적 위기의 가능성에 대하여 사전에 평가하려는 것이다. 따라서 재무분석은 일반적으로 자금의 흐름에 대해 미래의 시간성과 불확실성을 반영한 현재가치로 평가하여 궁극적으로는 미래의 기업가치를 평가하는 활동이라 할 수 있다. 이러한 재무분석의 영역 중 평가를 위한 기준지표를 산출하는 것이 경제성 분석이다.

공급 및 수요예측, 경쟁분석의 과정에서 기술성 분석과 시장성 분석은 이미 이루어졌다고 볼 수 있다. 따라서 기술성 분석과 시장성 분석을 통하여 얻어진 결과 또는 정보를 기초로 미래의 재무적 측면을 검토하여 사업성 평가를 통한 최종의사결정이 이루어져야 한다. 그리고 그 평가기법은 현금흐름과 할인율을 추정하여 회수기간법, 순현가법, 내부수익률법, PI지수법 등의 경제성 지표에 의해 평가하는 것이 타당하다. 신규호텔건설의 타당성 분석에 있어서 경제성 분석에 포함되어야 할 내용은 다음과 같다.

(1) 추정손익계산서

한 회계기간 중에 발생한 수익과 비용을 한 표에 모아 총수익과 총비용을 차감하여 순손익을 평가하는 것으로 당기의 경영성과(최해수)를 나타내 주게 된다. 따라서 추정손익계산서는 미래에 예측되는 일정 기간의 경영성과를 예측할 수 있는 중요한 자료로서 타당성 분석과 관련한 경제성 분석단계에서 현금흐름표와 함께 많이 이용된다.

(2) 현금흐름추정

투자안의 평가는 현금흐름을 기초로 평가하는 것이 바람직하다. 현금흐름이란 투자로부터 발생하는 모든 현금의 움직임을 의미하는 것으로 기간마다 투자로 인한 현금유입과 현금유출의 차를 계산하는 것이다. 즉, 현금흐름이란 현금유입의 총액에서 현금유출의 총액을 뺀 순차를 말하는 것으로 이 순차를 순현금흐름이라 하며, 이 순현금흐름을 현금흐름이라 한다.

만일 투자대상사업에 대한 경제성의 유 · 무를 평가한다면 평가의 주체는 당연히 자본을 투자한 주주와 채권자가 되며, 평가의 대상은 이 사업의 결과로 주주와 채권자에게 돌아가는 보상, 즉 몫이 되어야 한다. 이와 같이 현금흐름의 본질은 투자로부터 얻게 되는 수익 중 주주와 채권자에게 돌아가야 할 몫으로 영업활동과 투자활동, 조세제도와 관련한 현금유입과 유출을 인식대상으로 하고 있다.

현금유출의 구체적인 내용은 손익계산서 상의 비용항목 중에서 감가상각비와 지급이자를 제외한 것으로 투자활동(기초투자액, 새로운 자산의 취득, 운전자본에의 투자 등), 영업활동(판매비, 일반관리비), 조세제도(법인세, 주민세 등) 등이 포함된다. 한편, 현금유입의 구체적인 내용은 순수한 투자활동(고정자산의 처분, 잔존가치의 회

수, 사업종료 시점에서의 운전자본 누적투자액의 회수 등), 조세제도(고정자산 처분손실 등에 따른 법인세 감액, 법인세 환급 등), 영업활동(순매출액) 등이 포함된다.

현금흐름의 인식도구는 손익계산서인데 현금흐름이 손익인식방법과는 차이점이 있다. 그 차이점을 살펴보면 다음과 같다.

첫째, 현금유입과 유출의 구체적인 인식대상은 순수한 영업활동과 투자활동, 그리고 조세제도에만 국한되고 있다는 것이다. 이는 투자대상의 경제적 가치를 평가하는 데 적절한 투입변수는 투자와 영업활동에서 비롯된 현금흐름이어야 하기 때문이다. 둘째, 감가상각비는 현금유출로 간주되지 않는다. 이는 감가상각을 하더라도 실제로 기업 밖으로 현금이 유출되지 않기 때문이다. 셋째, 이자와 배당은 영업외요인이기 때문에 당연히 현금유출에 포함시켜서는 안 된다. 넷째, 자산의 취득과 처분 중 투자활동은 현금흐름의 인식대상으로 되고 있으나, 자본 조달과 상환 등의 자본조달은 현금흐름의 인식대상에서 제외된다.

한편, 현금흐름의 추정 시 고려하여야 할 사항은 현금흐름의 추정기간의 선정, 운전자본 투자액 및 기회비용, 인플레이션, 매몰원가 및 부수효과 그리고 미래의 불확실성 등을 감안하여야 한다.

(3) 할인율

할인율은 현금흐름을 현재가치로 평가함에 있어 결정적인 역할을 하는 것으로 할인율의 적용 및 할인율의 결정은 매우 어려운 문제이다(여동길). 할인율이란 개념은 일정한 기간 자본을 이용한 데 대한 정당한 대가, 즉 자본비용을 말하는 것으로 요구수익률, 이자율, 보상률, 거부율 등의 여러 명칭으로 불리고 있으나 자산의 가치를 평가하기 위해 투입되는 변수로 쓰일 때에 할인율이란 명칭을 사용한다. 따라서 할인율은 자본의 희생에 대한 정당한 보상으로 자본에 대한 시간적인 희생과 위험을 감내한 대가라고 할 수 있다.

자본비용은 자본의 원천에 따라 크게 타인자본비용과 자기자본비용으로 분류할 수 있으며, 이 두 자본비용의 합이 결국 할인율이 되는 것이다. 타인자본비용이란 기업이 일정한 조건으로 외부에서 차입하여 사용하고 언젠가는 상환해야 하는 자본에 대한 대가를 말하며, 자기자본비용이란 소유주 혹은 주주가 납입한 자본에 대한 대가를 말하는 것으로 할인율이란 이들 자본비용의 가중평균비용을 의미한다.

타인자본비용은 이미 타인자본을 차입할 때, 대개의 경우, 이미 자본사용에 대한 대가가 약정되어 있기 때문에 타인자본비용의 추정은 어려운 문제가 아니다. 그러나 자기자본비용의 추정은 자기자본의 사용에 대한 구체적인 조건이 명시되어 있지 않기 때문에, 추정이 곤란하지만 실무적으로 하마다 모형을 적용하여 신규기업의 체계적 위험을 계산하여 자기자본비용을 추정할 수 있다. 하마다 모형은 다음과 같다.

$$\beta u=\beta L/[1+B/S(1-t)]$$

여기에서 βL : 타인자본을 이용하는 경우의 체계적 위험

βu : 타인자본을 이용하지 않는 경우의 체계적 위험

B/S : 자기자본(S)에 대한 타인자본(B)의 비율

t : 적용법인세율

하마다 모형에 의해 계산된 할인율은 새로운 사업을 수행하여 최소한 달성해야 하는 기대수익률로 자본을 투자한 대가로 달성해야 하는 최저필수수익률이 된다. 따라서 할인율 이하의 수익이 발생될 것으로 기대되면 사업의 경제적인 가치가 낮은 것으로 판단할 수 있는 것이다.

(4) 경제성 분석

경제성 분석은 추정손익계산서와 추정현금흐름표의 자료를 이용하여 사업의 경제성을 평가하려는 것으로 경제성 분석기법은 여러 가지 방법이 있으나, 미국의 경우 신규호텔의 경제적 타당성 분석을 위한 기법의 활용빈도는 〈표 9-8〉과 같다.

표 9-8 호텔 경제성 분석의 이용기법의 빈도

분석기법	이용빈도
내부 수익률	74%
회수기간법	66%
순현가법	55%
회계적 이익률법	32%

자료 : William P. Andrew & Ramond S. Schmidgall, "*Financial Management for The Hospitality Industry*," American Hotel and Motel Association.

❶ 회수기간법

회수기간법은 투자에 소요되는 모든 비용을 완전히 회수하는 데 걸리는 기간을 계산하여 이 기간의 장 · 단을 기초로 경제성을 평가하는 방법이다. 즉, 연간 현금흐름을 추정하여 투자비용이 모두 회수되는 데 소요되는 기간을 추정하여 회수기간이 가장 빠른 투자대안이 경제성이 있는 것으로 판단한다. 한편, 회수기간법은 계산이 간단하다는 장점이 있으나, 투자자본에 대한 시간차원과 위험차원이 고려되지 않은 문제점을 내포하고 있다.

❷ 순현가법(NPV)

순현가법은 투자로 발생하는 현금유입의 현재가치에서 현금유출의 현재가치의 합계를 차감한 순 현재가치를 계산해서 투자대안의 경제성을 평가하는 것으로 투자로 인하여 발생하는 미래의 모든 현금흐름을 적절한 할인율로 할인하여 투자결정에 이용하는 방법이다. 이 순현가법은 자본비용을 빼고 남은 순가치 증가분으로 나타낸다. 순현가를 계산하는 식은 다음과 같다.

$$NPV=[CFI1/(1+K)^1+CFI2/(1+K)^2+\cdots+CFIn/(1+K)^n]-[CFO1/(1+K)^1+CFO2/(1+K)^2+\cdots+CFOn/(1+K)n]$$

단, CFI1, CFI2⋯CFIn : 각 시점의 순 현금유입의 크기

CFO1, CFO2⋯CFOn : 각 시점의 순 현금유출의 크기

K : 세후 가중평균 자본비용(할인율)

순현가법의 평가기준은 0이다. 즉 순현가법에 의해서 계산된 값이 0보다 크면 경제성이 있지만, 그 값이 0보다 작으면 경제성이 없는 것으로 평가되는 것이다. 이러한 순현가법은 화폐의 시간 측면과 위험 측면이 모두 반영된다는 점으로 투자안의 경제성 평가기법 중 가장 우수한 방법으로 실무적으로 많이 활용되는 기법 중의 하나이다. 이러한 순현가법은 내부수익률법보다 투자결정을 위한 분석에서 다음과 같은 이유에서 우수하다고 평가된다.

첫째, 투자결정의 목표는 기업가치의 극대화에 있는 데, NPV법에 의해서 측정되는 순현가는 투자로부터 발생될 절대 부의 증감액을 나타내므로, 자본비용에 대비한 수익률을 측정하는 IRR법보다 적절한 평가방법이라 하겠다.

둘째, 수익률보다는 절대적 가치 크기가 투자결정에 더 큰 영향을 미치게되므로 NPV법이 적절한 투자평가방법이다.

❸ 내부수익률법(IRR)

내부수익율법은 투자로부터 기인되는 현금유입의 현가총액과 현금유출의 현가총액을 동일하게 만드는 할인율을 계산하여 이를 기초로 경제성을 평가하는 방법이다. 내부수익률을 계산하는 식은 다음과 같다.

내부수익율법 : $[CFI1/(1+r)^1+CFI2/(1+r)^2+\cdots+CFIn/(1+r)^n]=[CFO1/(1+r)^1$
$+CFO2/(1+r)^2+\cdots+CFOn/(1+r)n]$--------------------------------(A)

단, CFI1, CFI2…CFIn : 각 시점의 추정된 현금유입의 크기

CFO1, CFO2…CFOn : 각 시점의 추정된 현금유출의 크기

r : 내부수익률

내부수익률은 계산과정이 매우 복잡하여 실무적으로는 시행 착오법을 활용하고 있다. 즉 위의 식 (A)에서 다양한 r의 값을 대입하여 좌 · 우변의 합이 같은 r의 값을 계산하는 방법이다.

내부수익률법의 평가기준은 계산된 내부수익률이 투자대안의 자본비용보다 큰지 작은지를 확인하는 것으로 내부수익률이 자본비용보다 크면 경제성이 있는 것으로

평가되고, 자본비용보다 작으면 경제성이 없는 것으로 평가된다. 이러한 내부수익률법의 장점은 순현가법과 같이 시간가치를 고려하고 있다는 장점을 가지고 있으나, 계산절차가 복잡하다는 단점 또한 가지고 있다. 그러나 이러한 단점은 컴퓨터 프로그램을 활용하면 쉽게 극복할 수 있다.

❹ 수익성지수법

수익성지수법은 현금유입의 현가총액을 현금유출의 현가총액으로 나누어 수익성지수를 계산하고, 이 크기를 토대로 투자대안의 경제성을 평가하는 방법을 말한다. 수익성지수의 계산식은 다음과 같다.

수익성지수(PI지수)=현금유입의 현가총액/현금유출의 현가총액

수익성지수법의 평가기준은 계산된 수익성지수가 1보다 크면 경제성이 있다고 판단하고, 1보다 작으면 경제성이 없는 것으로 판단한다. 이 방법은 투자규모가 크고 서로 다르며 상호 배타적인 경우, 어느 투자대안이 가장 경제적인지를 쉽게 식별할 수 있게 해준다.

❺ 투자수익률

호텔 타당성 분석의 경제성 분석단계에서 많이 활용되는 기법이 투자수익률(ROI) 방법이다. 이 방법은 세후이익을 기업이 조달한 자본총액 또는 자산총액으로 나눈 하나의 수익률 분석을 말한다. 그런데 이를 다른 비율들이 결합된 식으로 분해해 보면, 재무적으로 중요한 여러 의미를 발견할 수 있기 때문에 재무관리의 중요한 도구로 인식되고 있다. 즉 투자수익률은 다음과 같은 비율들의 결합으로 나타낼 수 있다.

투자수익률(ROI)=세후순이익/자산총액=매출액/자산총액×세후순이익/매출액
=총자산회전속도×매출액 순이익률
(활동성 비율)×(수익성 비율)
(대차대조표 차변)×(손익계산서)

이러한 투자수익률은 체계적이익율법(Accounting Rate Of Return : ARR)과 같은 의미로 투자로 인한 연평균회계순이익과 연평균투자액의 비율로서 투자결정을 하는 방법이다. 이 방법은 다음과 같은 특징이 있다. 첫째, 체계적 이익율법은 이해하기 쉽고 계산이 간단하다. 둘째, 체계적 이익율법은 회수기간과는 달리 수익성을 고려하고 있다. 셋째, 체계적 이익율법은 화폐의 시간적 가치를 무시하는 단점이 있다. 넷째, 체계적 이익율법은 현금흐름이 불규칙할 때에는 의사결정을 어렵게 할 수도 있다.

참고문헌

김광득, 현대여가론, 백산출판사.
김병문, 최신관광학, 백산출판사.
김봉규, 한국관광학원론, 학서당.
김성혁, 관광마케팅론, 대왕사.
김성혁, 관광학원론, 형설출판사.
김성혁, 여행사경영관리론, 형설출판사.
김성혁, 현대사회와 여가, 형설출판사.
김원인, 관광학원론, 학문사.
김진섭, 관광학원론, 대왕사.
김종수, 김성혁, 서비스 마케팅, 형설출판사.
김재민, 신현주, 현대호텔경영론, 대왕사.
김태영, 현대관광학개론, 백산출판사.
김충호, 호텔경영학, 형설출판사.
관광산업연구회, 관광사업경영론, 학문사.
박강수, 마케탕관리론, 세명사.
박중환, 현대호텔마케팅론, 형설출판사.
박현지, 현대호텔재무관리, 대왕사.
박호표, 관광학의 이해, 학현사.
서성한 외, 관광마케팅론(여행 및 호텔기업을 중심으로), 법경사.
서성한, 최덕철, 이신모, 관광마케팅론, 법경사.
손대현, 관광론, 일신사.
신갑, 신경영분석, 무역경영사.
신재영, 송성인, 최신호텔경영론, 백산출판사.
안영면, 여가관광마케팅, 백산출판사.
안태호 · 이의준, 경영학연습, 법문사.
______ · 이종호, 관광사업론, 학문사.
유동근, 통합마케팅, 미래원.
유동근, 소비자 행동분석, 예지각.
이석규, 창업 및 사업성 검토, 다산 출판사.
______, 신 · 재무관리론, 석정.
이유재, 서비스 마케팅, 학현사.
이장춘, 관광계획 · 개발론, 대왕사.
이장춘, 복지관광정책론, 대왕사.
이학종, 조직행동론, 세경사.
임경인, 호텔경영원론, 대왕사.

윤대순, 여행사경영론, 기문사.
원융희, 호텔경영론, 대왕사.
정수일, 생산관리론, 영지문화사.
정찬종, 여행사경영원론, 백산출판사.
채서묵, 관광사업경영론, 백산출판사.
조현호, 관광학개론, 대왕사.
최해수, 호텔영업회계, 학문사.
한경수, 신관광마케팅, 학문사.
우효근, 관광호텔객실의 수요예측과 예약관리의 개선방안에 관한 연구 : 서울시내 특1급 관광호텔의 수익률 제고방안을 중심으로, 경기대학교 대학원, 박사학위논문.
여동길, 기업평가 및 자본비용에 관한 연구, 홍익대학교 대학원, 박사학위논문.
장혜숙, 실증분석을 통한 신규호텔 사업 타당성 분석에 관한 연구, 경기대학교 대학원, 박사학위논문.
최복수, 신규호텔의 타당성 분석모형의 설정에 관한 연구, 세종대학교 대학원, 박사학위논문.
Abraham Pizam, Y. Neumann and Arie Reichel, Dimension of Tourist Satisfaction with a Destination area, *Annals of Tourism Research 5*.
______, Tourist Satisfaction, *Annals of Tourism Research 6*.
AMA board, *Marketing News*, March 1.
Andrew, William P., & Ramond S. Schmidgall, *Financial Management for The Hospitality Industry*, American Hotel and Motel Association.
Angelo, Rocco M., *Understanding Feasibility Studies*, Educational Institute of the American Hotel & Motel Association.
Beals, Paul and David A. Troy, Hotel Feasibility Analysis, Part 1., *The Cornell H. R. A. Quarterly*, Vol. 23. May.
Boseman, G., and Arvind Phatak, *Strategic Management : Text and Cases*, John Wiley & Sons.
Brush, Scott W., Developing a Hotel Business Plan : A How-To Manual, *The Cornell H. R. A. Quarterly*, Vol. 34, June.
Burkart, A. J. and Medlik, S. Tourism : *Past, Present and Future*, London, 2nd ed.
Carlson, E. G., The Effects of People and Man-Induced Condition on Preferences for Outdoor Recreation Land Capes, *Journal of Leisure Research 6*.
Clare, A. Gunn, *Tourism Planning*, NY : Crame Russak.
Clifton, David S., Jr, and David E. Fyffe, *Project Feasibility Analysis : A Guide to Profitable New Ventures*, John Wiley & Sons.
Coltmam, Michael M., *Introduction to Travel & Tourism : An International Approach*, Van Nostrand Reinhold.

Cook, Kenneth J., *AMA Complete Guide to Small Business Marketing*, Chicago : NTC Business Book.

Dumazedier, J., *Toward a Social of Leisure*, The Free Press.

Harris, L., *The Challenge of Research in the Coming Era of Travel*, Research Association.

Hodgson, Jack N., Feasibility study, *The Cornell H. R. A. Quarterly*, Nobember.

Hooley, Graham L. and John Saunders, *Competitive Positioning*, Prentice Hall.

Kaplan, K., leisure in America, *A Social Inquiry*, John Wiley & Sons Inc.

Keiser, James R., *Principles and Practices of Management in the Hospitality Industry*, Van Nostrand Reinhold.

______, *Principles and Practices of Management in the Hospitality Industry*, Van Nostrand Reinhold Company.

Krippendorf, J., *Marketing et Tourisme*, Herbert Lang, Berne, and Peter Lang, Frankfurt.

Lane, Harold E., and Mark Van Hartesvelt, *Essentials of Hospitality Adminstration*, Prentice Hall, Inc.

Lee, Daniel R., A Forecast of Lodging Supply and Demand, *The Cornell H. R. A. Quarterly*, August.

Leiper, N., *The framework of Tourism, Annals of Tourism Research*, Vol. 6, No. 4.

Lewis, Robert C. & Richard E. Chambers, *Marketing Leadership in Hospitality*, Van Nostrand Reinhold.

Lilien, Gary L. *Marketing Management, 2nd edition*, boyd & fraser public company.

Lundberg, Donald E., *The Hotel and Restaurant Business*, CBI Publishing Company.

Mayo, Edward J., and Lance P. Jarvis, *The Psychology of Leisure Travel*, Boston : CBI Pub. co..

Mathieson, A. and G. Wall, *Tourism : Economic, Physical and Social Impacts*, N.Y., Longman.

______, and G. Wall, *Conceptualization of Tourism, Tourism : Economic, Physical and Social Impact*. Londom : Longman. 1982.

McCarthy, E. J., and W. D. Perreault, Jr., *Basic Marketing, 9th ed*. Richard D. Irwin, inc.

McIntosh, W. et. al., *Tourism : Principles, Practices, Philosophies*, John Wiley & Sons, Inc.

Meldrum, M. and Malcolm McDonald, *Key Marketing Concept*, Macmillan Press Ltd.

Morrison, A. M., *Hospitality and Travel Marketing*, New York : Delmar Publisher.

National Restaurant Association, *Conducting a Feasibility Study for a New Restaurant*, Cini-Grissom Associates, Inc.,

Neulinger, J., *The Psychology of Leisure*, Charles C Thomas.

Payne, Kirby, A step by step Approach To Hotel Development : How To Assess The Market For A Hotel, *Lodging*, November.

Pearce, D., *Tourism Development*, N.Y. : Longman.

Pearce Ⅱ, John A., and Richard B. Robinson, Jr., *Strategic Management Practice*, IRWIN.

Philip Kotler, *Marketing Management : Analysis, Planning and Control, 6th ed.* Prentice-Hall Inc.

Schonberger, Richard J., and Edward M. Knod, Jr., *Synchroservice!*, IRWIN, Inc.

Rutes, Walter A., Faia and Richard H. Penner, *Hotel Planning and Design*, Watson-Guptill Publications.

The Tourism Review.

United Nations, *Manual for the Preparation of Industrial Feasibility studies*, United Nations.

Ward, T. J., *Progress in Tourism, Recreation and Hospitality Management*, Belhaven Press.

Westwood, J. *The Marketing Plan : A Practitioner's Guide*, London : Kogan Page Ltd.

Weston, J. Fred, and Thomas E. Copeland, *Managerial Finance*, The Dryden Press

Witt, S. and l. Moutinho, eds., *Tourism Marketing and Management Handbook*, Prentice Hall.

Yesawish, Peter C., A Market-Based Approach to Forecasting, *The Cornell H. R. A. Quarterly*, Vol. 24, November, 1984.

Yuan, S. and McDonal D. C., Motivational Determinates of International Pleasure Time, *Journal of Travel Research*, 24(2),

前多 勇 編著, 觀光概論, 學文社.

鈴木忠義, 現代觀光論, 有斐閣.

田中喜一, 觀光事業論, 觀光事業研究會編.

井上萬壽藏, 觀光と 觀光事業.

저자소개

■ 최 복 수

[학력]

- 경기대학교 경영대학원 관광경영학과
- 세종대학교 대학원 경영학과 박사

[경력]

- 세경대학교 호텔경영학과 교수역임
- 인천관광공사 면접위원 역임

현) 인하공업전문대학 호텔경영과 교수
인천경제자유구역청 송도컨벤시아 운영자문위원
환경부 아라뱃길 공론화 위원회 위원
인천광역시 관광진흥위원회 위원

관광의 이해

2023년 7월 10일 초판 인쇄
2023년 7월 20일 초판 발행

저　자 최 복 수
발행인 한 인 환
발행처 도서출판 **기 문 사**
등　록 1978. 8. 9. NO. 6-0637
주　소 서울시 동대문구 안암로 50-1(용두동) 홍신빌딩 3층
전　화 02) 2265-7214/922-8662~8663
팩　스 02) 922-8772

homepage : www.kimoonsa.co.kr
e-mail : book@kimoonsa.co.kr

ISBN : 978-89-7723-953-1 93980

저자와의 협의하에 인지생략

정가 : 22,000원